大学生坚定文化自信研究

王 鑫 著

郑州大学出版社

图书在版编目（CIP）数据

大学生坚定文化自信研究／王鑫著. -- 郑州：郑州大学出版社，2024.5
ISBN 978-7-5773-0317-8

Ⅰ．①大… Ⅱ．①王… Ⅲ．①大学生－思想政治教育－研究－中国
Ⅳ．①G641

中国国家版本馆 CIP 数据核字（2024）第 081177 号

大学生坚定文化自信研究
DAXUESHENG JIANDING WENHUA ZIXIN YANJIU

策划编辑	孙理达		封面设计	苏永生
责任编辑	张卫明		版式设计	王 微
责任校对	陈 思		责任监制	李瑞卿

出版发行	郑州大学出版社		地　　址	郑州市大学路40号（450052）
出 版 人	孙保营		网　　址	http://www.zzup.cn
经　　销	全国新华书店		发行电话	0371-66966070
印　　刷	郑州宁昌印务有限公司			
开　　本	710 mm×1 010 mm　1／16			
印　　张	17.75		字　　数	274 千字
版　　次	2024 年 5 月第 1 版		印　　次	2024 年 5 月第 1 次印刷

书　　号	ISBN 978-7-5773-0317-8		定　　价	48.00 元

本书如有印装质量问题,请与本社联系调换。

作者简介

　　王鑫,男,河南焦作人,法学博士,新乡学院副教授。主要研究方向为思想政治教育、马克思主义政治经济学。在 CSSCI 来源期刊、核心期刊发表学术论文 18 篇。主持完成省部级科研项目 1 项,参与完成省部级科研项目 3 项。获河南省教育信息化应用优秀成果评选一等奖、河南省信息技术与课程融合优质课大赛一等奖、河南省教育信息技术论文大赛一等奖。多次指导学生参加国家级竞赛并获一等奖。

内容简介

　　文化自信是习近平文化思想的核心要义。坚定文化自信,是事关国运兴衰、事关文化安全、事关民族精神独立性的大问题。本书阐释了大学生坚定文化自信的对象性基础,论述了引导大学生坚定文化自信的目标、目的与原则,提出引导大学生坚定文化自信的目标是使大学生形成全面的文化认知、高度的文化认同、坚定的文化信仰、十足的文化信心、充分的文化内化、积极的文化外化,基于问卷调查得出大学生文化自信现状,深入探讨了引导大学生坚定文化自信的着力点,全面涵盖了大学生坚定文化自信的应然、实然、使然,内容翔实、结构严谨、论证充分、观点鲜明。

前　言

当今世界正经历百年未有之大变局。伴随全球化、信息化的迅猛发展，全世界的联系空前紧密，不同国家、不同民族的文化交流、交融、交锋愈加频繁，多元文化精彩纷呈。主体能否在不同文化纷纭激荡中坚定自身文化立场，并以开放包容、交流互鉴的心态对待文化差异，成为重要的问题。党的十八大以来，习近平总书记多次强调文化自信，并明确指出，坚定文化自信，是事关国运兴衰、事关文化安全、事关民族精神独立性的大问题。这里所说的"大问题"，就是"国之大者"，这个提法是对文化自信在中国特色社会主义建设中所处重要地位的重大论断。大学生作为青年群体中的佼佼者，是建设国家的生力军，肩负着祖国的未来和民族的希望，坚定文化自信能够为其成长成才提供思想保障和精神力量。因此，研究引导大学生坚定文化自信有关问题，具有十分重要的理论意义和现实意义。

本研究的主要目的是揭示文化自信的生成逻辑，厘清文化自信的对象性基础，阐明引导大学生坚定文化自信的目标、目的与原则，探析我国当代大学生文化自信现状，并为引导大学生坚定文化自信提供对策建议。本书提出并阐述了引导大学生坚定文化自信的目标是使大学生形成全面的文化认知、高度的文化认同、坚定的文化信仰、十足的文化信心、充分的文化内化、积极的文化外化；基于"大教育观"和"大思政观"，充分体现教育在空间上充注于个体所处各种场所的事实，提出了高校、家庭、社会和政府等各有关方面在引导大学生坚定文化自信中能够起到的积极作用、可以采取的有效措施；提出大学生坚定文化自信的最终归宿是践行，深入探讨了文化外化的重要意义，注重研究大学生在文化自信方面存在的知行不一的问题，重视探究引导大学生以实际行动践行文化自信、将文化自信外化于行的着力点。

本书共分五章，具体内容如下：

第一章，文化自信的提出背景、理论基础与生成逻辑；

第二章，大学生坚定文化自信的对象性基础；

第三章，引导大学生坚定文化自信的目标、目的与原则；

第四章，大学生文化自信现状分析；

第五章，引导大学生坚定文化自信的着力点。

作者在写作本书的过程中，参阅了大量相关著作、论文等，引用了许多专家和学者的研究成果，在此表示诚挚的谢意！由于水平有限，不足不当之处恳请广大读者提出宝贵的意见建议。

衷心感谢作者攻读博士期间的导师辛世俊教授，他治学严谨、平易近人，给予作者悉心的指导和莫大的帮助，指引作者走上学术研究之路，能够遇到这样的好老师乃一生之幸。

衷心感谢郑州大学出版社编辑孙理达、张卫明，他们认真负责、敬业奉献，为本书的顺利出版做了大量工作、付出很多努力。

目 录

绪 论

第一节 选题缘起与研究意义

历史唯物主义告诉我们:人们的任何行为都受到时代和历史背景的制约。万事因缘而起,万事因缘而灭。其实,所谓因缘,即是事物生成与发展的条件。研究亦是如此。

一、选题缘起

文化是一个国家、一个民族的灵魂,是凝聚人民的精神纽带。我国既需要经济的稳步增长,也需要文化的繁荣兴盛。人民既需要物质财富,也需要精神财富;既需要物质生活共同富裕,也需要精神生活共同富裕。习近平总书记强调:"文化兴国运兴,文化强民族强。没有高度的文化自信,没有文化的繁荣兴盛,就没有中华民族伟大复兴。"①

当今世界正经历百年未有之大变局,伴随全球化、信息化的迅猛发展,全世界的联系空前紧密,不同国家、不同民族的文化交流、交融、交锋愈加频繁,多元文化精彩纷呈。在此背景下,文化自信问题日益凸显并引发广泛关注。主体能否在不同文化纷纭激荡中坚定自身文化立场,并以开放包容、交流互鉴的心态对待文化差异,成为重要的问题。因此,党的十八大以来,以习近平同志为核心的党中央高度重视国民文化自信的培育。

---

① 习近平:《习近平谈治国理政》(第三卷),外文出版社,2020年,第32页。

作为一名高校教师,既为新时代大学生独立意识强、接受新事物快而感到高兴,又为其政治意识不强、文化自信薄弱感到忧虑。大学生不仅需要学习知识、掌握技能,更需要形成正确的世界观、人生观、价值观。文化是人的第二层空气,文化无处不在、无时不有。因而,文化对大学生的健康成长具有十分重要的作用。笔者作为高校教师,与大学生在一起,对大学生的实际情况有一定的了解,能够较好地把握这个选题。

习近平总书记指出,文化自信是更基础、更广泛、更深厚的自信,是更基本、更深沉、更持久的力量。这就告诉我们,文化自信对道路自信、理论自信和制度自信具有精神支撑的作用,增强文化自信,是坚定道路自信、理论自信、制度自信的题中应有之义。总书记反复强调这个问题,说明文化自信对于完成中华民族伟大复兴的历史使命,具有十分重要的意义。这些为做好本课题研究奠定了理论基础。一个国家、一个民族的强盛,总是以文化兴盛为支撑的。当我们进入新时代,即将实现民族复兴之际,自然要求以文化自信作为精神的支撑。否则,我们就难以理解习近平总书记关于文化自信为什么是"国之大者"、为什么将文化强国作为我们的战略目标。但是,文化自信的很多问题并没有得到解决,引导大学生坚定文化自信就是一个值得深入研究的领域。笔者愿意通过自身的努力,厘清一些基本问题,并对如何引导大学生坚定文化自信提出一些有益的建议。

二、研究意义

其实,文化自信问题由来已久。1840 年鸦片战争以来,中国逐渐沦为半殖民地半封建社会,文化不自信成为一种比较普遍的心态。五四运动时期的著名教授胡适,就对中国文化持鄙弃态度。他说:"不要怕丧失我们自己的民族文化。""我们的问题是救国,救这衰病的民族,救这半死的文化。"[①]无数仁人志士为改变中华民族受欺凌受奴役的命运,提出一系列方案。从技不如人,提出师夷长技以制夷;从制不如人,提出戊戌变法的改制运动;从文

---

① 《胡适文集》(第五卷),北京大学出版社,1998 年,第 515 页。

化不如人,提出打倒孔家店、全盘西化等。中国近代的落后到底是什么原因导致的?文化不如人是一种解释。从那时开始,就有人对中国的科技、制度乃至文化不自信了。直到今天,西强东弱仍然是不可否认的事实。我们讲了几十年的社会主义,但总有人问:你说社会主义制度优越,那为什么西方看起来比我们更先进呢?我们并不是不能回答这个问题,但要真正说清楚这个问题,需要时间,也需要今后的实践来证明。这就难免会有一些人产生崇洋媚外的心理。甚至国内的一些社区、店名以及个人的名字,也以带西方的文化命名为荣。这些社会氛围对大学生肯定有一定的影响。具体来说,研究文化自信的意义主要表现在以下几个方面。

(一)理论意义

(1)坚定文化自信是实现中华民族伟大复兴的必然要求。本研究所指的文化是"人的精神生产的观念形态的产品"①。文化是综合国力的重要组成部分,越来越成为民族凝聚力和创造力的源泉。一个民族的复兴,既需要强大的物质力量,也需要强大的精神力量。倘若对自身文化都产生了陌生感、距离感甚至排斥、厌恶,而对外来文化顶礼膜拜、奉为圭臬,那只能成为西方的附庸,那么何谈民族复兴呢?人类历史一再证明,只有坚定文化自信,让国家和民族的精神大厦巍然耸立,才能实现国家的繁荣兴盛,才能确保民族的永续发展。当今,我们比历史上任何时期都更接近中华民族伟大复兴的目标,我们也比历史上任何时期都更加意识到文化自信的重要性。

(2)有助于促进思想政治教育理论的发展。思想政治教育是引导大学生坚定文化自信的重要"承担者",对引导大学生坚定文化自信进行深入研究,可以推动思想政治教育理论朝前沿方向和热点领域发展,丰富思想政治教育的理论内涵,促进思想政治教育的学科发展。在引导大学生坚定文化自信的视域下,透过文化视野对思想政治教育的基本理论和实践样态进行考量和研究,阐明文化自信与思想政治教育的关系,有利于形成基于文化自信培育的思想政治教育理论发展新路向。

---

① 陈先达:《文化自信与中华民族伟大复兴·序》,人民出版社,2017年,第2页。

（3）有助于深化引导大学生坚定文化自信的有关研究。当前,引导大学生坚定文化自信尚未形成系统的理论体系和成型的实践模式,大学生的文化自信问题迫切需要从理论层面进行深入研究。通过系统深入的研究,能够为学术界的进一步研究提供参考与借鉴。

（二）实践意义

（1）为引导大学生坚定文化自信工作和活动的开展提供参考与借鉴。本研究深入实际进行调查,力求准确掌握大学生文化自信现状和各方引导大学生坚定文化自信工作和活动开展现状,系统分析存在的问题及原因,探讨引导大学生坚定文化自信的路径,从而为培育大学生高度的文化自信提供对策建议,具有显著的实践意义。

（2）有助于促进大学生的成长成才。习近平总书记在全国高校思想政治工作会议上强调,高校要更加注重以文化人、以文育人。培育大学生高度的文化自信,必然依托以文化人、以文育人的路径,引导其认知中华优秀文化,从而提高大学生的思想政治素质、民族文化素质、伦理道德素质,促进大学生的全面发展,担负起时代使命。

（3）有助于推动大学生树立和践行社会主义核心价值观。文化的核心是价值观,中华文化得以生生不息靠的是民族精神的传承和发展,这种精神就是中华民族的核心价值,也就是我们当前大力培育和践行的社会主义核心价值观。青年时期是人的价值观逐渐形成的时期,是培育价值观的最佳时期。通过开展有关研究,为引导大学生坚定文化自信建言献策,有助于推动大学生树立和践行社会主义核心价值观。

第二节　文献综述

"工科靠实验,文科靠文献。"这话不见得很准确,但至少说明了文献在人文社会科学领域的重要性。不知道前人研究到什么程度,为我们留下了哪些继续拓展的空间,新的研究就无从谈起。从这种意义上说,文献综述并非固定的套路,实是研究之必需。

一、国内研究综述

根据中国知网数据库,我国最早以"文化自信"为题的论文是罗渊1999年发表在《湘潭师范学院学报(社会科学版)》的《文化自信与现代汉语教育》,该文主要从汉语教育的角度探讨文化自信问题,提出应重建我们的文化自信,用本民族的文化思想来统率现代汉语教育,适当吸收西方语言学的长处,加强汉文化因素在现代汉语教育中的渗透,把现代汉语教育浸润在汉语人文思想之中。① 从2000年到2010年,我国学术界对文化自信问题的关注者寥寥。2011年,胡锦涛同志在庆祝中国共产党成立90周年大会上的讲话中强调文化自信、党的十七届六中全会提出"培养高度的文化自觉和文化自信"之后,学术界对文化自信问题的关注不断升温,以文化自信为题的论文逐渐增多,特别是2016年以来,有关论文数量呈井喷之势,文化自信已成为研究热点。

目前国内的研究主要集中在文化自信的内涵与本质、文化自信的来源与基础、文化自信的作用与意义、文化自信与相关范畴的关系,以及如何培育高度的文化自信等方面。2023年7月,笔者在中国知网以篇名搜索输入"文化自信"共得到中文文章13 633篇(含期刊论文、学术辑刊论文、博士学位论文、硕士学位论文、会议论文、报纸文章)。在众多的理论文章中,中共中央机关刊物《求是》发表的关于"文化自信"的文章是准确理解和把握有关问题的金钥匙,包括习近平总书记的《坚定文化自信,建设社会主义文化强国》、《求是》编辑部撰写的《文化自信是更基本更深沉更持久的力量》、中国社会科学院原院长王伟光的《文化自信:在改革开放中砥砺坚定》和《坚定文化自信 传承和弘扬中华优秀传统文化》、中国文联原副主席仲呈祥的《文化自信的力量》、武汉大学教授沈壮海的《文化自信的维度》和《文化自信之核是价值观自信》、中国人民大学教授秦宣的《文化自信实质是中国特色社会主义自信》等。

---

① 罗渊:《文化自信与现代汉语教育》,《湘潭师范学院学报(社会科学版)》1999年第5期,第95-98页。

2023 年 7 月，笔者通过"读秀学术搜索"发现，书名含"文化自信"的著作共 100 余部，其中有原文化部部长、著名作家王蒙的《王蒙谈文化自信》，中国人民大学一级教授陈先达的《文化自信与中华民族伟大复兴》《文化自信中的传统与当代》《文化自信：做理想信念坚定的中国人》，武汉大学教授沈壮海的《论文化自信》《文化何以自信》等。

大学生作为未来建设国家的生力军，其文化自信问题越来越受到关注和重视，相关研究成果日益丰富。然而，高水平研究成果较少，仅有 58 篇题目中同时包含"大学生"和"文化自信"的论文发表在 CSSCI 来源期刊。

（一）关于"文化自信"

学术界积极响应党中央坚定文化自信的号召，从不同角度对文化自信的内涵、对象、作用与意义等进行了研究。

1. 关于文化自信的内涵

原文化部部长、著名作家王蒙认为，文化自信包括对传统文化中积极的、优秀方面的自信，包含了我们对自己发展模式的自信，也包含了我们对自己文化的汲取能力、选择能力、消化能力、调整能力、本土化能力以及识别能力、分析能力的自信。[①] 中国文联原副主席仲呈祥认为，文化自信是一个国家、一个民族、一个政党对自身文化价值的充分肯定，对自身文化生命力的坚定信念。坚持对优秀传统文化和革命文化的文化自信，坚持马克思主义指导思想与社会主义核心价值体系的文化自信，坚持对外来文化实行"拿来主义"的文化自信，是文化自信题中应有之义。[②] 陈先达认为，文化自信，说到底是对民族生命力的自信。[③] 同时，他指出，我们的文化自信绝不是排外主义。我们尊重世界文化的多样性。我们的"文化自信"与"文化他信"是统一的。自古以来，我们就重视其他民族的文化成就，善于吸收其他民族的文化成果，以丰富自己民族的文化。在当代，文化的正常交流，有利于世

---

① 王蒙：《王蒙谈文化自信》，人民出版社，2017 年，第 58 页。

② 仲呈祥：《文化自信的力量》，《求是》2011 年第 7 期，第 48—49 页。

③ 陈先达：《文化自信与中华民族伟大复兴·序》，人民出版社，2017 年，第 7 页。

界文化的丰富和发展。① 以上三位著名学者都表达了积极吸收借鉴世界优秀文化成果是文化自信的应有之义的观点。郝立新也认为,文化自信的表现之一是对世界文明成果的开放心态和批判选择性地肯定和吸收的态度。②

沈壮海认为,我们所要增进的文化自信,是中华民族对于自我文化理想、价值、活力与前景的确信。高度的文化自信,内含着我们这个民族对于自己文化理想的信仰与持守、对于自己文化价值的充分肯认、对于推进自己文化创新发展的坚韧与执着。③

刘召用、赵婧方论述了文化认知在文化自信形成过程中的基础性作用:"文化自信是一个民族对本民族文化全面认知基础上所形成的对文化价值的充分肯定和对文化使命担当的高度自觉。"④

2. 关于文化自信的对象

《求是》编辑部撰写的《文化自信是更基本更深沉更持久的力量》指出,我们的文化自信,是对中国特色社会主义文化的自信。⑤

陈先达认为,我们的文化自信应包括对创造这种文化的人物的尊崇和敬意。他说,文化自信既是对我国历史上博大精深、为人类文明创造出不可磨灭贡献的文化的敬意,也是对创造中华民族文化的我们祖先的礼敬;同样,对红色文化和社会主义文化的自信,包含对永不屈服、前仆后继的革命先烈的崇敬,对社会主义建设时期的无数先进人物及其文化成果的敬意。⑥ 此外,他认为,文化自信的对象应该包括日常生活中有教育意义、有民族凝聚力的传统的良风良俗和作为民族标识文化符号的节日。⑦

---

① 陈先达:《文化自信与中华民族伟大复兴》,人民出版社,2017 年,第 159 页。

② 郝立新:《新时代的文化自信和文化软实力建设》,《中国社会科学报》2018 年 4 月 13 日第 5 版。

③ 沈壮海:《论文化自信》,湖北人民出版社,2019 年,第 2 页。

④ 刘召用、赵婧方:《大学生文化自信的培植策略》,《人民论坛》2019 年第 7 期,第 122-123 页。

⑤ 《求是》编辑部:《文化自信是更基本更深沉更持久的力量》,《求是》2019 年第 12 期,第 13-20 页。

⑥ 陈先达:《文化自信与中华民族伟大复兴》,人民出版社,2017 年,第 221 页。

⑦ 陈先达:《文化自信与中华民族伟大复兴》,人民出版社,2017 年,第 170 页。

项久雨认为,文化自信的对象性基础包括发挥基础作用的优秀传统文化、发挥中坚作用的革命文化、发挥固本作用与引领作用的社会主义先进文化,主体文化自信的程度取决于主体对这些对象性基础的认知与认同程度。①

3. 关于坚定文化自信的意义

学者普遍认为坚定文化自信具有重要作用和意义,从国家发展、民族振兴、个人成长等多个维度进行了论述。曲青山认为,文化自信是实现中华民族伟大复兴的精神动力、是培育和践行社会主义核心价值观的稳固基石、是社会主义文化大发展大繁荣的必然要求、是应对意识形态领域斗争的有力武器。② 项久雨在《新发展理念与文化自信》一文中提出,相较于道路自信等,文化自信以一种软性、潜隐的力量,对主体价值观的塑造发挥着更基本的作用,更为深入地提升主体的民族认同与国家认同,对主体精神世界的影响更为持久。文化自信一旦缺位便不能生成国人对于国家的全方位自信。项久雨、吴海燕认为,文化自信是文化发展进程的重要影响因素,是文化兴盛的底气所在。作为文化发展中的集体精神状态,一个国家和民族的文化自信状况现实地反映着并深深地影响着其文化发展的实际进程和客观态势。没有或不能确立强大的文化自信,一个国家和民族的文化发展便不可能有走向兴盛的底气与骨气、实现奋起的激情与活力,便会陷入失却"文化自我"的迷茫与焦虑,更无缘在文化发展的制高点上指点江山、激扬文字。③ 郭凤志认为,文化自信的提出为实现中华民族真正屹立于世界之林提供了精神高地。中国发展内涵和品质的提升需要文化自信持久的精神支撑,它是我们抵御一切干扰和不利环境的内力和定力,也是中华民族在精神上重新崛起及民族复兴的思想保证。④ 张婷、孙英认为,任何民族都有自身的独特文化,是本民族独有的"精神标识"。每个民族都应珍惜本民族的思

---

① 项久雨:《新发展理念与文化自信》,《中国社会科学》2018 年第 6 期,第 4—25 页。
② 曲青山:《关于文化自信的几个问题》,《中共党史研究》2016 第 9 期,第 5—13 页。
③ 项久雨、吴海燕:《培育文化自信与价值观自信:当前大学生思想政治教育的着力点》,《思想理论教育》2016 年第 10 期,第 18—24 页。
④ 郭凤志:《文化自信的战略意蕴》,《光明日报》2016 年 11 月 16 日第 13 版。

想文化,坚定文化自信。① 邹广文认为,文化自信最终的实践指向是现代人的塑造,文化自信具有"不断激活自我的积极性和创造力,更为自觉地不懈努力去砥砺自我、改造现实、实现理想",从而促进人的现代发展的重要作用。②

4. 关于文化自信与相关范畴的关系

关于文化自信与道路自信、理论自信、制度自信,学者普遍认为它们是辩证统一的关系。侯惠勤认为,文化自信是"三个自信"合乎逻辑的延伸,是中国特色社会主义日臻完善的必然结果。"四个自信"是平列关系,各有侧重、互不替代,但又相互呼应、浑然一体。文化自信绝不是对"三个自信"的取代,更不是颠覆。③ 张国祚认为,没有文化自信,道路自信、理论自信、制度自信就会失去精神、智慧和道义的支撑。这不仅是因为"道路""理论""制度"的内涵界定都需要用文化来表述,更因为"道路""理论""制度"的确立,都必须立足于当代中国基本国情,而文化状况则是基本国情不可或缺的重要组成部分。④ 齐卫平认为,文化自信有助于构建道路、理论、制度自信的心理认同;有助于挖掘道路、理论、制度自信的思想财富;有助于营造道路、理论、制度自信的实践氛围;有助于保持道路、理论、制度自信的政治定力。⑤

关于文化自信与价值观自信的关系,学者普遍认为价值观自信是文化自信的核心。沈壮海认为,在文化自信的系统构成中更具核心意义,对文化自信的诸多构成维度、因素具有统摄意义的,是价值观的自信。⑥ 项久雨、吴海燕认为,文化自信是价值观自信的基石,价值观自信是文化自信的核心。同时指出,培育文化自信是前提,培育价值观自信是关键,还要引导大学生

① 张婷、孙英:《中国特色社会主义文化自信的生成及结构性构建》,《甘肃社会科学》2018 年第 6 期,第 47–52 页。

② 邹广文:《用文化自信塑造现代人》,《光明日报》2014 年 3 月 28 日第 5 版。

③ 《坚定文化自信的理论自觉——访中国社会科学院大学特聘教授侯惠勤》,《马克思主义研究》2017 年第 11 期,第 11–16 页。

④ 张国祚:《文化自信的三个"更"》,《求是》2016 年第 15 期,第 52 页。

⑤ 齐卫平:《文化自信的实质与意义》,《中原文化研究》2016 年第 5 期,第 22–28 页。

⑥ 沈壮海:《文化自信之核是价值观自信》,《求是》2014 年第 18 期,第 41–42 页。

将文化自信和价值观自信有机结合起来。[①] 王喜国、刘芳认为，文化自信是价值观自信的深厚根基和源头活水，价值观自信是文化自信的显著标志和理性升华，二者相互作用、相得益彰，共同促进当代中国人的精神成长和精神家园建设，汇聚起实现中华民族伟大复兴中国梦的磅礴力量。[②]

（二）关于大学生坚定文化自信的意义

文化自信是主体的一种积极心理状态，学术界从不同角度研究了大学生坚定文化自信的正面意义。熊晓梅认为，文化自信具有思想政治教育功能，培育大学生文化自信就是在提升思想政治教育的实效性。[③] 宋传盛认为，引导大学生坚定文化自信是建设新时代中国特色社会主义文化强国的要求、培育和践行社会主义核心价值观的现实需要、大学生全面发展的根本要求。[④] 巴玉玺认为，培养大学生的文化自信，能够有效地利用中华优秀传统文化中所蕴含的"自强不息"的奋斗精神、"扶危济困"的公德意识、"舍生取义"的牺牲精神、"国而忘家，公而忘私"的价值理念、"修身齐家治国平天下"的家国情怀、"天下兴亡，匹夫有责"的担当意识和"革故鼎新"的创新思想等优秀传统美德，引导大学生从文化中获取信心和力量，养成自强不息的奋斗品质；能够利用文化的精神构建作用，培育大学生"以天下为己任"的担当意识和"修齐治平"的家国情怀；利用中华民族伟大复兴的中国梦，激励大学生努力练就担当能力，承担起当代大学生应有的社会责任。[⑤] 孙燕认为，文化自信是提升大学生思想政治素质的支撑、形成大学生文明生活方式

① 项久雨、吴海燕：《培育文化自信与价值观自信：当前大学生思想政治教育的着力点》，《思想理论教育》2016 年第 10 期，第 18–24 页。

② 王喜国、刘芳：《在坚定文化自信中不断提升价值观自信》，《思想理论教育》2016 年第 11 期，第 10–16 页。

③ 熊晓梅：《文化自觉自信：高校思想政治教育的新向度》，《中国高等教育》2012 第 18 期，第 27–28 页。

④ 宋传盛：《新时代青年大学生文化自信培育探析》，《学校党建与思想教育》2019 第 10 期，第 53–55 页。

⑤ 巴玉玺：《论"文化自信"与大学生成长成才》，《中南民族大学学报（人文社会科学版）》2017 年第 6 期，第 200–204 页。

的内核、激发大学生文化生命力和创造力的源泉。① 龙献忠、胡又尹、陈方芳认为，大学生只有提振文化自信，才能更好地从中华优秀文化中汲取营养，并将其内化为民族自豪感和奋勇前行的不竭动力，外化为不断完善自己的实际行动，成为有远大理想信念、有高尚品德、有扎实学识和纪律意识的新型人才；也才能更好地适应社会的不断发展变化，更好地为推进"四个全面"和实现国家富强、民族振兴、人民幸福奉献力量。② 郑继海认为，大学生坚定文化自信，对于我国抵御西方文化霸权和"西化""分化"图谋具有重大意义。③

（三）关于文化自信的培育逻辑

关于文化自信的培育逻辑，一些知名学者认为，文化认知、文化认同是文化自信的前提。楼宇烈认为，要先让人们深入了解中华文化。有了了解，才会真正地认同；有了认同，才会去尊重它，才会有自信。④ 沈壮海认为，文化自信立基于文化自知之上。由认知、理解而认同、确信，是文化自信生成、强化的基本进路。不断地深化对文化自我的认知、增进对文化自我的认同，是文化自信构建中一项基础性的工程。我们不能在对自我文化知之不深、知之不确、知之不全的状况下，满足于"热烈"但却抽象、空洞地喊"自信、自信"。⑤ 刘同舫也认为，文化自信的形成是一个多因素影响、长期积累的过程。其中，文化认同是文化自信的根基和源泉。⑥

（四）关于大学生文化自信状况及其影响因素

学者普遍认为大学生群体的文化自信状况存在一些问题，并从不同角

---

① 孙燕：《树立青年学生文化自信研究》，《学校党建与思想教育》2019第9期，第47—50页。

② 龙献忠、胡又尹、陈方芳：《新时代大学生文化自信：价值意蕴、问题归因与提振之道》，《高等教育研究》2019年第7期，第91—96页。

③ 郑继海：《新媒体时代大学生文化自信问题探究》，《黑龙江高教研究》2014年第7期，第76—78页。

④ 李海峰：《楼宇烈谈文化自信》，《学习时报》2017年2月20日第4版。

⑤ 沈壮海：《论文化自信》，湖北人民出版社，2019年，第229页。

⑥ 刘同舫：《在增进文化认同中坚定文化自信》，《人民日报》2018年4月25日第7版。

度列举了有关表现,分析了背后的原因。

关于大学生的文化自信状况,龙献忠、胡义尹、陈方芳认为,部分大学生学习中华优秀文化的兴趣和主动性在减弱,一些大学生的民族忧患意识下降,不知道在经济全球化的今天,国家文化安全也正受到巨大挑战;也有部分大学生盲目追捧西方的影视剧和节日,沉迷于"圣诞大狂欢"等活动,甚至天真地认为"西方的月亮比中国的圆"。[①] 宋传盛认为,从整体上看,大学生的文化自信并不坚定,既存在文化自卑的现象,也存在文化自大的现象。在文化自卑方面,一些大学生认为中华民族文化老、土、旧,无法与世界先进文化相媲美,热衷于崇洋媚外;在文化自大方面,部分大学生骄傲地认为中华民族文化连绵延续了一万年,自恃文明成果丰富,沉浸于中华传统文化的博大精深,特别是在中国综合国力大增的背景下优越感爆棚,故步自封,不能做到与时俱进,不能做到真正地"开眼看世界"。[②] 巴玉玺认为,在主流文化与外来文化、马克思主义思想与西方思潮、社会主义价值观与西方价值观的碰撞中,部分大学生陷入认知混乱,感到无所适从,甚至出现价值观的选择困惑。部分大学生盲目推崇和仿效西方文化及西方生活方式,甚至贬低和疏远中华传统文化,出现对传统民族文化的虚无主义现象和崇洋心理。[③]

对于大学生文化自信状况所存问题背后的原因,龙献忠、胡义尹、陈方芳认为,大学生文化自信弱化的原因,首先是受西方文化渗透,其次是对学习中华优秀传统文化缺乏主动性,即便学了也没有认真地消化吸收。同时认为,高校负有责任。一是课程设计不合理,导致大多数学生仅关注专业课学习而忽视公共课;二是教育者本身没有切实做到"学为人师、行为世范",一些教师对中华优秀传统文化"不自信"甚至"不信赖",文化自信自然不会在他们的课堂上呈现;三是文化课堂教学方法单一,缺乏趣味性、创新性,难以

---

① 龙献忠、胡义尹、陈方芳:《新时代大学生文化自信:价值意蕴、问题归因与提振之道》,《高等教育研究》2019 年第 7 期,第 91-96 页。

② 宋传盛:《新时代青年大学生文化自信培育探析》,《学校党建与思想教育》2019 第 10 期,第 53-55 页。

③ 巴玉玺:《论"文化自信"与大学生成长成才》,《中南民族大学学报(人文社会科学版)》2017 年第 6 期,第 200-204 页。

充分调动学生的积极性和主动性,更谈不上入脑、入心。① 宋传盛认为,对中华优秀传统文化的疏远导致大学生的文化自信根基不稳,使得继承存在断裂;对物质文化、享乐文化、娱乐文化等非主流文化的爱慕导致大学生的文化自信方向发生偏离,使得发扬难以为继;对新时代中国特色社会主义文化的理解浮于表面导致大学生的文化自信立场不坚。② 巴玉玺认为,西方的意识形态和各种思潮利用网络等信息技术手段,不断对我国进行渗透;境内外民族分裂分子和反华势力也不断对大学生的思想进行干扰和影响,其途径和方式变得更为复杂、手段更为多样、形式更加隐蔽。③ 冯开甫、贾婷婷认为,从全球角度看,西方文化的强势传播冲击了大学生的文化认同;从我国社会发展看,社会转型时期的文化多元化发展淡化了大学生对主流意识形态的自信;从高校教育看,急功近利的"实惠"教育弱化了大学生对远大理想的追求。有的高校用"就业至上"的理念指导办学实践,功利性十分明显,它将高等教育的市场价值目标置于所有其他价值目标之上,难以培养学生的文化自信。④ 刘召用、赵婧方认为,部分大学生对马克思主义与多元文化的关系认知不足,导致对主流信仰淡漠;对传统文化继承与创新的关系认识片面,文化自大、文化自卑两极分化现象明显;对中国文化与外来文化的关系处理失当,致使对"西学"崇拜过度。⑤

(五)关于如何引导大学生坚定文化自信

陈先达认为,学校可以讲授中国传统文化的有关课程,这种课程可以是中国传统文化概论,阐述中华民族文化的精神,也可以分门别类如中国哲

---

① 龙献忠、胡义尹、陈方芳:《新时代大学生文化自信:价值意蕴、问题归因与提振之道》,《高等教育研究》2019 年第 7 期,第 91-96 页。

② 宋传盛:《新时代青年大学生文化自信培育探析》,《学校党建与思想教育》2019 第 10 期,第 53-55 页。

③ 巴玉玺:《论"文化自信"与大学生成长成才》,《中南民族大学学报(人文社会科学版)》2017 年第 6 期,第 200-204 页。

④ 冯开甫、贾婷婷:《如何提升大学生的文化自信》,《理论视野》2018 第 1 期,第 82-86 页。

⑤ 刘召用、赵婧方:《大学生文化自信的培植策略》,《人民论坛》2019 年第 7 期,第 122-123 页。

学、中国艺术、中国诗歌、中国音乐之类的专业化课程。但无论是哪种中国传统文化的讲授,都应该注意使历史文化转化为一种当代中国人能理解和接受的文化,培育听众的民族文化情感。①

沈壮海认为,涵养文化自信,要特别注意用好当代中国的发展进步这个最大的教育资源。② 他进一步指出,在文化自信教育的内容方面,要着力推动习近平新时代中国特色社会主义思想深入人心,创造性开展理想信念教育和民族精神、时代精神、社会主义核心价值观的弘扬培育,礼敬民族英雄和道德模范。方式方法方面,要注重因事而化、因时而进、因势而化,把握好时、度、效,增强吸引力和感染力。③

一些学者认为,思想政治理论课在引导大学生坚定文化自信中发挥着重要和特殊的作用。韩秀兰、阚先学认为,增强大学生的文化自信需要思想政治课教师给大学生特别是文化不自信的大学生讲清楚我国文化自信的基础和本源。在课堂学习之外,教师还要充分利用好思想政治课学时不短的实践环节,切实增强大学生文化践行的自觉性。要切实利用好革命文化基地,让大学生走出校园,实地感受和触摸文物古迹、革命遗迹,增强民族文化自豪感。④ 刘丽敏认为,要充分发挥思想政治理论课的主渠道作用,提升思想政治教育的亲和力和针对性,满足学生的多元文化需求和期待。⑤

一些学者认为,教师在引导大学生坚定文化自信中有着关键作用。曲明慧、慕静认为,文化自信的培养是潜移默化的,在大学生文化自信培养过程中,教师、辅导员与研究生导师文化素质的提高,会直接影响到青年学生文化素养,起到关键的引导与示范作用。⑥ 吕毅、刘海芳认为,思想政治课教

① 陈先达:《文化自信与中华民族伟大复兴》,人民出版社,2017 年,第 167 页。
② 沈壮海:《论文化自信》,湖北人民出版社,2019 年,第 56 页。
③ 沈壮海:《论文化自信》,湖北人民出版社,2019 年,第 139 页。
④ 韩秀兰、阚先学:《高校思想政治课增强大学生文化自信的路径探究》,《教育理论与实践》2019 年第 18 期,第 46-47 页。
⑤ 刘丽敏:《高校思想政治工作中的文化自信教育探析》,《思想教育研究》2018 年第 1 期,第 130-134 页。
⑥ 曲明慧、慕静:《高校青年学生如何树立文化自信》,《人民论坛》2017 年第 12 期,第 124-125 页。

师文化自信的程度,关乎思想政治理论课的实效性,关乎大学生的文化自信,关乎中国价值的传播和中国力量的凝聚。在坚定文化自信方面,思想政治课教师要成为学生的榜样。①

关于利用互联网培育大学生的文化自信,杨茹、张楚乔认为,高校应充分运用网络社交媒体培育大学生文化自信,在现实生活中对网络次文化进行规范和疏解,提升大学生的媒介素养。② 徐冶琼认为,高校应注重培养大学生的网络素养,包括网络信息搜集、辨别能力、网络道德等。要主动打造有影响力、有感染力的网络文化作品。集合优质资源,推出"叫得响、传得开"的微视频、微电影、原创歌曲 MV 等,通过网络文化作品传递价值观。③

关于培育文化自信视域下的高校校园文化建设,唐玉林认为,高校应当增强文化自觉和文化自信,进一步加强校园文化管理,找准定位,系统规划,努力建设体现社会主义特点、时代特征和本校特色的校园文化。④ 郑继海认为,要以社会主义核心价值观为引领,以培育大学生文化自信为出发点和根本,开展优秀传统文化、红色文化进校园活动。⑤ 周鹏宇、史宁举例指出,北方工业大学自 2012 年起举办"文化庙会"活动,设置文化体验区,进行书法、剪纸、猜字谜、制作风车、制作中国结,以及抖空竹、感受茶文化、吆喝、对楹联、诗词对句等活动。通过这些活动,让每一位参与的大学生对中华优秀传统文化有更深刻的了解,从而形成良好的校园文化,促使大学生增强文化自信。⑥

---

① 吕毅、刘海芳:《论思想政治课教师的文化自信》,《思想政治课教学》2019 年第 7 期,第 8-11 页。

② 杨茹、张楚乔:《网络社交媒体运用与大学生文化自信培育》,《北京工业大学学报(社会科学版)》2018 年第 2 期,第 73-80 页。

③ 徐冶琼:《试析网络对大学生文化自信的影响》,《学校党建与思想教育》2018 年第 8 期,第 50-52 页。

④ 唐玉林:《文化自觉和文化自信:校园文化管理的新视角》,《黑龙江高教研究》2013 年第 6 期,第 85-87 页。

⑤ 郑继海:《新媒体时代大学生文化自信问题探究》,《黑龙江高教研究》2014 年第 7 期,第 76-78 页。

⑥ 周鹏宇、史宁:《增强文化自信要从大学生做起》,《人民论坛》2018 年第 4 期,第 116-117 页。

二、国外研究综述

对于"文化自信"这一中国提出的时代课题,国外学术界鲜有研究,但是有关于"文化"和"自信"方面的大量研究成果。国外学者对"文化"和"自信"所做的研究,对文化自信有关问题的研究有一定的借鉴价值。

(一)关于国外对"文化"的研究

关于"文化"的内涵,英国著名文化人类学家爱德华·伯内特·泰勒提出:"从广义的人种论的意义上说,文化或文明是一个复杂的整体,它包括知识、信仰、艺术、道德、法律、风俗以及作为社会成员的人所具有的其他一切能力和习惯。"① 美国著名政治学家约瑟夫·奈在其著作《软实力》中提出了"软实力"概念,并认为国家软实力主要来自三方面:文化、政治价值观和外交政策。② 同时,他认为,文化是为社会创造意义的一整套价值观和实践的总和。③ 美国学者塞缪尔·亨廷顿、劳伦斯·哈里森在《文化的重要作用——价值观如何影响人类进步》一书中指出,虽然文化有多重含义,但"文化若是无所不包,就什么也说明不了。因此,我们是从纯主观的角度界定文化的含义,它指的是一个社会中的价值观、态度、信念、取向以及人们普遍持有的见解"④。

关于文化认同,塞缪尔·亨廷顿认为,文化认同对于大多数人来说非常有意义,在冷战之后的世界,文化的区别是各国人民之间最主要的区别。⑤

法国当代著名思想家埃德加·莫兰对西方文化进行了深刻反思。他认为,西方文明在表面光鲜之下隐藏了祸根,它的个人主义包含了自我中心的

---

① [英]泰勒:《原始文化》,蔡江浓译,浙江人民出版社,1988年,第1页。

② [美]约瑟夫·奈:《软实力》,马娟娟译,中信出版社,2013年,第15页。

③ [美]约瑟夫·奈:《软实力》,马娟娟译,中信出版社,2013年,第16页。

④ [美]塞缪尔·亨廷顿、劳伦斯·哈里森:《文化的重要作用——价值观如何影响人类进步》,程克雄译,新华出版社,2018年,第4页。

⑤ [美]塞缪尔·亨廷顿:《文明的冲突与世界秩序的重建》,周琪等译,新华出版社,2010年,第15页。

孤独和封闭。① 美国社会学家沃勒斯坦则在《地理政治和地理文化》一书中,通过对文明概念的分析展望了全球化的文明前景,认为资本主义只是文明的一种,并非唯一的文明,资本主义的全球化将由于其他文明崛起受到挑战,未来的全球化应是全球多种文明的共存。②

新加坡学者 Siam-Heng Heng 分析了中国经济高速发展的背景下中国文化所面临的各种问题。他认为中国人与其传统文化有着密不可分的关系,不愿看到传统文化中的忠、孝、礼、义、善等美德在现代社会消亡,希望在现代化的同时仍然保留这些传统的道德价值观念;当代中国文化面临的问题是一方面如何选择吸收有益的外来文化,另一方面怎样保留传统文化的精华。③

(二)关于国外对"自信"的研究

关于"自信",国外学者也进行了诸多研究,研究的领域包括自信的含义、影响因素、提升自信心的方法等方面。

关于自信的含义,法国哲学家夏尔·佩潘在《自信的力量》一书中提出,自信是对生活和生命本身的信念。④ Coopersmith 认为,自信是个体作出的并经常保持的自我评价,说明个体认为自己能干、重要和有价值的程度,表达了一种对自己赞许与否的态度,显现了对自我能力、身份、成就及价值的信心。Shrauger 则把自信当作自尊的一个组成部分,在其设计的个人评价问卷中把自信定义为一个人对自己的能力或技能的感受,是对自己有效应付各种环境的主观评价。⑤ Moore 和 Cain 认为,自信是个体与他人相比较而产生的一种对自身技能、成就等的信任。Rabaz 等认为,自信是基于竞争

---

① 乐黛云、钱林森、金丝燕:《迎接新的文化转型时期——〈跨文化对话〉丛刊(1-16辑)选编上》,上海文化出版社,2006 年,第 202 页。

② 黄皖毅、邵鹏:《国外文化全球化研究述评》,《学术论坛》2005 年第 5 期,第 139-142 页。

③ Siam-Heng Heng: "China's Cultural and Intellectual Rejuvenation", *Asia Europe Journal* 2008(6),p. 401-412.

④ [法]夏尔·佩潘:《自信的力量》,陈阳译,江西人民出版社,2019 年,第 3 页。

⑤ 车丽萍:《国外关于自信的研究综述》,《心理科学进展》2002 年第 4 期,第 418-424 页。

力对自身能力满意的一种基本心理需要。Zlata 则认为,自信是一种最重要的决定人类活动成功与效率的基本人格特质。Van 通过教育领域的比较研究发现,整体上,东方学生的自我表达、自信表达不够,而西方学生的自我表达、自信表达非常明显。[1]

综上所述,引导大学生坚定文化自信的有关研究虽然取得了很大进展,但也存在着一些不足。

一是对大学生文化自信的内涵研究存在不足。既有成果缺乏对大学生文化自信的内涵以及构成要素进行深入研究,并探讨各要素之间的逻辑关系;并未重视"践行"在大学生文化自信培育中的作用,并进行深入研究。

二是缺乏对引导大学生树立正确的文化观或文化态度进行研究。文化自信不仅包括主体对本民族文化理想、价值、活力与前景等的确信,还应包括树立正确的文化观或文化态度,大学生应对中华传统文化持去粗取精、转化发展的态度,对学习借鉴人类优秀文化成果持积极态度,学术界缺乏对此进行研究。

三是对大学生坚定文化自信的引导问题缺乏基于"大教育观"和"大思政观"的研究。现有对引导大学生坚定文化自信问题的研究,往往将责任主体局限于高校,未能体现出教育在空间上充注于个体所处各种场所的事实。

这些问题说明,尽管学术界较为注重大学生文化自信问题的研究,发表了一些研究成果,在一些方面的研究上也较为深入,但还存在着一些有待进一步深入研究的薄弱环节和亟待深入研究的问题领域,存在着可进一步探讨、发展或突破的空间。

第三节　研究内容与研究思路

内容永远是根本。辩证唯物主义关于内容决定形式、形式对内容具有反作用的原理是指导任何学术写作的根本。坚持内容为王、形式为内容服

---

① 　车丽萍、姚莹莹:《国外关于教师培养学生自信的研究综述》,《改革与开放》2016年第 1 期,第 96-99 页。

务的原则是本研究的基本遵循。

一、研究内容

笔者充分吸收借鉴已有研究成果的精华,从宏观到微观,从理论到实践,对引导大学生坚定文化自信进行系统全面深入的研究,研究内容主要分为以下五个方面。

(一)文化自信的提出背景、理论基础与生成逻辑

首先研究了党中央提出文化自信的背景。中华文化源远流长、博大精深,然而近代中国备受西方列强欺凌,沦为半殖民地半封建社会,一部分知识分子得出"文化不如人"的结论,西化论由此兴盛。直到今天,仍然有人认为,西方文化先进、中国文化落后,我们有必要提出文化自信,彻底涤除错误观念;文化自信的提出还是对苏联解体和东欧剧变历史教训的深刻总结;新时代实现中华民族伟大复兴的历史使命也要求我们坚定文化自信。党的十八大后,习近平总书记从激发和凝聚全体人民团结奋斗精神力量的高度,提出文化自信是更基础、更广泛、更深厚的自信,在实现中华民族伟大复兴的历史进程中,必须坚定文化自信。

其次,详细论述了马克思恩格斯的文化观、列宁的文化思想、马克思主义文化理论的中国化发展等文化自信的理论基础。

最后提出中国特色社会主义文化自信的生成具备四重逻辑的支撑:一是历史逻辑,即对中华民族悠久文明历史、丰厚文化积淀的充分自豪;二是理论逻辑,即占据着真理和道义制高点的马克思主义构成文化自信的根本支撑;三是制度逻辑,即对中国特色社会主义制度强大生命力和巨大优越性的坚定信念;四是实践逻辑,即对中国共产党带领中国人民取得救国、兴国、富国、强国的伟大实践成就的体认,而产生的对中国特色社会主义文化的高度自信。

(二)大学生坚定文化自信的对象性基础

本研究阐明大学生坚定文化自信的对象性基础是中国特色社会主义文化,包括中华优秀传统文化、革命文化、社会主义先进文化,并论述了中华优

秀传统文化、革命文化、社会主义先进文化的丰富内涵和当代价值,探究了三种文化之间的内在关系。文化的核心是价值观,社会主义核心价值观是社会主义先进文化的组成部分。因此,本研究阐明引导大学生坚定社会主义核心价值观自信是引导其坚定文化自信的核心要义。此外,文化自信还包括树立正确的文化观或文化态度,即对中华传统文化持去粗取精、转化发展的态度,对吸收借鉴人类优秀文化成果持积极态度等。

(三)引导大学生坚定文化自信的目标、目的与原则

深入分析引导大学生坚定文化自信的目标、目的与原则,也就是科学回答大学生文化自信"是什么"、引导大学生坚定文化自信"为什么"以及在方法论层面"怎样做",对于研究阐明大学生文化自信问题具有基础性意义。

引导大学生坚定文化自信,应该明确具体目标包括哪些方面。厘清引导大学生坚定文化自信的目标,就是厘清大学生文化自信"是什么",也就是厘清大学生文化自信的应然状态。笔者认为,引导大学生坚定文化自信的目标包括全面的文化认知、高度的文化认同、坚定的文化信仰、十足的文化信心、充分的文化内化、积极的文化外化六个方面。全面的文化认知是基础目标,除了包括充分认知中国特色社会主义文化的内涵,还包括树立正确的文化观;高度的文化认同即形成了对中国特色社会主义文化的接受,包括理性认同和情感认同;坚定的文化信仰即坚定马克思主义信仰,因为马克思主义是中国特色社会主义文化的核心和灵魂;十足的文化信心,即对中国文化发展的光明前景充满信心;充分的文化内化指大学生对中国特色社会主义文化的内部转化;积极的文化外化则是文化自信的实践指向和最终归宿。

引导大学生坚定文化自信的目的,也就是"为什么"要引导大学生坚定文化自信。习近平总书记曾深刻发问,如果我们的后人不能坚定理想信念,不能坚持中国特色社会主义,不能坚持党的领导,不能接好我们的班,导致国家改旗易帜,那我们今天这么拼搏奋斗还有什么意义?[①] 本研究基于"习近平之问",阐明引导大学生坚定文化自信的目的,包括培养担当民族复

---

① 王叶臣:《切实用习近平新时代中国特色社会主义思想武装年轻干部头脑》,《机关党建研究》2019 年第 5 期,第 47—50 页。

兴大任的时代新人、维护国家意识形态安全、促进中国特色社会主义文化的传承与发展。

引导大学生坚定文化自信的原则,就是引导大学生坚定文化自信的方法论,解决的是在方法论层面"怎样做"的问题。本研究提出,引导大学生坚定文化自信的有关实践需遵循多方协同、显隐结合、立破并举、知行统一的原则。

(四)大学生文化自信现状分析

本研究有效利用笔者2021年对10所高校不同年级、不同专业、不同性别的共2700名大学生文化自信状况开展的自编问卷调查结果,与2022年对另10所高校不同年级、不同专业、不同性别的共3000名大学生文化自信状况开展的自编问卷调查结果,客观审视当代大学生文化自信现状和有关方面引导大学生坚定文化自信工作开展现状。基于调查结果,从中发现大学生文化自信存在的主要问题,并通过分析得出大学生坚定文化自信的不利影响因素,为对策研究提供依据。

(五)引导大学生坚定文化自信的着力点

引导大学生坚定文化自信,应遵循多方协同、显隐结合、立破并举、知行统一的原则,树立"大教育观""大思政观",充分体现教育在空间上充注于个体所处各种场所的事实,推动高校、家庭、社会等各有关方面协同发力、综合施策,并坚持目标导向与问题导向相结合,一方面锚定培育目标,一方面致力于有效化解大学生文化自信存在的问题、不利影响因素。提出高校、家庭、社会和政府等各个方面协同发力、综合施策的着力点,可以概括为"六个好",分别是:用好课堂教学主渠道、守好日常教育广阵地、打好网络育人主动仗、建好教育引导主力军、把好体制机制方向标、育好文化自信践行者。

二、研究思路

在设计上,以提出问题(解读意义)—分析问题(把握实质)—解决问题(提出对策)为总体研究思路,着重研究大学生坚定文化自信的对象性基础、引导大学生坚定文化自信的目标、引导大学生坚定文化自信的原则、大学生文化自信现状、引导大学生坚定文化自信的着力点等问题。首先,依托文献研究和逻辑思辨,分析论题的意义,提出引导大学生坚定文化自信的问题;其次,运用文献研究法和调查研究法,提出大学生坚定文化自信的对象性基础、引导大学生坚定文化自信的目标与原则,阐明大学生文化自信现状和引导大学生坚定文化自信工作、活动开展现状,并分析存在的主要问题及其原因;最后,提出引导大学生坚定文化自信的着力点。

第四节　研究方法与创新之处

任何真理的发现都应遵循科学的规则,所谓研究的方法就是研究的路径或工具。方法不是写作模式的需要,而是写作的现实需要。

一、研究方法

（一）文献研究法

占有资料是研究的前提,本研究基于对马克思主义经典文献、中国共产党历届领导人尤其是习近平总书记关于社会主义文化建设和文化自信的系列重要论述、专家学者关于文化自信的著作和论文、有关机构发布的研究报告等文献的细致梳理和深入分析。

（二）综合研究法

引导大学生坚定文化自信研究涉及哲学、教育学、心理学、政治学、历史学、社会学等多学科、多领域,因此在写作中应以辩证唯物主义为根本指导,以思想政治教育基本原理为根本遵循,采用系统分析和多学科交叉综合的方法,尽力体现研究的科学性。

（三）调查研究法

没有调查就没有发言权。本研究属于理论与实证分析相结合的综合研究,结合笔者作为高校教师的工作实际,采用问卷调查等方法对大学生文化自信的实际情况进行调研。从而准确把握当代大学生文化自信的基本情况,为对策研究提供可靠的基础。

二、创新之处

本研究的创新主要体现在三个方面：一是提出并深入阐述了引导大学生坚定文化自信的目标是使大学生形成全面的文化认知、高度的文化认同、坚定的文化信仰、十足的文化信心、充分的文化内化、积极的文化外化，这六个方面就是大学生坚定文化自信的内涵，也就是大学生坚定文化自信的应然状态。二是基于"大教育观"和"大思政观"，充分体现教育在空间上充注于个体所处各种场所的事实，提出了高校、家庭、社会和政府等各个有关方面在引导大学生坚定文化自信中能够起到的积极作用、可以采取的有效措施，包括：高校应当用好课堂教学主渠道，建好一线教师队伍这一引导大学生坚定文化自信的主力军；家庭、社会应与高校一同守好日常教育的广阔阵地；高校、政府与社会等有关方面应各负其责，打好网络育人主动仗；政府应推动健全体制机制，发挥法律的指引作用和政策的导向作用，为大学生坚定文化自信提供保障；有关各方还应积极引导大学生将文化自信外化于行、付诸实践。三是提出大学生坚定文化自信的最终归宿是践行，深入探讨了文化外化的重要意义，注重研究大学生在文化自信方面存在的知行不一的问题，重视探究引导大学生以实际行动践行文化自信、将文化自信外化于行的着力点。

第五节　引导大学生坚定文化自信的相关概念

对相关重要概念进行明确界定是开展研究的前提与基础，否则研究无从谈起。研究引导大学生坚定文化自信问题，首先要明确"文化""文化自信"这两个相关概念的内涵，厘定清楚概念以为研究创造良好条件。

一、文化

在西方，文化（英语 culture）一词源于拉丁语 cultura，原意为耕种、培育植物，意指人类对自然界的改造。文艺复兴以来，词义逐渐扩展，既包括人类活动的物质内容,又包括非物质因素。在中国,"文化"中的"文"有文字、文采、规则、制度等含义,"化"是"教化"之义。德国哲学人类学家米切尔·兰德曼指出:"一方面,人可以创造文化;另一方面,每个后来的人都必须学习这种文化材料。这两方面的事实是相应的。"①广义的文化,也就是人化,即人的本质力量的运用和对象化,指的是人类改造世界(包括人自身)的能力、改造世界的活动及其创造的成果的总和,包括物质文化、精神文化等层面;狭义的文化,则是指人类的精神生产能力、精神生产活动和精神创造成果,包括道德、哲学、宗教、信仰、教育、科学、技术、语言、文学、艺术、心理、制度、价值观念、政治思想、法律观念、审美情趣、风俗习惯等。本研究中所指的文化,与中国特色社会主义经济建设、政治建设、文化建设、社会建设、生态文明建设"五位一体"总体布局中的"文化"内涵是一致的,即精神文化。根据《马克思主义大辞典》,中国特色社会主义"五位一体"总体布局中的"文化",指观念形态的文化②,也就是狭义的文化、精神文化。哲学家黄楠森认为:"对文化作狭义的理解是具有更广泛性的趋势,而且从文化理论和文化建设来讲,应该使用狭义的理解,狭义的文化是严格意义的文化,即人类的精神现象和精神产品。"③精神文化可以物质化,体现为物质的形式,表现为实物形态、技术手段、艺术作品等,物质文化形式中包含精神文化的内容。

文化具有历史性,任何文化都是在一定社会历史条件下形成的。精神文化起源于人类的生产劳动,并随着生产方式的发展而发展,每一社会产生与其物质生产方式相适应的精神文化。文化具有继承性,新旧文化之间存在着批判改造与继承发展的关系。每一种新文化根据条件和需要,都会部分地继承并改造文化遗产,但也会部分地拒绝文化遗产。文化具有泛在性,它像空气一样无处不在。人类创造的丰富文化构成了自己生产、生活、交往的文化环境,影响和制约着人的各种活动。文化还具有民族性,它是区分不同民族(包括国家层面的民族)的重要标志。不同的文化由不同民族创

---

① [德]M.兰德曼:《哲学人类学》,阎嘉译,贵州人民出版社,2006年,第216页。

② 徐光春主编:《马克思主义大辞典》,崇文书局,2017年,第81页。

③ 黄楠森:《论文化的内涵与外延》,《北京社会科学》1997年第4期,第11-15页。

造出来,其形成的根本基础是不同民族独特的生产和生活实践。由于生产和生活实践的差异,各民族的文化也各具特色,表现出丰富性和多样性。譬如,同样是看到一片竹林或者朵朵梅花,中国人和英国人会基于自身文化产生不同的文化联想。"文明特别是思想文化是一个国家、一个民族的灵魂。无论哪一个国家、哪一个民族,如果不珍惜自己的思想文化,丢掉了思想文化这个灵魂,这个国家、这个民族是立不起来的。"[①]同时,不同民族的文化之间存在着相互影响、相互渗透的关系。

二、文化自信

自信,顾名思义就是相信自己、对自己有信心。自信是一种健康正面的心理状态。自信的力量是无穷的。有了充盈的自信,一个人便能勇往直前战胜各种困难和挑战,便能矢志不渝开辟新天地、创造新奇迹,不含糊动摇,不屈己就人。"自信人生二百年,会当水击三千里。"毛泽东23岁时即写下如此大气磅礴、慷慨豪迈的诗句,显示出满怀的自信、过人的胆识。"丈夫何事足萦怀,要将宇宙看稊米""今日长缨在手,何时缚住苍龙""指点江山,激扬文字,粪土当年万户侯""俱往矣,数风流人物,还看今朝""红军不怕远征难,万水千山只等闲""军民团结如一人,试看天下谁能敌""不管风吹浪打,胜似闲庭信步""独有英雄驱虎豹,更无豪杰怕熊罴",自信之情溢于言表。毛泽东能够领导开天辟地的伟大事业、能够多次在关键时刻果断做出战略决策,与自信是不无关系的。

关于什么是文化自信,笔者认为,文化自信是一个国家、一个民族对于自我文化内涵的充分肯定和积极践行,对于自我文化价值、生命力、发展前景的坚定确信,对于自我文化独特魅力的真挚情感和深厚情结,以及在文化的人我比较中对于自我文化立场的坚守。文化自信绝不是文化自大、文化自负、文化自傲、文化自满,而是在文化上清醒适度的自我肯定与自我确信,是不卑不亢、自成一格。做到文化自信,既非俯视世界,更非仰视世

① 习近平:《在纪念孔子诞辰 2565 周年国际学术研讨会暨国际儒学联合会第五届会员大会开幕会上的讲话》,《人民日报》2014 年 9 月 25 日第 2 版。

界,而是平视世界。文化自大、文化自负、文化自傲、文化自满只会导致两种结果:一种是文化封闭和文化停滞,另一种是文化扩张和文化冲突。文化自信不会凭空产生,其源于对自我文化发展历程的准确把握、对自我文化基本内涵的正确认知以及对自我文化发展方向的科学判断。对于一个国家、一个民族来说,文化自信是最根本的自信,是凝聚人心、汇聚民力、推动发展的强大力量和精神支撑,是确立自身在世界舞台上独立性和独特性的关键。文化自信解决的是"我是谁""我从哪里来""我要向哪里去"这样的基本问题。国际关系建构主义流派代表人物亚历山大·温特认为,一个国家除了有生存、独立、经济财富这三种国家利益,还有第四种国家利益——"集体自尊"。① 树立文化自信,就是构建集体自尊的重要方面。试问如果一个民族对自己的文化都不自信,觉得自己在文化上不如人、别人的文化更好,这个民族如何团结一心、如何发展进步? 缺失了文化自信,一个国家、一个民族将变成一盘散沙,变得死气沉沉。缺失了文化自信,一个人将会在眼花缭乱的外来文化冲击下,变得无所适从。无疑,一个缺乏文化自信的国家不可能跻身于世界强国之列,一个没有文化自信的民族不可能屹立在世界民族之林。树立文化自信不仅关乎社会的发展,对文化本身也是至关重要的。文化自信是一种对待自我文化积极健康的精神状态,是推动文化创新发展的心理根基。国民文化自信昂扬向上,才有可能推动文化的繁荣兴盛,才有可能实现文化强国的建设目标。

具体而言,当今中国语境下的文化自信,是对中国特色社会主义文化的自信。习近平总书记指出:"中国特色社会主义文化,源自于中华民族五千多年文明历史所孕育的中华优秀传统文化,熔铸于党领导人民在革命、建设、改革中创造的革命文化和社会主义先进文化,植根于中国特色社会主义伟大实践。"②这里所说的"源自于""熔铸于""植根于"是我们认识中国特色社会主义文化的内涵及其自信的根本。

---

① [美]亚历山大·温特:《国际政治的社会理论》,秦亚青译,上海人民出版社,2000年,第294页。

② 习近平:《习近平谈治国理政》(第三卷),外文出版社,2020年,第32页。

第一章 文化自信的提出背景、理论基础与生成逻辑

文化是一个国家、一个民族的血脉，是人民的精神家园。党的十八大以来，习近平总书记作出一系列关于文化自信的重要论述，凸显了文化自信在中国特色社会主义事业全局中的重要地位。

第一节 文化自信的提出背景

2014年2月24日，习近平总书记在十八届中央政治局第十三次集体学习时强调要增强文化自信和价值观自信[①]；2014年3月7日，习近平总书记在参加贵州代表团审议政府工作报告时指出："我们要坚定理论自信、道路自信、制度自信，最根本的还要加一个文化自信。"[②]2014年10月15日，在文艺工作座谈会上，习近平总书记强调："增强文化自觉和文化自信，是坚定道路自信、理论自信、制度自信的题中应有之义。"[③]2014年12月20日，习近平总书记在澳门大学学生座谈会上指出："建立制度自信、理论自信、道路自信，还有文化自信，文化自信是基础。"[④]2016年5月17日，习近平总书记主持哲学社会科学座谈会并发表重要讲话，用"三个更"说明文化自信："文化

---

① 习近平：《习近平谈治国理政》，外文出版社，2014年，第164页。

② 李翔海：《从延续民族文化血脉中开拓前进——论习近平中国传统文化观的时代意义》，《中共中央党校学报》2015年第6期，第22-28页。

③ 习近平：《论党的宣传思想工作》，中央文献出版社，2020年，第114页。

④ 张远新：《文化自信：更基础、更广泛、更深厚的自信——学习习近平总书记关于文化自信的有关论述》，《兰州学刊》2016年第10期，第27-36页。

自信是更基本、更深沉、更持久的力量。"①2016 年 11 月 30 日,习近平总书记在中国文联十大、中国作协九大开幕式上的讲话中指出:"文化自信,是更基础、更广泛、更深厚的自信,是更基本、更深沉、更持久的力量。"②以习近平同志为核心的党中央之所以强调文化自信,有其深刻的历史和现实原因。

一、文化自信问题产生于对近代以来中华民族文化心理的透彻 反思

文化原本不存在"自信"与"不自信"的问题。任何一个民族对自己的民族文化都怀有眷恋和热爱之情。当文化自信成为一个问题,它就不会是一个单纯的学术问题,必定有其深层的社会原因。

中华文化既是光耀世界的文化,也是饱经忧患的文化。晚清以降,由于封建统治的腐朽和西方列强的欺压,中国衰落了,在很多方面都远远地落于先进国家之后。列强的坚船利炮不仅打开了中国的大门,也改变了许多国人的文化心态,古老的中华文化受到了严重质疑和挑战。曾自成一个天下的荣光与傲慢被屈辱与自卑取代,人们饥渴、不无盲目地寻求日本、英国、德国、美国甚至印度的观念的滋养。③ 在一次次战败和一个个不平等条约的打击下,我们民族的文化优势心理受到挑战、逐渐失落,一部分知识分子开始了深刻的反省,媚于西方、媚于外来的势力也成了一种比较普遍的文化心理,欧化、西化思潮也随之滋蔓鼓荡:先是觉得"器物不如人",于是要"师夷长技";洋务运动三十年之后,又在甲午战争中惨败于"蕞尔小国"日本,方觉是"制度不如人",于是要"变法维新";辛亥革命后虽搬进了西方的政治体制,但依然处于内外交困的境地,才意识到是"文化不如人",认为中国传统文化有问题,要"西化"甚至"全盘西化"。例如,胡适提出:"我们必须承认我们自己百事不如人,不但物质机械上不如人,不但政治制度不如人,并且

① 习近平:《习近平谈治国理政》(第二卷),外文出版社,2017 年,第 339 页。
② 习近平:《习近平谈治国理政》(第二卷),外文出版社,2017 年,第 349 页。
③ 许知远:《青年变革者:梁启超(1873—1898)》,上海人民出版社,2019 年,第 3 页。

道德不如人，知识不如人，文学不如人，音乐不如人，艺术不如人，身体不如人。"①陈序经认为："从文化发展上看来，西洋近代的文化的确比我们的进步得多，它的思想，也的确比中国的思想来得高。西洋文化无论在思想上，艺术上，科学上，政治上，教育上，宗教上，哲学上，文学上，都比中国的好。""从理论方面说来，西洋文化，是现代的一种趋势。"②北京大学钱玄同教授甚至激进地提出废除汉字，他声称："欲使中国不亡，欲使中国民族为二十世纪文明之民族，必以废孔学，灭道教为根本之解决，而废记载孔门学说及道教妖言之汉文，尤为根本解决之根本解决。"③

由于现实命运的困境，自信心的丧失逐渐成为笼罩在中华民族文化心理上的一层厚重的阴霾。自强不息的中华民族不甘沉沦，经过百余年的顽强奋斗，不仅改变了自己的现实命运，也在改变自己的精神面貌和文化心理。然而，长期积累形成的文化心理并不是一朝一夕就能够改变的。近代以来形成的文化上的不自信心理，一直到现在，都还有不少的表现。④ 当前，一些人盲目崇拜西方，信奉"西方文化优越论"，以洋为美，以洋为尊，挟洋自重，动辄在西方思想文化中找依据、找标准、找答案，对自己的文化却视而不见。谈起哲学，有些人言必称柏拉图、亚里士多德、康德、黑格尔；说到文化，有些人言必称古希腊、古罗马、文艺复兴。而中国哲学被他们评价为缺乏逻辑、玄幻虚妄，中国文化被他们认为充满糟粕、愚昧落后。实际上，他们对中国文化缺乏深入的了解。有些人认为中国应该走世界人类文明发展的共同道路，走所谓世界文明之路。在他们看来，西方的道路是世界文明的普遍道路。⑤ 有些人认为文化自信无非源于中国近几十年来的经济发展成就，假若未来一旦没有了这种高绩效，自信也就不复存在。还有些人肆意抹黑歪曲党和国家的历史，着意贬低、丑化革命烈士、英雄人物，极力消解本民

---

① 《胡适文集》(第五卷)，北京大学出版社，1998 年，第 515 页。
② 罗荣渠：《从"西化"到现代化——五四以来有关中国的文化趋向和发展道路论争文选》，北京大学出版社，1990 年，第 371–372 页。
③ 林文光：《钱玄同文选》，四川文艺出版社，2010 年，第 34 页。
④ 沈壮海：《论文化自信》，湖北人民出版社，2019 年，第 26–30 页。
⑤ 陈先达：《文化自信中的传统与当代·前言》，北京师范大学出版社，2017 年，第 5 页。

族的精气神。与此同时,以美国为首的西方国家,时刻没有放松对我们进行思想文化渗透和价值观入侵,企图在思想文化上完全支配我们,削弱党团结领导人民实现中华民族伟大复兴的共同思想基础。

改革开放之初,邓小平就指出:"一些青年男女盲目地羡慕资本主义国家,有些人在同外国人交往中甚至不顾自己的国格和人格。这种情况必须引起我们的认真注意。"①邓小平点明的现象正反映了一些人存在的文化不自信、崇洋媚外的问题。1996年,江泽民根据自身敏锐的观察,揭露了当时社会上一些值得警惕和应予扭转的不良趋势。他说:"有的饭店叫什么'帝王酒家',有的商店叫什么'花花公子商店'……有的广告宣扬什么'皇家气派''公爵品味',有的商品刻意追求洋名称、洋招牌,为人家做义务宣传。"②江泽民同志批评的这些现象背后是文化自信的失落。③ 2015年,习近平总书记在一次讲话中,也尖锐批判了有些人以洋为尊的做派。他说:"有的人奉西方理论、西方话语为金科玉律,不知不觉成了西方资本主义意识形态的吹鼓手。"④在日常生活中,经常出现"与西方接轨"的说法,譬如热衷于过洋节(情人节、圣诞节、万圣节、愚人节等),大肆美化西方文化;有些高校评职称需要外国留学经历,在外国杂志上发表论文;有的小区、楼盘都使用了外国的洋地名"西雅图""曼哈顿""爱丁堡"等和外国人名的"诺贝尔花园"等,好像只要攀上了外国的洋名字就显得高大上。这种现象告诉我们:发展中国文化,增强文化自信,必须摒弃那种"以洋为尊、以洋为美、唯洋是从"的错误观念,以平视的眼光看待世界。

还有很多人崇洋媚外、仰视西方,以能到西方国家定居或取得外国国籍为时尚。在美国马里兰大学2017年毕业典礼上,一位名叫Shuping Yang的中国女留学生作为全校学生代表上台发表毕业演讲。可她的演讲内容让台下的中国同学们尴尬不已!这位学生演讲的第一层意思是说美国的空气

---

① 《邓小平文选》(第二卷),人民出版社,1994年,第177页。
② 《江泽民文选》(第一卷),人民出版社,2006年,第505–506页。
③ 沈壮海:《坚定文化自信 提振文化国力》,《时事报告(党委中心组学习)》2018年第1期,第102–128页。
④ 习近平:《习近平谈治国理政》(第二卷),外文出版社,2017年,第327页。

好。她说:"五年前,当我从中国飞机上下来,离开达拉斯机场的航站楼,第一次呼吸到美国的空气时,我摘下了口罩,这儿的空气太新鲜、太甜美、近乎奢侈。我在中国的一座城市长大,在那里每当我出门都不得不戴上口罩,否则,我便会生病,然而,当我在达拉斯机场外呼吸的时候,我感到了自由。在走出机场的那一刻,我就丢掉了正准备戴上的口罩。再也没有雾来模糊我的眼镜,再也没有呼吸难受,再也没有任何压迫。"①她演讲的第二层意思是:中国没有自由和民主,而美国有,在美国她可以想说什么就说什么,想做什么就做什么。她说:"在学校里面参加戏剧社,感觉到美国这边人人参与政治的热情高涨,呼吁美国同学不要认为言论自由是应得的,要珍惜……"对于上述种种文化不自信现象,我们必须特别注意和警惕。我们之所以提出文化自信,根源于对近代以来中华民族文化心理的透彻反思。换言之,只有将文化自信放在近现代中国历史发展过程中和当代现实问题的舆论场,才能真正理解文化自信问题。

二、文化自信的提出是对苏联解体和东欧剧变历史教训的深刻 总结

20世纪末期,世界格局发生的最重大变化,莫过于苏联解体、东欧剧变。任何事物都有其两面性,智者能够从别人的失败中汲取教训。国际共产主义运动的这一重大挫折引发了中国共产党人的深刻思考。苏共为什么垮台?苏联为什么解体?习近平总书记指出:"一个重要原因就是意识形态领域的斗争十分激烈,全面否定苏联历史、苏共历史,否定列宁,否定斯大林,搞历史虚无主义,思想搞乱了,各级党组织几乎没任何作用了,军队都不在党的领导之下了。"②点明了思想文化领域的混乱是苏共垮台、苏联解体的

---

① 这位留学生的家乡是云南昆明。环保部门发布的数据显示:2016年,昆明主城区空气质量达到国家二级标准要求,优良率达98.9%,其中优级天数为146天,空气质量在全国74个主要城市中排名第九,在省会城市排名第三,是全国唯一进入前十的内陆城市。
② 习近平:《关于坚持和发展中国特色社会主义的几个问题》,《思想政治工作研究》2019年第5期,第15—19页。

重要原因之一。

苏联是在列宁领导的十月社会主义革命后建立的第一个社会主义国家,后在斯大林领导下,经过打败德国入侵、建设社会主义现代化,迅速成为能够与美国抗衡的超级大国。但就是这样的超级大国,却在西方的文化进攻下,不费一枪一弹而轰然倒塌了。冰冻三尺非一日之寒。苏联思想文化领域的混乱"是从对斯大林的全盘否定开始的"①。赫鲁晓夫在苏共二十大上作《关于个人迷信及其后果》的"秘密报告",对斯大林进行批判之后,引起了苏联人民极大的思想混乱,国际上也掀起反苏、反共的浪潮,苏联的国际威望大大降低,共产党的力量和影响受到削弱,东欧社会主义阵营产生震荡。后来对苏共垮台、苏联解体起到关键作用的戈尔巴乔夫、雅科夫列夫、叶利钦等人,他们的青年时期即受到了苏共二十大"秘密报告"的影响。曾任苏共中央宣传部部长的雅科夫列夫坦言:"常常有人问我,我是什么时候和为什么开始背离马克思主义的……赫鲁晓夫 1956 年在苏共第 20 次代表大会上做的报告,对拨正看法和形成新的评价起了决定性的作用。我出席了这次大会,我当时是苏共中央学校部的指导员。"②赫鲁晓夫对斯大林的否定开了否定苏联共产党和社会主义制度之先河。此后,历史虚无主义思潮在苏联蔓延开来。这股思潮的兴起,起初是一些描写苏联社会阴暗面的文艺作品,即所谓的"解冻文学",后来蔓延至史学界、理论界和舆论界。历史虚无主义分子的做法十分卑劣,他们"用列宁的权威打击斯大林,打击斯大林主义。成功后,再用普列汉诺夫和社会民主主义去打击列宁"③。20 世纪80 年代戈尔巴乔夫上台后提出,在苏联的"历史和文学中都不应有被忘却的名字和空白点"④。所谓不应有"空白点",就是为挖掘苏联历史的负面内容、

---

① 周新城:《对世纪性悲剧的思考:苏联演变的性质、原因和教训》,中国人民大学出版社,2000 年,第 11 页。

② [俄]雅科夫列夫:《一杯苦酒——俄罗斯的布尔什维主义和改革运动》,徐葵、张达楠、王器等译,新华出版社,1999 年,第 10 页。

③ 张捷:《搞垮苏联罪魁们的自白》,《中华魂》2004 年第 4 期,第 56-57 页。

④ 李振城:《苏联解体中的民族因素》,《科学社会主义》1996 年第 3 期,第 64-67 页。

丑化苏联历史开绿灯。这种情况下,苏联的历史虚无主义甚嚣尘上。反动分子在报刊上抛出大量的无稽之谈,包括列宁是受德国指挥的间谍、斯大林发起的肃反运动造成数百万甚至数千万人被杀、斯大林背叛了列宁和列宁主义、第二次世界大战是希特勒和斯大林联合发动的等等,严重损害了共产党和整个国家的声誉。颇为恶毒的是,卫国战争时期牺牲的一些民族英雄也被人别有用心地抹黑。苏联报刊上有文章公然诬蔑女英雄卓娅不是被德军杀害的,而是因为放火烧了民房而被愤怒的苏联村民打死的。1988 年 6 月,苏联教育部认定"以前的教科书都是美化苏联历史",全国所有学校的苏联历史课本在 1989 年全部销毁,并取消本学期中小学历史课考试,重新编写中小学历史教科书。紧接着,各种版本的新编历史教材开始出现。许多教材一味强调"历史污点",公然采用造谣、污蔑等手段,颠覆了青少年的历史观和价值观,造成了恶劣的社会影响。① 由于历史虚无主义泛滥、关于党和国家历史的负面舆论盛行,越来越多的苏联人开始怀疑自己国家的历史、共产党领导人和社会主义制度,自信心逐渐丧失。

20 世纪 80 年代以后,面对国际国内的种种问题,苏共高层不是在与时俱进中坚持马克思主义、坚持社会主义道路,而是放弃马克思主义指导地位、实行意识形态多元化、拥抱西方政治理论和实践,于是彻底搞乱了苏联社会的思想舆论,摧毁了共产党执政、社会主义制度存在的思想基础。1985 年,戈尔巴乔夫升任苏共中央总书记。不久,戈氏即提出了所谓"新思维",开启了"改革",提出"公开性""民主化""多元化"等方针。他主张的"公开性",是不讲原则、没有边界的"公开",专门揭露并大肆渲染历史上和现实生活中的阴暗面;他主张的"民主化",是对资产阶级自由化势力"民主",是不分阶级、不讲专政和集中的民主,违背马克思主义的阶级斗争理论与无产阶级专政学说;他主张的"多元化",是允许否定共产党领导地位和马克思主义指导作用的言行存在的"多元"。于是,书刊检查制度放松了,后来

---

① 李慎明、陈之骅、吴恩远等:《历史虚无主义与苏联解体》,《世界社会主义研究》2022 年第 1 期,第 54—74 页。

完全取消了。1987年5月，苏联还停止了对美国之音和其他敌对国家电台的干扰。① 闸门一旦打开，形形色色的反共反苏思潮便如洪水般奔涌而出，冲垮了民众的理想信念，侵蚀了民众的价值观。苏联解体前夕，几乎所有媒体都在吹捧西方的自由、民主和资产阶级的生活方式，甚至《真理报》等党报也加入了吹捧西方的队伍。1989年12月，苏联有关部门还颁布命令，取消了高校的马列主义思想教育课程。1990年，西方授予戈尔巴乔夫诺贝尔和平奖。在剧变的过程中，是苏共高层自己首先蜕化变质了，不相信马克思主义是真理，在根本指导思想和根本政治信念上产生了动摇。戈尔巴乔夫公开表示："俄国的悲剧，就在于西欧在卡尔·马克思的晚年时代已经死去的思想，却在20世纪初的俄罗斯被选择，它被引进于现实社会里，这是一个错误。""共产主义是一种空想社会改良说。也就是说，那是一种几乎不可能实现的口号，或者是一种只有在极遥远的历史状况下才能实现的东西。"②雅科夫列夫也认为，马克思提出的资本主义注定灭亡并退出舞台是一个根本错误。③ 根基不牢，地动山摇。"一个政权的瓦解往往是从思想领域开始的，政治动荡、政权更迭可能在一夜之间发生，但思想演变是个长期过程。思想防线被攻破了，其他防线就很难守住。"④放弃马克思主义这个思想武器，丢掉社会主义意识形态这个阵地，苏共垮台、苏联解体便是不可避免的了。

内因是变化的根据，外因是变化的条件。苏联解体、东欧剧变也是以美国为首的西方国家在思想文化上长期对苏联及东欧社会主义国家实行渗透的结果。第二次世界大战后，为了赢得冷战的胜利，美国历届总统都十分重视对苏联及东欧社会主义国家进行意识形态战。美国前总统尼克松强

① ［俄］雷日科夫：《大国悲剧：苏联解体的前因后果》，徐昌翰等译，新华出版社，2008年，第13-15页。
② ［俄］戈尔巴乔夫、［日］池田大作：《20世纪的精神教训》，孙立川译，社会科学文献出版社，2005年，第384页。
③ ［俄］雅科夫列夫：《一杯苦酒——俄罗斯的布尔什维主义和改革运动》，徐葵、张达楠等译，新华出版社，1999年，第157页。
④ 中共中央文献研究室：《习近平关于社会主义文化建设论述摘编》，中央文献出版社，2017年，第21页。

调,应"更多地采用政治、经济、文化的手段,特别是意识形态的广泛持久渗透的手段,来达到促进和平演变的目标"。① 西方国家曾投入大量资源建设大量宣传媒体,例如美国之音、自由欧洲电台、自由电台、BBC、德国之声等,不遗余力地向苏联和东欧社会主义国家宣扬资本主义意识形态、资产阶级价值观、西方制度"优越性"、西方社会的"成就"和生活方式,散播谎言和谣言,诋毁抹黑马克思主义和社会主义,促使苏东民众向往西方社会、苏东国家向西方所期望的方向渐变,达到"不战而胜"的目的。据不完全统计,仅美国一家,就在苏联周围10多个国家设立了20多个新闻中心,出版80多种杂志、60多种期刊,设立了近2000家电视台、广播电台、无线电转播台,用60多种语言播放各种节目。② 此外,西方国家还广泛利用各种文化交流手段,包括人员交流、教育交流、科技交流、文艺交流等,对苏联及东欧社会主义国家进行文化渗透。

纵观历史和现实,只有具备足够文化内聚力的国家,才能保持长治久安。苏联解体、东欧剧变的教训,对我国坚持和发展社会主义事业具有极其重要的镜鉴价值。中国一定要汲取苏联解体和东欧剧变的历史教训,高度重视意识形态工作,提高防范文化侵蚀与渗透的能力,坚持马克思主义在意识形态领域的指导地位,建设具有强大引领力、凝聚力和生命力的社会主义文化,大力培养国民尤其是年轻人对本国历史和文化的深厚情感、高度认同和坚定自信。

三、文化自信是新时代实现中华民族伟大复兴历史使命的根本要求

实现中华民族伟大复兴是近代以来中华民族最伟大的梦想,文化自信则能够为其提供强大的精神支撑与根本的价值指引。没有精神文明的参

---

① 曹长盛、张捷、樊建新:《苏联演变进程中的意识形态研究》,人民出版社,2004年,第25页。

② 李慎明、陈之骅、吴恩远等:《历史虚无主义与苏联解体》,《世界社会主义研究》2022年第1期,第54—74页。

与,物质文明既不可能产生,也不可能延续下去。① 改革开放以来,我国创造了人类历史上前所未有的发展奇迹,巨大成就世人有目共睹。我国已成为世界第二大经济体,生产力、综合国力、人民生活水平得到显著提高,中华民族实现了从站起来、富起来到强起来的历史性飞跃。原因何在? 除了调整生产关系激发了社会生产力发展活力之外,社会主义先进文化的作用也不可忽视。当前,我国已经实现了第一个百年奋斗目标,正在向着全面建成富强民主文明和谐美丽的社会主义现代化强国的第二个百年奋斗目标阔步前进。船到中流浪更急,人到半山路更陡。新征程上,我们面临着诸多挑战叠加、各种风险交织的局面,世界各国在文化、经济、政治、军事、科技等领域的竞争和斗争一刻也没有停止,国际形势复杂多变,国内改革发展稳定的任务艰巨繁重。要战胜这些困难和挑战,精神的力量、文化的作用、价值观的功能,愈益凸显。实现中华民族伟大复兴,需要提振全体中国人民的文化自信,激发和凝聚团结奋进、攻坚克难的力量。对于任何一个国家和集体来说,离心离德、一盘散沙,是成就不了什么伟大事业的。只有全体中国人民万众一心,将小我融入大我,中华民族伟大复兴才有可能早日成为现实。对此,习近平总书记强调:"实现中国梦必须弘扬中国精神。"②同时,中华民族伟大复兴是全面的复兴,不仅包括物质文明的复兴,而且包括精神文明的复兴。对于社会主义现代化建设来说,物质文明和精神文明犹如车之两轮、鸟之双翼,不可偏废。如果精神文明有短板、文化自信有缺失,则不能视为实现了伟大复兴。对此,习近平总书记有过多次论述。2014 年 10 月 15 日,在文艺工作座谈会上,习近平总书记强调:"一个民族的复兴需要强大的物质力量,也需要强大的精神力量。没有先进文化的积极引领,没有人民精神世界的极大丰富,没有民族精神力量的不断增强,一个国家、一个民族不可能屹立于世界民族之林。"③2022 年 10 月 16 日,在党的二十大上,习近平总书

---

① 左亚文:《论精神文明与物质文明和政治文明的辩证互动》,《马克思主义研究》2003 年第 6 期,第 73-77 页。

② 习近平:《习近平谈治国理政》,外文出版社,2014 年,第 40 页。

③ 习近平:《在文艺工作座谈会上的讲话》,《人民日报》2015 年 10 月 15 日第 2 版。

记指出："物质富足、精神富有是社会主义现代化的根本要求。"①既然文化是民族的灵魂、民族的血脉，那么，没有灵魂的民族不可能屹立于世界，没有血脉的民族不可能发展壮大。

值得注意的是，在提出文化自信之前，中国共产党提出的是"三个自信"，即道路自信、理论自信、制度自信。后来为什么又增加一个"文化自信"？这是因为，文化是一个国家、一个民族的灵魂，"体现一个国家综合实力最核心的、最高层的，还是文化软实力"②。随着中华民族伟大复兴和社会主义现代化强国事业的推进，党对文化地位与作用的认识更加深刻，把文化建设提升到一个新的历史高度的主要表现就是"把文化自信和道路自信、理论自信、制度自信并列为中国特色社会主义'四个自信'"③，并强调"中国有坚定的道路自信、理论自信、制度自信，其本质是建立在5000多年文明传承基础上的文化自信"④。我们为什么把文化摆在更加突出的位置？习近平总书记作了以下说明："统筹推进'五位一体'总体布局、协调推进'四个全面'战略布局，文化是重要内容；推动高质量发展，文化是重要支点；满足人民日益增长的美好生活需要，文化是重要因素；战胜前进道路上的各种风险挑战，文化是重要力量源泉。"⑤陈先达教授在《文化自信中的政治与学术》一文中深刻阐述了文化自信与道路自信、理论自信、制度自信的内在关联性：文化自信"是中国道路选择、理论创新和制度构建的文化支撑，是实现中华民族伟大复兴的精神支柱。脱离中国的历史和文化，就难以说清中国道路的历史必然性，难以说清制度的优越性和它对中国历史上治国理政智慧的继承性，难以说明中国特色社会主义理论中蕴含的中国话语、中国风格和中国气派。如果我们脱离中国历史和当代中国的社会现实，把文化自信问题变

---

① 习近平：《高举中国特色社会主义伟大旗帜　为全面建设社会主义现代化国家而团结奋斗》，《人民日报》2022年10月26日第1版。

② 李斌、霍小光：《"改革的集结号已经吹响"——习近平总书记同人大代表、政协委员共商国是纪实》，《人民日报》2014年3月13日第1版。

③ 习近平：《习近平谈治国理政》（第四卷），外文出版社，2022年，第309页。

④ 习近平：《习近平谈治国理政》（第四卷），外文出版社，2022年，第312页。

⑤ 习近平：《习近平谈治国理政》（第四卷），外文出版社，2022年，第309-310页。

成一个与中国道路选择和制度建构无关的所谓纯文化学的问题,就是把沸腾着的中国现实生活的活生生的现代性课题,变成一个书斋中的问题,遮蔽了它在中国现实中的重要意义"①。因此,从"三个自信"到"四个自信",是中国特色社会主义自信话语体系的升华与完善。

不难看出,习近平总书记关于文化自信的论述和文化地位和作用的强调,是与中国特色社会主义伟大事业、中华民族伟大复兴的伟业紧紧联系在一起的。没有社会主义文化繁荣与发展,就没有社会主义现代化,就没有中华民族伟大复兴,这就是我们强调文化自信的根本原因。

第二节 文化自信的理论基础

理论具有本质性、科学性和纲领性特质,推动着思想解放进程,指引着实践发展方向。我们的文化自信有着经过历史和现实检验的深厚理论基础,马克思、恩格斯、列宁等马克思主义经典作家对文化的论述,中国马克思主义者关于文化和文化自信的思想,构成了文化自信的理论基础。

一、马克思、恩格斯的文化观

马克思、恩格斯关于经济基础和上层建筑的相互关系、人的实践活动、意识形态等的思想中,渗透着他们对文化的基本理解和把握,蕴含着丰富的文化观,后续的马克思主义文化思想都是在此基础上发展而来的。马克思主义创始人的文化观,为深入开展文化自信研究奠定了理论基础。

马克思、恩格斯对文化的认识,建立在唯物主义的基础之上,驱除了散布在文化理论领域的唯心主义迷雾,实现了文化理论的革命性变革。他们的文化观内容丰富多样、指导意义广泛深远,主要包括以下几个方面:

(一)文化由经济基础决定

马克思主义创始人在全面研究人类社会发展历史的基础上,科学地回

---

① 陈先达:《一位"85后"的马克思主义观》,中国人民大学出版社,2020年,第109页。

答了"文化怎样产生和发展"的问题。与唯心主义错误地主张社会意识决定社会存在不同，马克思、恩格斯认为，社会存在决定社会意识，"观念的东西不外是移入人的头脑并在人的头脑中改造过的物质的东西而已"①。社会存在即是社会物质生活过程，是人类社会赖以生存发展的物质条件，主要指物质资料的生产方式，包括生产力和生产关系两个方面；社会意识即是社会的精神生活过程，也就是狭义的文化。1843 年，马克思在《黑格尔法哲学批判》中提出：不是国家决定市民社会，而是市民社会决定国家。② 这是社会存在决定社会意识理论的萌芽，这里的"市民社会"主要指现实的经济生活。马克思、恩格斯在《德意志意识形态》中指出："发展着自己的物质生产和物质交往的人们，在改变自己的这个现实的同时也改变着自己的思维和思维的产物。不是意识决定生活，而是生活决定意识。"③在社会历史中存在的文化诸形态的进步、倒退或嬗变，在深层次上都是根源于物质生产方式的相应变化。1859 年，马克思在《〈政治经济学批判〉序言》中写道："物质生活的生产方式制约着整个社会生活、政治生活和精神生活的过程。不是人们的意识决定人们的存在，相反，是人们的社会存在决定人们的意识。"④物质资料的生产是人类安身立命的基本条件，从而也是文化产生和发展的基础。文化不过是人们实际生活过程的观念表达和精神体现。经济基础决定了包括文化在内的上层建筑，文化是人类社会生产生活在意识中的反映，并受物质生活的生产方式制约。文化赖以产生的源泉是人的改造自然和社会的生产与生活实践。在《〈共产党宣言〉1883 年德文版序言》中，恩格斯写道："每一历史时代的经济生产以及必然由此产生的社会结构，是该时代政治的和精神的历史的基础。"⑤在这里，恩格斯运用唯物主义历史观来说明文化产生的源泉。文化的发展受到社会生产力发展水平以及与之相适应的社会生产关系发展水平所制约。在不同的经济和社会环境中，会产生不同的思想和文化。

---

① 《马克思恩格斯选集》(第二卷)，人民出版社，2012 年，第 93 页。
② 《马克思恩格斯文集》(第一卷)，人民出版社，2009 年，第 763 页。
③ 《马克思恩格斯文集》(第一卷)，人民出版社，2009 年，第 525 页。
④ 《马克思恩格斯选集》(第二卷)，人民出版社，2012 年，第 2 页。
⑤ 《马克思恩格斯选集》(第一卷)，人民出版社，2012 年，第 380 页。

如果经济生产方式、社会结构发生变化,那么文化也会发生相应的变化。

需要指出的是,在社会存在决定社会意识中,"决定"仅仅是表示社会存在和社会意识之间关系在逻辑条件下的优先性,而并不表明它们在时间上前后相继的关系。也就是说,相对于社会意识来说,社会存在是第一性的、本原的、决定的,社会存在在逻辑上先于社会意识。这启示我们,经济建设和文化建设要同步推进。

(二)文化具有相对独立性

文化还具有相对独立性。文化在反映现实社会存在的同时,具有遵循其自身的发展规律而存在和发展的性质。

(1)文化的发展水平与社会经济发展不一定完全同步。马克思指出:"随着经济基础的变更,全部庞大的上层建筑也或慢或快地发生变革。"[①]这里的"或慢或快"实际上说明,上层建筑的变革不一定会和经济基础的变革同步进行,阐明了文化具有相对独立性的观点。文化大体上来说会和经济基础的发展方向一致,但仍有自身的独立性,它可以超前或滞后于经济基础而存在。马克思还指出:"关于艺术,大家知道,它的一定的繁盛时期决不是同社会的一般发展成比例的,因而也决不是同仿佛是社会组织的骨骼的物质基础的一般发展成比例的。"[②]尽管文化的发展取决于社会的物质基础,但必须认识到,物质基础对文化的决定作用和基础地位并不是时时事事的,它是最终意义和抽象意义上的。物质基础对文化的最终决定意义并不能够否认在某些时期某些阶段文化的能动作用。特定时期的文化并不一定与特定时期的经济生活、物质生产关系完全相适应。恩格斯在晚年的一封信中也指出:"经济上落后的国家在哲学上仍然能够演奏第一小提琴:18 世纪的法国对英国来说是如此(法国人是以英国哲学为依据的),后来的德国对英法两国来说也是如此。"[③]在这里,恩格斯以法国、德国的现实状况为例,提出了文化的发展并非绝对受制于经济水平、还具有相对的独立性。

---

① 《马克思恩格斯选集》(第二卷),人民出版社,2012 年,第 3 页。
② 《马克思恩格斯文集》(第八卷),人民出版社,2009 年,第 34 页。
③ 《马克思恩格斯文集》(第十卷),人民出版社,2009 年,第 599 页。

（2）文化具有历史继承性。文化是创新的,也是继承的。由于历史继承性,文化保有了发展过程的相对独立性和稳定性,一些宗教信仰、伦理道德、价值观念、风俗习惯得以穿越千年传承至今。马克思深刻指出:"人们自己创造自己的历史,但是他们并不是随心所欲地创造,并不是在他们自己选定的条件下创造,而是在直接碰到的、既定的、从过去承继下来的条件下创造。一切已死的先辈们的传统,像梦魇一样纠缠着活人的头脑。"①在这里,马克思表达了在历史传统的基础上创新创造的思想。文化是人作为群体存在物的观念系统和行为模式的总和,其一旦形成,就会对生活于这一文化模式下的群体成员起到引导、规范和制约作用,以更好地维护群体利益,促进群体发展。历史积淀下来的被群体所共同遵循或认可的共同的观念体系和行为模式,对于群体成员来说往往具有继承性。历史继承性造就了波澜壮阔的人类文化历史画卷,每一代人继承了前代的文化,才能更进一步地走向新的文化辉煌。

（3）文化能够对社会存在起到能动的反作用。精神力量能够反作用于物质力量。文化内在于社会实践、社会生活的方方面面,从深层制约和影响经济、政治活动。恩格斯指出:"政治、法、哲学、宗教、文学、艺术等等的发展是以经济发展为基础的。但是,它们又都互相作用并对经济基础发生作用。这并不是说,只有经济状况才是原因,才是积极的,其余一切都不过是消极的结果,而是说,这是在归根到底不断为自己开辟道路的经济必然性的基础上的相互作用。"②针对有人把唯物主义历史观等同于经济决定论,恩格斯予以坚决批判:"根据唯物史观,历史过程中的决定性因素归根到底是现实生活的生产和再生产。无论马克思或我都从来没有肯定过比这更多的东西。如果有人在这里加以歪曲,说经济因素是唯一决定性的因素,那么他就是把这个命题变成毫无内容的、抽象的、荒诞无稽的空话。经济状况是基础,但是对历史斗争的进程发生影响并且在许多情况下主要是决定着这一斗争的

---

① 《马克思恩格斯选集》(第一卷),人民出版社,2012年,第669页。
② 《马克思恩格斯选集》(第四卷),人民出版社,2012年,第649页。

形式的,还有上层建筑的各种因素。"①这就既肯定了社会存在对社会意识的决定性作用,也肯定了社会意识对社会存在不可忽视的反作用。先进文化能够促进和推动经济社会的发展,落后的文化则会减缓和阻碍经济社会的发展。"理论一经掌握群众,也会变成物质力量。"②先进的思想文化被广大群众掌握以后,就会转化为强大的实实在在的物质力量;反之,思想文化如果停滞不前、故步自封,就会成为束缚人民群众创造力的桎梏。随着人类自觉的活动对盲目的经济必然性的控制,随着人类知识积累和文化自觉的提升,先进文化对于人类社会发展的引领作用会越来越强。肯定和重视文化的反作用,必然会增强我们重视文化建设的自觉性和主动性。在当代中国,我们要大力建设中国特色社会主义文化,加强社会主义精神文明建设,增强文化自信,不断铸就中华文化新辉煌。

(三)文化具有意识形态性

意识形态性是文化固有的本质属性。马克思认为精神劳动使得社会文化具有了相对独立的作用,相对独立的产生过程以及相对独立的形态。在阶级社会,任何文化都隶属于一定的阶级,一定的文化是一定阶级本质的反映和表现,不同的阶级有着不同的意识形态。马克思认为:具体的历史个人总有他所隶属的集体,而这个集体之所以能够存在,是因为其成员具有共同的利益。个人隶属于特定的社会阶级、阶层和团体既是人的存在方式,又是人存在的必然。进行文化实践的个人,他的思想、观点和理论体系也不可能完全脱离他所属的那个集团的经济利益。各个历史时期的具体的个人总会隶属于某一个阶级,那么他们的思想、观念和理论也必然隶属于他的那个阶级。在资本主义社会,科学技术前所未有的进步,正是因为科学技术能为资本家利用,成为压榨工人的工具,于是科学技术也取得意识形态的外观。在各个阶级社会——奴隶社会、封建社会、资本主义社会,包括由阶级社会向无阶级社会过渡的社会主义社会,占统治地位的思想文化,本质上都是统治阶级的思想文化。马克思、恩格斯在《德意志意识形态》中指出:"统治阶级

---

① 《马克思恩格斯选集》(第四卷),人民出版社,2012年,第604页。
② 《马克思恩格斯选集》(第一卷),人民出版社,2012年,第9页。

的思想在每一时代都是占统治地位的思想。这就是说,一个阶级是社会上占统治地位的物质力量,同时也是社会上占统治地位的精神力量。支配着物质生产资料的阶级,同时也支配着精神生产资料,因此,那些没有精神生产资料的人的思想,一般是隶属于这个阶级的。占统治地位的思想不过是占统治地位的物质关系在观念上的表现,不过是以思想的形式表现出来的占统治地位的物质关系;因而,这就是那些使某一个阶级成为统治阶级的关系在观念上的表现,因而这也就是这个阶级的统治的思想。"①统治阶级会利用文化的意识形态性为本阶级的经济和政治利益服务,以巩固自身的经济统治地位和政治统治地位。文化可以成为统治阶级用来作最广泛最有效动员社会成员和协调社会组织的工具,达到统一意志、凝聚人心、协调行动的政治目的,从而有效地维护社会稳定和秩序,保证国家机器正常运转,促进社会经济发展,提高人民的思想文化素质,推动社会不断进步。

（四）资本主义文化具有矛盾性

马克思、恩格斯从文化分析的视角对资本主义社会进行审视和批判,揭示了资本主义文化存在无可调和的内在矛盾,具体体现在经济文化、政治文化、社会文化和精神文化方面。在社会主义文化与资本主义文化相互竞争对立的背景下,研究马克思、恩格斯对资本主义文化矛盾的分析与批判,能够增强文化自信的理论基础。

（1）经济文化之生产无限扩大趋势与劳动人民有限购买能力之间的矛盾。② 资本主义制度下,资本家为追逐利润而盲目扩大生产规模,这种资本无限扩张的欲望成为推动资本主义发展的内在动力。与此同时,为了更多地占有剩余价值,资本家付给雇佣工人"最低限度的工资"。于是,劳动人民的购买能力受到了限制。马克思指出:"构成现代生产过剩的基础的,正是生产力的无限制的发展和由此产生的大规模的生产,这种大规模的生产的基础是:一方面,广大的生产者的消费只限于必需品的范围,另一方面,资本

---

① 《马克思恩格斯选集》(第一卷),人民出版社,2012 年,第 178 页。
② 胡芳:《批判与嬗变:资本主义文化矛盾的马克思理论解读》,《社会主义研究》2013 年第 3 期,第 10—15 页。

家的利润成为生产的界限。"①这势必引起供给与需求的脱节或不平衡,导致经济危机。"一切现实的危机的最终原因,总是群众的贫穷和他们的消费受到限制"②。危机必然导致大量商品积压,物价下跌,企业倒闭,生产下降,大批工人失业。"资产阶级用什么办法来克服这种危机呢? 一方面不得不消灭大量生产力,另一方面夺取新的市场,更加彻底地利用旧的市场。"③在这种情况下,必然造成资源的巨大浪费和生态环境的破坏。

(2)政治文化宣扬"平等"原则与政治官僚机构必然的等级分层之间的矛盾,表现在阶级关系上是资产阶级与无产阶级的矛盾。④ 马克思指出:"如果说经济形式,交换,确立了主体之间的全面平等,那么内容,即促使人们去进行交换的个人材料和物质材料,则确立了自由。可见,平等和自由不仅在以交换价值为基础的交换中受到尊重,而且交换价值的交换是一切平等和自由的生产的、现实的基础。"⑤揭示了资本主义政治文化宣扬的"平等"不过是商品交换的延伸,而这种交换价值的平等性本身就是不平等的,因为资产阶级掌握了绝大多数的资源,不仅仅是经济资本,还包括政治资本、文化资本和社会资本,而无产阶级却只有唯一的资本——出卖劳动力,因而处于被动地位,这本身就是不平等的。资本主义社会中的平等只是资产者剥削劳动者的平等权利,无产者只有被剥削和压迫的命运。马克思指出:"一个除自己的劳动力以外没有任何其他财产的人,在任何社会的和文化的状态中,都不得不为另一些已经成了劳动的物质条件的所有者的人做奴隶。他只有得到他们的允许才能劳动,因而只有得到他们的允许才能生存。"⑥资产阶级进行的政治解放在消灭政治特权,使政治生活领域成为具有普遍性质的公共生活领域时,却使市民社会中的现实差别更加迅速地发展和扩大起

---

① 《马克思恩格斯文集》(第八卷),人民出版社,2009 年,第 268 页。

② 《马克思恩格斯文集》(第七卷),人民出版社,2009 年,第 548 页。

③ 《马克思恩格斯文集》(第二卷),人民出版社,2009 年,第 37 页。

④ 胡芳:《批判与嬗变:资本主义文化矛盾的马克思理论解读》,《社会主义研究》2013 年第 3 期,第 10–15 页。

⑤ 《马克思恩格斯全集》(第四十六卷上册),人民出版社,1979 年,第 197 页。

⑥ 《马克思恩格斯选集》(第三卷),人民出版社,2012 年,第 357–358 页。

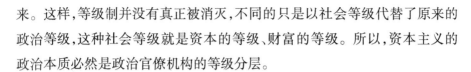

来。这样,等级制并没有真正被消灭,不同的只是以社会等级代替了原来的政治等级,这种社会等级就是资本的等级、财富的等级。所以,资本主义的政治本质必然是政治官僚机构的等级分层。

二、列宁的文化思想

伟大的无产阶级革命家列宁领导俄国人民取得了十月革命的伟大胜利,建立了世界上第一个社会主义国家,使社会主义从理论变为现实,为世界社会主义运动做出了重大贡献。列宁十分重视文化理论的建构和文化建设的实践,始终运用马克思主义的立场、观点、方法去分析和解决文化问题,有颇多相关论述,形成了意蕴丰富的文化思想。这些思想虽然是在当时的背景下阐发的,但其对我国的文化建设和文化自信培育仍然具有重要的借鉴价值。

(一)文化建设是社会主义建设事业重要任务之一

列宁高度重视文化对社会发展的作用,充分肯定思想、理论等文化因素作为革命武器的力量。早在 1897 年,列宁就提出了"没有革命的理论,就不会有革命的运动"[1]的重要论点。十月革命胜利后,列宁从多方面论述了加强社会主义文化建设的思想。新生的苏维埃俄国,是一个经济文化相对落后的国家。只有提高全民族的文化水平,才有条件进行社会主义现代化建设,才能成为完全社会主义的国家。列宁认为,社会主义不仅要求有新的政治制度和经济制度,而且要求有高度发达的文化。在列宁看来,社会主义如果仅具有制度的形态,那它还不能算作真正的社会主义,我们之所以把它称作社会主义,只是表明它已经选择了走向社会主义的发展方向。只有把这种制度与社会主义的文化结合起来,才算有了真正的社会主义。为此,列宁表示:"在解决了世界上最伟大的政治变革的任务以后,摆在我们面前的已是另一类任务,即……文化任务。"[2]他还说:"没有丰富的知识、技术和文化

---

① 《列宁选集》(第一卷),人民出版社,2012 年,第 153 页。
② 《列宁选集》(第四卷),人民出版社,2012 年,第 307 页。

就不能建成共产主义。"①作为世界上第一个无产阶级专政的国家,面临着异常激烈的军事斗争、政治斗争、意识形态斗争,在资本主义国家和国内反动势力的夹攻下,必须筑牢思想防线,抵御各种反动思想的侵蚀。1920 年,列宁在一次政治教育委员会工作会议上强调:"我们的任务是要战胜资本家的一切反抗,不仅是军事上和政治上的反抗,而且是最深刻、最强烈的思想上的反抗。"②要完成这一任务,就要加强社会主义文化建设和教育工作。

1921 年开始实施的新经济政策是列宁在领导苏俄社会主义建设过程中的一项重大创新,但其实施同样受制于苏俄落后的文化现状。在苏俄搞社会主义建设,需要一大批有知识、懂文化的专业人才,新经济政策的具体实施也离不开知识和人才的支撑。但苏俄民众低水平的文化程度,使得人们对新经济政策的理解不够,阻碍了新经济政策的实施进程。"我们所缺少的主要东西是文化,是管理的本领。……新经济政策在经济上和政治上都充分保证我们有可能建立社会主义经济的基础。问题'只'在于无产阶级及其先锋队的文化力量。"③为此,列宁号召俄共(布)全党努力提高文化水平。表明列宁将文化置于极其重要的位置上。

在逝世前一年口授的"政治遗嘱"之一《论合作社》中,列宁提出了一个十分值得注意的名词,即"文化主义"。列宁指出:"从前我们是把重心放在而且也应该放在政治斗争、革命、夺取政权等等方面,而现在重心改变了,转到和平的'文化'组织工作上去了。如果不是因为国际关系,不是因为必须为我们在国际范围内的阵地进行斗争,我真想说,我们的重心转移到文化主义上去了。如果把国际关系撇开不谈,只就国内经济关系来说,那么我们现在的工作重心的确在于文化主义。"④字里行间,显露出重病缠身的列宁对文化建设的念兹在兹。他在这里使用"文化主义",意在强调俄国无产阶级夺取政权后文化教育工作的重要性。

---

① 《列宁全集》(第三十七卷),人民出版社,1986 年,第 309 页。
② 《列宁选集》(第四卷),人民出版社,2012 年,第 307 页。
③ 《列宁专题文集·论无产阶级政党》,人民出版社,2009 年,第 335 页。
④ 《列宁选集》(第四卷),人民出版社,2012 年,第 773 页。

（二）坚持马克思主义在思想文化领域的指导地位

纵观列宁的整个思想历程，可以看出他对马克思主义的推崇。列宁曾说："马克思学说具有无限力量，就是因为它正确。它完备而严密，它给人们提供了决不同任何迷信、任何反动势力、任何为资产阶级压迫所作的辩护相妥协的完整的世界观。"①他还说："现代历史的全部经验，特别是《共产党宣言》发表后半个多世纪以来世界各国无产阶级的革命斗争，都无可争辩地证明，只有马克思主义的世界观才正确地反映了革命无产阶级的利益、观点和文化。"②从不到20岁就建立对马克思主义的信仰开始，无论革命处于高潮还是低谷，不管个人身处顺境抑或逆境，列宁始终坚守马克思主义真理，致力于把马克思主义同革命运动结合起来，最终领导建立了世界上第一个社会主义国家并成功地平息了新中国成立初期的内乱外侵。

列宁一方面竭力破除一切错误的、消极的、反革命的文化，"对任何资产阶级民主主义的局限性和近视性展开批判"③，另一方面以马克思主义为指导推动建立无产阶级和社会主义的新文化。在革命和建设历程中，列宁以其高超的理论素养和写作能力，撰写一系列重要著作和文章，全面阐述了马克思主义的根本原则，与形形色色的非马克思主义、反马克思主义思潮进行了坚决彻底的斗争。1894年，列宁发表《什么是"人民之友"以及他们如何攻击社会民主党人?》，批判俄国自由主义民粹派的唯心主义和主观社会学观点，捍卫马克思主义的唯物史观、辩证法和科学社会主义理论，为传播马克思主义、建立无产阶级政党扫除思想障碍。几年后，他又写了《俄国资本主义的发展》这部重要的经济著作，彻底批判自由民粹主义。《俄国资本主义的发展》出版后，遭受主张用改良资产阶级社会的理论取代马克思主义理论的"合法马克思主义者"攻击。列宁写了《非批判的批判》一文，驳斥了有关攻击，批判了"合法马克思主义者"和集结在伯恩施坦周围的那些修正主义者的错误。19世纪末期，俄国工人运动内部出现了修正主义的又一变

---

① 《列宁选集》(第二卷)，人民出版社，2012年，第309页。
② 《列宁选集》(第四卷)，人民出版社，2012年，第299页。
③ 《列宁全集》(第二十卷)，人民出版社，1989年，第133页。

种——经济主义,这一思潮主张工人只开展经济斗争,追求眼前经济利益,否认革命理论的指导作用,否定政治斗争。1899 年,列宁在《俄国社会民主党人抗议书》一文中批驳了俄国经济派的错误思想,阐述了马克思主义关于无产阶级在统一的阶级斗争中必须把政治斗争和经济斗争结合成不可分割的整体的重要观点,彰明理论指导的意义。1902 年,列宁在《怎么办?(我们运动中的迫切问题)》一书中,系统批判了经济主义的理论和政治主张,强调了马克思主义理论对工人运动和工人阶级政党建设的指导作用。为了批判马赫主义、寻神说和造神说等唯心主义思想,同党内的孟什维克取消派、"来自左面的取消主义"的召回派进行斗争,捍卫和阐明马克思主义,列宁于1908 年写成《唯物主义和经验批判主义》这部哲学著作。1913 年,列宁发表《论自由主义的和马克思主义的阶级斗争概念》一文,批判了取消派对马克思主义阶级斗争概念的歪曲。1918 年,列宁写成了《无产阶级革命和叛徒考茨基》这部批判第二国际机会主义首领考茨基的重要著作,捍卫了马克思主义的无产阶级专政学说。

"对社会主义意识形态的任何轻视和任何脱离,都意味着资产阶级意识形态的加强。"①为了向广大党员和工人群众宣传马克思主义,列宁在1910—1914 年写了《论马克思主义历史发展中的几个特点》《马克思学说的历史命运》《马克思主义的三个来源和三个组成部分》《卡尔·马克思》等光辉著作。列宁在这些著作中概要介绍马克思的伟大一生和他的学说;阐明马克思主义是工人运动的理论和纲领,是完备而严密的科学世界观。在列宁看来,让广大民众坚定马克思主义立场、学习马克思主义是社会主义文化建设的主要目标。在列宁看来,掌握马克思主义的最终目的是在现实社会生活中发挥作用,"马克思主义的原则决不在于背诵词句的多少,不在于必须永远遵守'正统的'公式,而在于促进广泛的工人运动,促进群众的组织和主动性"②。

在《党的组织和党的出版物》《关于"出版自由"》《给国家出版局》等文

---

① 《列宁选集》(第一卷),人民出版社,2012 年,第 327 页。
② 《列宁全集》(第二十卷),人民出版社,1989 年,第 240 页。

章中,列宁特别强调坚持马克思主义在思想文化领域的指导地位,重视党和国家对新闻出版等的监督,坚决反对资产阶级出版自由、言论自由。坚持马克思主义在思想文化领域的指导地位,才能保证文化发展的社会主义方向,才能保证无产阶级及绝大多数人民群众的文化话语权,才能使文化工作真正做到为人民服务、为巩固和发展社会主义事业服务。

在长期革命斗争实践中,列宁坚持将马克思主义基本原理与俄国实际和时代特征结合起来,实现了坚持马克思主义与发展马克思主义的统一。列宁高度重视推进马克思主义本国化、时代化、大众化。列宁指出:"我们决不把马克思的理论看作某种一成不变的和神圣不可侵犯的东西;恰恰相反,我们深信:它只是给一种科学奠定了基础,社会党人如果不愿落后于实际生活,就应当在各方面把这门科学推向前进。我们认为,对于俄国社会党人来说,尤其需要独立地探讨马克思的理论,因为它所提供的只是总的指导原理,而这些原理的应用具体地说,在英国不同于法国,在法国不同于德国,在德国又不同于俄国。"[1]他还说:"马克思主义所根据的不是别的,而是俄国的历史事实和现实情况"[2]。列宁的思想有助于我们理解和认同把马克思主义普遍真理和中国具体实际、时代条件相结合的毛泽东思想、邓小平理论、"三个代表"重要思想、科学发展观、习近平新时代中国特色社会主义思想。列宁在探索马克思主义大众化过程中,提出了有利于人民群众接受的方法和手段。列宁认为,让普通民众接受马克思主义的最有效的手段是通俗化。他说,在宣传活动中"应当善于用简单、明了、群众易懂的语言讲话,坚决抛弃难懂的术语,外来语,背得烂熟的、现成的但是群众还不懂、还不熟的口号"[3]。他还通过一个公式来说明马克思主义通俗化的重要性:"最高限度的马克思主义=最高限度的通俗化。"[4]在列宁看来,推动马克思主义大众化不仅仅是"整个社会主义革命的主要任务"[5],当国家全面开展社会主

---

① 《列宁选集》(第一卷),人民出版社,2012 年,第 274-275 页。
② 《列宁全集》(第一卷),人民出版社,1984 年,第 356 页。
③ 《列宁全集》(第十四卷),人民出版社,1988 年,第 89 页。
④ 《列宁全集》(第三十六卷),人民出版社,1959 年,第 467 页。
⑤ 《列宁全集》(第三十九卷),人民出版社,1986 年,第 401 页。

义建设的时候,它将"发挥更加重大的作用"①。在 1922 年俄共(布)十一大上,列宁援引历史上民族之间征服与被征服的例子郑重地告诫全党:共产党虽然已经成为军事上的胜利者,但作为执政党,如果不注意推动马克思主义大众化,就有可能成为旧文化的"被征服者"。因此,在推进马克思主义理论创新的同时,列宁通过发动理论学习、教育运动、榜样示范等方式开展马克思主义大众化运动,这对于保障广大人民群众坚持无产阶级文化思想的领导,进而推动苏联革命和建设事业发展,发挥了极为重要的作用。

列宁坚持和发展马克思主义的思想,凸显了高度的理论自觉,对我国社会主义文化建设与文化自信培育的理论建构与实践探索具有重要借鉴意义。

(三)对历史文化和外来文化应秉持正确态度

19 世纪末,俄国自由主义民粹派以 19 世纪六七十年代革命民主主义思想遗产的继承者自居,指责马克思主义者拒绝革命民主主义思想遗产,"同俄国社会中优秀先进部分的优秀传统脱离了关系"②。列宁写了《我们拒绝什么遗产?》一文,驳斥这种攻击,指出马克思主义者才更彻底、更忠实地保存了革命民主主义思想遗产,马克思主义者只是拒绝自由主义民粹派加到遗产上面的浪漫主义的和小资产阶级的东西。对待历史文化,列宁认为要全面分析、辩证取舍、批判继承。十月革命以前,针对俄国自由派资产阶级高喊的"民族文化"的口号,列宁同文化上狭隘的民族主义进行坚决斗争,指出每个民族的文化,都有代表被剥削劳动群众利益诉求的民主主义的和社会主义的文化成分,也都有代表剥削者利益诉求的资产阶级的文化成分。例如在俄国,"一种是普利什凯维奇、古契柯夫和司徒卢威之流的大俄罗斯文化,但是还有一种是以车尔尼雪夫斯基和普列汉诺夫的名字为代表的大俄罗斯文化"③。列宁主张对同一个民族文化中的这两种文化采取截然不同的态度,要对资产阶级文化中反映剥削阶级利益、要求的东西采取剔除的

---

① 《列宁全集》(第三十九卷),人民出版社,1986 年,第 407 页。
② 《列宁选集》(第一卷),人民出版社,2012 年,第 99 页。
③ 《列宁全集》(第二十四卷),人民出版社,1990 年,第 134 页。

态度。

十月革命胜利后,波格丹诺夫及其拥护者把持的无产阶级文化协会大搞文化虚无主义,否认文化遗产的意义,鼓吹抛弃一切旧文化,企图通过脱离实际的"实验室"道路来创造一种特殊的、纯粹的无产阶级文化。对此,列宁于1920年先后写了《青年团的任务》《关于无产阶级文化》,批判无产阶级文化派的错误路线,指出其在理论上是错误的、在实践中是有害的。在《青年团的任务》中列宁强调:"应当明确地认识到,只有确切地了解人类全部发展过程所创造的文化,只有对这种文化加以改造,才能建设无产阶级的文化,没有这样的认识,我们就不能完成这项任务。无产阶级文化并不是从天上掉下来的,也不是那些自命为无产阶级文化专家的人杜撰出来的。如果硬说是这样,那完全是一派胡言。无产阶级文化应当是人类在资本主义社会、地主社会和官僚社会压迫下创造出来的全部知识合乎规律的发展。"①这里的发展是在全部掌握、融会贯通,而又区分良莠、去粗取精的基础上,根据马克思主义世界观和无产阶级专政时代的条件和需要加以变革和创新。在《关于无产阶级文化》中,列宁指出:"马克思主义这一革命无产阶级的思想体系赢得了世界历史性的意义,是因为它并没有抛弃资产阶级时代最宝贵的成就,相反却吸收和改造了两千多年来人类思想和文化发展中一切有价值的东西。"②

关于对待外来文化的开放态度,列宁在《〈苏维埃政权的当前任务〉一文的几个提纲》中提出了一个让人一目了然的等式,他说:"乐于吸取外国的好东西:苏维埃政权+普鲁士的铁路秩序+美国的技术和托拉斯组织+美国的国民教育等等等等++=总和=社会主义。"③在列宁看来,只有广泛地掌握人类创造的文化成果,包括本国的历史文化,也包括资本主义文化、外来文化,批判地吸收其中的优秀成分,才能促进社会主义文化繁荣兴盛,才能推动社会主义国家兴旺发达。

---

① 《列宁选集》(第四卷),人民出版社,2012年,第285页。
② 《列宁全集》(第三十九卷),人民出版社,1986年,第332页。
③ 《列宁全集》(第三十四卷),人民出版社,1985年,第520页。

列宁从方法论上深刻阐明了对待历史文化和外来文化的科学态度,为中国特色社会主义文化建设提供了重要借鉴。应当明确,社会主义文化建设不能割裂与人类文明整体的联系,不能脱离人类文明发展的大道。而在大学生文化自信培育实践过程中,也需处理好古与今、中与西的关系。高校文化育人要积极寻求中华优秀传统文化的滋养与浸润,注重汲取、整合、吸收中华优秀传统文化中的智慧营养,又要有国际视野,胸怀一切有益的人类文化成果,从而更好地加速与驱动引导大学生坚定文化自信理论和实践的发展。

(四)重视对青年一代进行共产主义道德教育

1920年,列宁在题为《青年团的任务》的讲话中第一次提出"共产主义道德",并对它的本质和社会作用作了阐述:"为巩固和完成共产主义事业而斗争,这就是共产主义道德的基础。"①共产主义道德是人类道德发展的最高形态,是最伟大、最崇高、最进步的道德。共产主义道德把道德理想建立在对历史必然性的科学认识之上,把它的实现同改造社会的革命实践联系起来,坚信历史的必然性和人的创造能力。顺应历史规律,创建共产主义新社会,需要培养全民族的共产主义道德,需要思想动力和精神指引。由于"真正建立共产主义社会的任务正是要由青年来担负"②,为此,必须重视对青年一代进行共产主义道德教育,"应该使培养、教育和训练现代青年的全部事业,成为培养青年的共产主义道德的事业"③。

集体主义是共产主义道德的总纲和核心,是共产主义道德区别于一切旧道德的根本特征。培养青年的共产主义道德,就是要使其不要成为一个"占有别人的劳动""只关心自己而不顾别人""别人的事就与我无关""我赚我的钱,其他一切都与我无关"的自私、狭隘的人,不要成为一个不劳而获者、利己主义者,而成为一个"把自己的工作和精力全部贡献给公共事

---

① 《列宁选集》(第四卷),人民出版社,2012年,第292页。
② 《列宁选集》(第四卷),人民出版社,2012年,第281页。
③ 《列宁选集》(第四卷),人民出版社,2012年,第288页。

业"①的人,成为一个置集体利益于个人利益之上的人。

对青年进行共产主义道德教育,必然首先联系到学校教育。1920 年 11月 3 日,列宁在全俄省、县国民教育局政治教育委员会工作会议上的讲话中强调,教育任务是无产阶级专政的一项重要任务,教育不能不问政治,教育不能不讲政治,教育必须为政治服务,政治教育的目的是培养真正的共产主义者;教育工作者"应该同党和党的思想保持紧密联系,贯彻党的精神"②。同政治保持联系、同党和党的思想保持联系、贯彻党的精神,也就是要通过教育,培养受教育者的共产主义道德。

除了学校教育,列宁还十分看重在实践中培养青年的共产主义道德。列宁反对理论脱离实际的说教式的道德教育方法,注重教育与社会生活相结合。在列宁看来,培育青年的共产主义道德,不是通过向他们"灌输关于道德的各种美丽动听的言词和准则"③,而是要在"沸腾的实际生活"中进行。在《青年团的任务》这篇面向俄国共产主义青年团代表的讲话中,列宁还提到了他大力支持的"星期六义务劳动",意在把参加共产主义星期六义务劳动当作对青年进行共产主义道德教育的方法,使青年在义务劳动实践中接受共产主义道德教育。

列宁对青年一代进行共产主义道德教育的思想,对我国的文化建设、高等教育的立德树人实践具有重要借鉴意义。我们要坚持理论教育与实践培养相结合,注重引导大学生树立共产主义远大理想和中国特色社会主义共同理想,融通大学生的个人追求与祖国的前途命运,努力培养合格的社会主义事业建设者和接班人。

（五）文化建设具有长期性和艰巨性

任何一种文化都是在长期的历史过程中形成的,消灭一种文化传统和建立一种新的文化同样要付出长时间的努力。文化建设,尤其是价值观、道德观念等意识形态性的文化建设是深层次的,需要一个过程,绝非一日之

---

① 《列宁选集》(第四卷),人民出版社,2012 年,第 294 页。
② 《列宁选集》(第四卷),人民出版社,2012 年,第 305 页。
③ 《列宁选集》(第四卷),人民出版社,2012 年,第 292 页。

功。文化的发展对于经济和政治来说具有相对独立性,经济、政治和文化之间不存在机械的、线性的因果关系。社会主义公有制的经济基础并不必然带来社会主义的思想觉悟,社会主义的政治制度也不必然带来高度的民主意识和群众自我解放的主动性。[①] 列宁对文化建设的长期性和艰巨性有着清醒的认识,苏维埃政权建立后,他指出:“文化任务的完成不可能像政治任务和军事任务那样迅速。”[②] 在逝世前于病榻上口授的最后一篇文章《宁可少些,但要好些》里,列宁还不忘叮嘱:“在文化问题上,急躁冒进是最有害的。我们许多年轻的著作家和共产党员应该牢牢记住这一点。”[③]

列宁关于文化建设具有长期性和艰巨性的思想启示我们,建设先进文化没有完成时,只有进行时。在社会主义文化建设过程中要注重先进文化建设的长期性,不能夸大主观意志的作用,不能操之过急、急于求成,要注重长远目标蓝图的制定,做好宏观全局的统筹设计,做好打文化建设“持久战”的思想准备,保持永远在路上的态度,持之以恒,锲而不舍,持续为全国人民不断前进提供坚强的思想保证、强大的精神力量、丰润的道德滋养。同样,坚定文化自信的战略任务也不是一蹴而就的,而是一项长期任务。引导大学生坚定文化自信,要避免“欲速则不达”的现象,要在树立科学的目标、坚持正确的方向、遵循客观的规律、选择有效的方法、汇聚更大的力量的前提下,久久为功,善作善成。

三、马克思主义文化理论的中国化发展

以毛泽东、邓小平、江泽民、胡锦涛、习近平为代表的几代中国共产党人,在带领中国人民探索救国之路、兴国之路、富国之路、强国之路的实践中,提出了丰富的文化观点,不断把马克思主义文化理论推向前进,逐步形成了具有中国特色的马克思主义文化理论体系。

① 张英琇、李健:《打好摆脱社会主义“文化贫困”的持久战——列宁“政治遗嘱”中的文化忧思》,《马克思主义研究》2019年第10期,第133-140页。
② 《列宁选集》(第四卷),人民出版社,2012年,第591页。
③ 《列宁选集》(第四卷),人民出版社,2012年,第784页。

（一）毛泽东提出建立中华民族的新文化

毛泽东对文化问题有着深入的思考和研究，他对于中国文化在世界文化中占据重要地位的认识、对于中国传统文化的深刻理解以及对于社会主义文化建设重大意义的认识，都为中国特色社会主义文化自信提供了理论基础。毛泽东坚持唯物史观关于社会物质生活和精神生活、社会存在和社会意识相互关系的基本原理，紧密结合具体历史和革命实践，深入考察了文化与政治、经济的关系，对文化现象作出了新的概括："一定的文化（当作观念形态的文化）是一定社会的政治和经济的反映，又给予伟大影响和作用于一定社会的政治和经济。"①这一概括和论述揭示了一定社会的政治和经济是一定社会的文化的根据，又指出了文化对政治和经济也能够产生反作用。

1940年，在《新民主主义论》中，毛泽东开宗明义："我们不但要把一个政治上受压迫、经济上受剥削的中国，变为一个政治上自由和经济上繁荣的中国，而且要把一个被旧文化统治因而愚昧落后的中国，变为一个被新文化统治因而文明先进的中国。一句话，我们要建立一个新中国。建立中华民族的新文化，这就是我们在文化领域中的目的。"②

毛泽东提倡"古为今用，洋为中用"，体现了他开放包容的文化态度。他说："我们不应当割断历史。从孔夫子到孙中山，我们应当给以总结，承继这一份珍贵的遗产。"③"中国应该大量吸收外国的进步文化，作为自己文化食粮的原料。"④毛泽东提倡"取其精华，去其糟粕"，体现了他辩证取舍的文化态度。他说："清理古代文化的发展过程，剔除其封建性的糟粕，吸收其民主性的精华，是发展民族新文化提高民族自信心的必要条件；但是决不能无批判地兼收并蓄。必须将古代封建统治阶级的一切腐朽的东西和古代优秀的人民文化即多少带有民主性和革命性的东西区别开来。"⑤"一切外国的东

---

① 《毛泽东选集》（第二卷），人民出版社，1991年，第663-664页。
② 《毛泽东选集》（第二卷），人民出版社，1991年，第663页。
③ 《毛泽东选集》（第二卷），人民出版社，1991年，第534页。
④ 《毛泽东选集》（第二卷），人民出版社，1991年，第706页。
⑤ 《毛泽东选集》（第二卷），人民出版社，1991年，第707-708页。

西,如同我们对于食物一样,必须经过自己的口腔咀嚼和胃肠运动,送进唾液胃液肠液,把它分解为精华和糟粕两部分,然后排泄其糟粕,吸收其精华,才能对我们的身体有益,决不能生吞活剥地毫无批判地吸收。"①关于精华与糟粕的判别标准问题,毛泽东论述道:对于文化遗产"必须首先检查它们对待人民的态度如何,在历史上有无进步意义,而分别采取不同态度"②。新中国建设时期,毛泽东又提出把"百花齐放,百家争鸣"作为社会主义文化建设的方针,他强调艺术上不同的形式和风格可以自由发展,科学上不同的学派可以自由争论。

毛泽东非常注重农村的文化建设,新中国刚成立时,中国的文盲、半文盲人口达到80%左右,到毛泽东去世时,文盲率降到了20%左右。新中国成立后,在很短时间消灭了"黄""赌""毒"。毛泽东注重思想政治教育,不断开展社会主义教育运动,提倡艰苦奋斗、勤俭节约。那时的中国,社会风气正,精神面貌好,人民诚实守信、拾金不昧、夜不闭户、争做无名英雄,涌现出主动自觉自愿帮助别人的雷锋精神、艰苦奋斗的红旗渠精神和为人民甘于奉献的焦裕禄精神,呈现出上下一致、同心同德建设社会主义的新气象。

(二)邓小平强调建设社会主义精神文明

在社会主义建设和改革时期,邓小平同志发表过许多关于文化建设的论述,主要包括推进社会主义精神文明建设、抵制不良文化侵蚀等,有力地促进了社会主义文化建设。

改革开放之初,邓小平在一次讲话中明确表示:"我们要在建设高度物质文明的同时,提高全民族的科学文化水平,发展高尚的丰富多彩的文化生活,建设高度的社会主义精神文明。"③应该说,精神文明和文化是基本同义的。1985年,在党的全国代表会议上,邓小平强调:"不加强精神文明的建设,物质文明的建设也要受破坏,走弯路。"④阐明了精神文明建设的重要地

---

① 《毛泽东选集》(第二卷),人民出版社,1991年,第707页。
② 《毛泽东选集》(第三卷),人民出版社,1991年,第869页。
③ 《邓小平文选》(第二卷),人民出版社,1994年,第208页。
④ 《邓小平文选》(第三卷),人民出版社,1993年,第144页。

位和作用。1980 年 12 月,邓小平在中共中央工作会议上指出:"所谓精神文明,不但是指教育、科学、文化(这是完全必要的),而且是指共产主义的思想、理想、信念、道德、纪律、革命的立场和原则,人与人的同志式关系,等等。"①关于建设社会主义精神文明的根本任务,邓小平表示:"建设社会主义的精神文明,最根本的是要使广大人民有共产主义的理想,有道德,有文化,守纪律。"②

邓小平是中国改革开放的总设计师,更是坚定的共产主义者,这必然在他的文化思想中得到反映。邓小平认为,人类一切优秀文化,当然包括西方资本主义国家的优秀文化,都要为我所用,这是中国走向现代化的必要条件。同时,他非常重视对外来不良文化的防范。邓小平曾说:"属于文化领域的东西,一定要用马克思主义对它们的思想内容和表现方法进行分析、鉴别和批判。"③他还强调:"绝不允许把我们学习资本主义社会的某些技术和某些管理的经验,变成了崇拜资本主义外国,受资本主义腐蚀,丧失社会主义中国的民族自豪感和民族自信心。"④邓小平晚年多次提醒全党,十年最大的失误是教育,是对全体中国人民的思想政治教育。

(三)江泽民提出建设有中国特色社会主义的文化

江泽民继承并发展了毛泽东、邓小平的文化思想,并创造性地回答了在当代中国建设什么样的文化这一个重要的历史课题。在庆祝建党 70 周年重要讲话中,江泽民将文化建设与经济建设、政治建设相提并论,首次提出了"有中国特色社会主义的文化"这一概念,指明了我国要建设的文化既具备社会主义属性,也有中国特色。在党的十五大报告中,江泽民进一步指出:"有中国特色社会主义的文化,是凝聚和激励全国各族人民的重要力量,是综合国力的重要标志。""在全社会形成共同理想和精神支柱,是有中国特色

---

① 《邓小平文选》(第二卷),人民出版社,1994 年,第 367 页。
② 《邓小平文选》(第三卷),人民出版社,1993 年,第 28 页。
③ 《邓小平文选》(第三卷),人民出版社,1993 年,第 44 页。
④ 《邓小平文选》(第二卷),人民出版社,1994 年,第 262 页。

社会主义文化建设的根本。"①从全面总结党的历史经验和如何适应新形势新任务的要求出发,江泽民提出了"三个代表"重要思想。在"三个代表"重要思想中,包含"中国共产党要始终代表中国先进文化的前进方向",阐明了中国共产党引领文化发展的历史使命。

2000年6月28日,江泽民在中央思想政治工作会议上指出:"党的思想政治工作,是经济工作和其他一切工作的生命线,是团结全党全国各族人民实现党和国家各项任务的中心环节,是我们党和社会主义国家的重要政治优势。"②在总结思想政治工作面临的新形势新情况的基础上,江泽民提出:"党的思想政治工作的任务是:以科学的理论武装人,以正确的舆论引导人,以高尚的精神塑造人,以优秀的作品鼓舞人,不断提高全民族的思想道德素质和科学文化素质,努力培养造就有理想、有道德、有文化、有纪律的社会主义公民;发展新型的人际关系,创造良好的社会风尚,充分发挥人民群众的积极性、主动性、创造性,保证党的路线方针政策和国家的法律法规的贯彻执行,保证改革开放和现代化建设的顺利进行。"③将文化建设落实到培育人这个根本问题上,表明中国共产党对文化建设和思想政治工作认识的进一步深化。

(四)胡锦涛提出建设社会主义核心价值体系

在对党的三代中央领导集体的文化思想继承与发展的基础上,胡锦涛结合新形势新任务,阐明了中国特色社会主义文化发展道路,提出了建设社会主义核心价值体系、培育和践行社会主义核心价值观的重大命题,进一步丰富和发展了中国特色社会主义文化理论。

在党的十六届六中全会上,以胡锦涛为总书记的党中央创造性地提出建设社会主义核心价值体系的重大命题和战略任务,十六届六中全会《决定》指出:"马克思主义指导思想,中国特色社会主义共同理想,以爱国主义为核心的民族精神和以改革创新为核心的时代精神,社会主义荣辱观,构成

---

① 《江泽民文选》(第二卷),人民出版社,2006年,第33页。
② 《江泽民文选》(第三卷),人民出版社,2006年,第74页。
③ 《江泽民文选》(第三卷),人民出版社,2006年,第85-86页。

社会主义核心价值体系的基本内容。"①充分展现了中国共产党与时俱进推动社会主义文化建设的鲜明品格。在党的十八大报告中，胡锦涛提出："倡导富强、民主、文明、和谐，倡导自由、平等、公正、法治，倡导爱国、敬业、诚信、友善，积极培育和践行社会主义核心价值观。"②

大学生是社会主义现代化建设的生力军，必须用社会主义核心价值体系、社会主义核心价值观武装大学生的头脑。胡锦涛强调："下功夫提高大学生思想政治素质，引导大学生树立正确的理想信念，增强政治鉴别力，有效防范和抵御敌对势力的思想渗透。"③胡锦涛特别强调教师的教书育人作用，要求教师加强师德修养、首先坚持社会主义核心价值体系、以身作则、率先垂范，强调："广大教师要自觉坚持社会主义核心价值体系，带头实践社会主义荣辱观，不断加强师德修养，把个人理想、本职工作与祖国发展、人民幸福紧密联系在一起，树立高尚的道德情操和精神追求，甘为人梯，乐于奉献，静下心来教书，潜下心来育人，努力做受学生爱戴、让人民满意的教师。"④

（五）习近平提出文化自信是更基础、更广泛、更深厚的自信，是更基本、更深沉、更持久的力量

党的十八大以来，习近平总书记立足中华民族伟大复兴战略全局，高度重视社会主义文化建设，深刻指出："辩证唯物主义虽然强调世界的统一性在于它的物质性，但并不否认意识对物质的反作用，而是认为这种反作用有时是十分巨大的。"⑤基于回应人民心声、总结历史经验、把握时代脉搏、担当文化使命，习近平总书记鲜明提出"文化自信"这一重大命题。从在党的十

① 《中共中央关于构建社会主义和谐社会若干重大问题的决定》，《人民日报》2006年10月19日第1版。
② 《胡锦涛文选》（第三卷），人民出版社，2016年，第638页。
③ 中共中央文献研究室：《十六大以来重要文献选编》（中），中央文献出版社，2006年，第634页。
④ 胡锦涛：《在全国优秀教师代表座谈会上的讲话》，《人民日报》2007年9月1日第1版。
⑤ 习近平：《论党的宣传思想工作》，中央文献出版社，2020年，第127页。

九大、全国宣传思想工作会议、全国高校思想政治工作会议上发表重要讲话,到主持召开文艺工作座谈会、哲学社会科学工作座谈会,再到赴敦煌研究院、湖南省长沙市、福建省武夷山市、四川省眉山市等地考察调研,习近平总书记反复强调文化自信。习近平总书记关于文化自信的重要论述,为中国特色社会主义文化建设和文化自信培育提供了最为重要的思想理论指导。

2014 年 2 月 24 日,习近平总书记在主持十八届中央政治局第十三次集体学习时说:"要讲清楚中华优秀传统文化的历史渊源、发展脉络、基本走向,讲清楚中华文化的独特创造、价值理念、鲜明特色,增强文化自信和价值观自信。"①2016 年 6 月 28 日,在主持十八届中央政治局第三十三次集体学习时,习近平总书记首次将文化自信与道路自信、理论自信、制度自信并列,由此形成了"四个自信"。在党的十九大报告中,习近平总书记强调:"没有高度的文化自信,没有文化的繁荣兴盛,就没有中华民族伟大复兴。"②总书记站在实现中华民族伟大复兴中国梦的高度,深刻阐述了坚定文化自信的重大意义。关于文化自信的对象,习近平总书记在党的十九大报告中指出:"中国特色社会主义文化,源自于中华民族五千多年文明历史所孕育的中华优秀传统文化,熔铸于党领导人民在革命、建设、改革中创造的革命文化和社会主义先进文化,植根于中国特色社会主义伟大实践。"③他还在党的十九大报告中提出:"推动中华优秀传统文化创造性转化、创新性发展,继承革命文化,发展社会主义先进文化,不忘本来、吸收外来、面向未来,更好构筑中国精神、中国价值、中国力量,为人民提供精神指引。"④对中华优秀传统文化进行"创造性转化、创新性发展",为创造中华文化新辉煌、坚定文化自信提供了思想指南。在中国文联十大、中国作协九大开幕式上,习近平总书记指出:"文化是一个国家、一个民族的灵魂。历史和现实都表明,一个抛弃

① 习近平:《习近平谈治国理政》,外文出版社,2014 年,第 164 页。
② 习近平:《习近平谈治国理政》(第三卷),外文出版社,2020 年,第 32 页。
③ 习近平:《习近平谈治国理政》(第三卷),外文出版社,2020 年,第 32 页。
④ 习近平:《习近平谈治国理政》(第三卷),外文出版社,2020 年,第 18 页。

了或者背叛了自己历史文化的民族，不仅不可能发展起来，而且很可能上演一幕幕历史悲剧。文化自信，是更基础、更广泛、更深厚的自信，是更基本、更深沉、更持久的力量。"①

如何理解习近平总书记提出的文化自信的"六个更"，这是关乎理解文化自信重要地位的重大理论问题。笔者认为前"三个更"可以看作是关于文化自信是自信的基石的证明，后"三个更"则是关于文化自信是自信的力量源泉的论证。

1. 文化自信是自信的基石

（1）文化自信是更基础的自信。这里的"基础"，可以理解为根源。南北朝时期的文学家庾信说："落其实者思其树，饮其流者怀其源。"②意思是吃到树上结的果实，便想到了结果实的树；喝到河中的水，便想到河水的来源。心学的代表人物王阳明说："种树者必培其根，种德者必养其心。"③中华文化是我们民族的根，根深才能叶茂。地基牢固，高楼大厦才不会倒塌。文化是我们民族的根与魂，是根基，是源头活水。

（2）文化自信是更广泛的自信。这里的"广泛"是指文化起作用的范围，是说文化的普遍性。人与动物相比，人具有普遍性，是因为人有文化、哲学、宗教、艺术等，这些东西动物都没有。文化越发展，人就越有普遍性。人的气质、格局、视野与文化涵养有密切关系。文化传统似乎无声无息、无影无踪，然而它却无处不在、无时不有、无孔不入，人们想摆脱它、甩掉它，又总是脱不掉、甩不开，就像人不能摆脱或甩开自己的影子一样。文化是人的第二层空气，是无所逃于天地之间的空气。人始终处在一个"成为人"的过程中，始终离不开文化的滋养和熏陶。谁都不愿做一个"没有文化的人"。以文化人是民众最普遍的认同，向上向善是老百姓最根本的追求。"家贫子读书"是中国的传统。要斩断贫穷的代际传递，只有通过读书。即使是最贫穷的家庭，也要千方百计让孩子学文化、受教育，让孩子向社会上层流

---

① 习近平：《习近平谈治国理政》（第二卷），外文出版社，2017年，第349页。
② 语出《周五声调曲》。
③ 语出《传习录》。

动。向善的追求同样是老百姓最普遍的追求。孔子说:"见善如不及,见不善如探汤。"①意思是说,看见善良,像赶不上似的去追求;看见邪恶,像手碰到沸水那样去避免。"以文化人"的这个"化",不仅是学文化,还有学做人的含义。文化最根本的功能是"化人",这是人们对文化的最普遍的自信的根源。

(3)文化自信是更深厚的自信。这里的"深厚",可以理解为厚重,文化是一个积淀的过程,具有深厚的历史底蕴。在哲学社会科学工作座谈会上,习近平总书记指出:"我们走自己的路,具有无比广阔的舞台,具有无比深厚的历史底蕴,具有无比强大的前进定力,中国人民应该有这个信心,每一个中国人都应该有这个信心。"②中华文化内涵丰富、博大精深,我们的底气和定力来自五千年文明的历史,我们的自信来自五千年文明的滋养。

2.文化自信是自信的力量源泉

(1)文化自信是更基本的力量。这里的"基本"是指力量的发动者。人的力量来自内心,来自人的理想和信仰。文化中包含民族精神,精神的力量是无穷的。习近平总书记在纪念红军长征胜利80周年大会上的讲话中强调:"人无精神则不立,国无精神则不强。精神是一个民族赖以长久生存的灵魂,唯有精神上达到一定的高度,这个民族才能在历史的洪流中屹立不倒、奋勇向前。"③近年来,习近平总书记多次谈到共产党人的"心学",共产党人虽然是唯物论者,但也非常重视精神的作用。不忘初心,方得始终。中国共产党人的初心和使命,就是为中国人民谋幸福,为中华民族谋复兴。这个初心和使命是激励中国共产党人不断前进的根本动力。

(2)文化自信是更深沉的力量。这里的"深沉"是指持久、久远。十年树木,百年树人。以文化人是一个量变的积累,"化"发生在潜移默化之中,成效在日积月累中凸显。文化的教育和引导,犹如涓涓细流,悄然无声地滋润万物,这就是化人的基本形态。"化"是一个长期的过程,不能一蹴而就,大

① 语出《论语·季氏》。
② 习近平:《论党的宣传思想工作》,中央文献出版社,2020年,第227-228页。
③ 习近平:《习近平谈治国理政》(第二卷),外文出版社,2017年,第47-48页。

轰大嗡的方式不能解决问题。文化是沉淀在老百姓血脉中的东西,一代又一代地传承,不会轻易地放弃,虽历经磨难,仍然发挥作用。譬如,在新文化运动中,传统文化备受批评的一条,就是宗法血缘制度,然而,一百多年后,我们不是依旧讲"血浓于水"吗?这就是文化的力量!文化的力量是经典的力量,什么是经典?经典是跨越时空的、权威的、被大家公认的、被历史检验的、被反复阅读的。像《道德经》《论语》这样的经典,我们的祖先在读,今天的人还在读,这就是文化深沉的力量。

(3)文化自信是更持久的力量。这里的"持久"是指发挥作用的长远。日用伦常的东西必定持久。文化是人的第二层空气,是人须臾不能离开的东西,那就一定是持久的力量。孔子说:"中庸之为德也,其至矣乎!"①意思是说,中庸作为仁德,是最高的了。但这种"最高"的德性,却很"平常"。"庸",就是指日用伦常。文化软实力的特性是持久发生作用的,不是暴风骤雨式的,而是润物无声式的。水滴石穿靠的是持久的力量。

不难看出,习近平总书记关于文化自信"六个更"的论述,思想深邃、博大精深,值得认真领悟。

在习近平总书记看来,在全社会倡导文化自信,青年是关键的群体。2018年"五四"青年节来临前,习近平总书记在北京大学师生座谈会上寄语广大青年:"我们是中华儿女,要了解中华民族历史,秉承中华文化基因,有民族自豪感和文化自信心。"②价值观是文化的核心,习近平总书记高度关注青年的价值观培育。2014年,习近平总书记在北京大学考察时强调:"青年的价值取向决定了未来整个社会的价值取向,而青年又处在价值观形成和确立的时期,抓好这一时期的价值观养成十分重要。这就像穿衣服扣扣子一样,如果第一粒扣子扣错了,剩余的扣子都会扣错。人生的扣子从一开始就要扣好。"③他在党的十九大报告中指出:"要以培养担当民族复兴大任的

---

① 语出《论语·雍也》。
② 习近平:《在北京大学师生座谈会上的讲话》,《人民日报》2018年5月3日第2版。
③ 习近平:《论党的宣传思想工作》,中央文献出版社,2020年,第77页。

时代新人为着眼点,强化教育引导、实践养成、制度保障,发挥社会主义核心价值观对国民教育、精神文明创建、精神文化产品创作生产传播的引领作用,把社会主义核心价值观融入社会发展各方面,转化为人们的情感认同和行为习惯。"①

习近平总书记关于文化自信的重要论述,源于他对文化在中国特色社会主义中所处方位的深刻思考和战略远见,与马克思、恩格斯、列宁、毛泽东、邓小平、江泽民、胡锦涛的文化思想既一脉相承又有发展创新,揭示了中国特色社会主义的历史传承和文化基因,阐明了坚定文化自信对于新时代坚持和发展中国特色社会主义的重大意义,回答了新时代中华民族以什么样的精神面貌屹立于世界民族之林的根本问题,照亮了中国特色社会主义文化强国建设的前进道路,不仅具有丰富的科学内涵和重大的理论价值,而且具有鲜明的现实意义,是新时代培根铸魂、以文化人、以文育人的根本理论遵循。

第三节　文化自信的生成逻辑

文化自信是"四个自信"的一部分。我们不能局限于文化领域谈文化,而应在历史认知和中国特色社会主义道路、理论、制度的伟大成就的基础上阐述文化自信的生成逻辑。中国特色社会主义文化自信的生成具备四重逻辑的支撑:一是历史逻辑,即对中华民族悠久文明历史、丰厚文化积淀的充分自豪;二是理论逻辑,即占据着真理和道义制高点的马克思主义构成文化自信的根本支撑;三是制度逻辑,即对中国特色社会主义制度强大生命力和巨大优越性的坚定信念;四是实践逻辑,即对中国共产党带领中国人民取得救国、兴国、富国、强国的伟大实践成就的体认,而产生的对中国特色社会主义文化的高度自信。

---

① 习近平:《习近平谈治国理政》(第三卷),外文出版社,2020年,第33页。

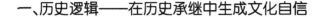

一、历史逻辑——在历史承继中生成文化自信

历史是一个国家、一个民族形成、发展及其盛衰兴亡的真实记录。恩格斯曾说："历史就是我们的一切"。① 习近平总书记指出："坚定文化自信，离不开对中华民族历史的认知和运用。"②他还多次强调要学好党史、新中国史、改革开放史、社会主义发展史，并在十九届中央政治局第三十九次集体学习时强调要深入了解中华文明五千多年发展史、把中国文明历史研究引向深入。我国拥有深厚的历史底蕴，有着世界上对本国历史最长久、最完备的记载，有着绵延不断、生生不息的历史文化，这是我们区别于其他国家和民族的最根本特征。不了解中国的历史，就很难理解中国何以文化自信。树立历史思维、增强历史自觉，能够使我们确立文化自信的历史观。

中华文明探源工程等重大工程的研究成果，实证了我国一万年的文化史、五千多年的文明史。③ 历数地球上诞生的古老原生文明，唯有中华文明没有发生过中断，经数千年岁月洗礼仍熠熠生辉。英国著名哲学家、历史学家罗素指出："与其说中国是一个政治实体，不如说中国是一个文明——从古延续至今的唯一文明。从孔子时代起，埃及、巴比伦、波斯、马其顿、罗马帝国先后消亡，但中国不断改变，存续至今。"④我国著名思想家梁漱溟也说："当近世的西洋人在森林中度其野蛮生活之时，中国已有高明的学术美盛的文化开出来千余年了。四千年前，中国已有文化；与其并时而开放过文化之花的民族，无不零落消亡；只有他一条老命直活到今日，文化未曾中断，民族未曾灭亡，他在这三四千年中，不但活着而已，中间且不断有文化的盛彩。历史上只见他一次再次同化了外族，而没有谁从文化上能征服他的事。"⑤四大古文明里，除了中华文明，其他文明都早已湮没于历史的长河，可谓有古

---

①　《马克思恩格斯全集》(第三卷)，人民出版社，2002 年，第 520 页。

②　习近平:《习近平谈治国理政》(第二卷)，外文出版社，2017 年，第 351 页。

③　习近平:《把中国文明历史研究引向深入 增强历史自觉坚定文化自信》，《求是》2022 年第 14 期，第 4-8 页。

④　[英]伯特兰·罗素:《中国问题》，田瑞雪译，中国画报出版社，2019 年，第 234 页。

⑤　黄河选编:《致中国人的演讲(一)》，华夏出版社，2008 年，第 73 页。

无今。曾制定《汉穆拉比法典》、使用楔形文字的古巴比伦王国于公元前1595 年被赫梯人所灭,文明走向衰落,两河流域终被伊斯兰文化征服,古巴比伦文明荡然无存;有着长达三千年文明历史、使用象形文字的古埃及,最终也被伊斯兰文化同化,留下金字塔、狮身人面像等遗迹供后人瞻仰;公元前187 年,印度孔雀王朝灭亡,之后外族入侵不断,现在的印度文化与古印度文化相比已是面目全非。一些今世的强国则是"虽新而不古"①,譬如美国于1776 年建国,历史不过 200 多年。纵观世界,唯有中华文明亘古亘今,唯有汉字从上古传承使用到现在。而且,文字的书写能够成为主流的艺术,中国的书法在全世界也是独一无二的。

习近平总书记指出,我国的文化自信"建立在 5000 多年文明传承基础上"②。中华文明历史悠久、连绵不断,既延续主流传统又开放包容,产生出累累硕果,在相当长的历史时期引领人类文明进步潮流。美国耶鲁大学教授、著名历史学家保罗·肯尼迪认为:"在近代以前时期的所有文明中,没有一个国家的文明比中国更发达,更先进。"③我国有世界上迄今发现的最大单件青铜文物——三星堆青铜神树,上古先民创造力之伟大、青铜铸造工艺之精湛,令人叹为观止。享誉世界的四大发明不仅推动了我国政治、经济、文化等的发展,也对世界文明进程产生了巨大的影响。马克思指出:"火药、指南针、印刷术——这是预告资产阶级社会到来的三大发明。"④事实上,四大发明只是我国古代科技发展成就的突出代表,我国古代在天文、地理、气象、农业、机械、冶炼、医药、化学、数学、水利、建筑等诸多领域,都成就斐然。比如,南北朝时期的数学家祖冲之推算出圆周率,比欧洲早了一千多年。16 世纪以前世界上最重要的 300 项发明和发现中,我国有 173 项⑤,占了一半以上。英国科学史学家李约瑟说:"考古证据和绘画实物证实中国的发明与发

---

① 冯友兰:《三松堂自序》,人民出版社,2008 年,第 307 页。
② 习近平:《建设中国特色中国风格中国气派的考古学 更好认识源远流长博大精深的中华文明》,《求是》2020 年第 23 期,第 4—9 页。
③ [美]保罗·肯尼迪:《大国的兴衰》,王保存等译,求实出版社,1988 年,第 7 页。
④ 《马克思恩格斯文集》(第八卷),人民出版社,2009 年,第 338 页。
⑤ 习近平:《深入理解新发展理念》,《求是》2019 年第 10 期,第 4—16 页。

现比欧洲类似的或照搬采用的发明与发现一般往往领先很长一段时间……不管你探究哪一项,中国总是一个接一个地位居'世界第一'。"①

古代中国人不仅创造了一流的物质文明,而且创造了世界领先的制度文明和精神文明。郡县制度、行省制度、职官制度、里坊制度、教育制度、科举制度等制度文明曾领先于其他文明。我国的历史文献资料在世界各国中最为丰富。从汉代开始,官方就开始组织编修史书。浩浩数千卷的历代史书,既是我国历史朝代的更迭史,更是中华民族自强不息的奋斗史。回首中华文明史,以文脉之赓续不绝傲然于世。几千年来,中华民族最优秀的心智致广大而尽精微、承传统而创新知,不断提出对自然、对自我、对家庭、对社会、对国家和对超越性的看法。卷帙浩繁的古籍典藏,记录了先哲深邃隽永的思想,昭示着中华文化的辉煌灿烂。《论语》被翻译成 40 多种语言,对人类文明产生了广泛影响。仅《四库全书》《四库全书存目丛书》《续修四库全书》三套大型丛书,就收录古代典籍文献 1.5 万多种。

我国宏阔丰富的历史文化遗产在世界各国名列前茅,有 56 项世界遗产、139 座国家历史文化名城、300 多个历史文化名镇、400 多个历史文化名村、1200 余片历史文化保护街区、5058 处全国重点文物保护单位、6800 多个古村落、1.3 万余部国家珍贵古籍名录、5 万多处历史保护建筑、76 万多处不可移动文物、1.08 亿件(套)国有可移动文物,还有浩如烟海的非物质文化遗产。

1840 年鸦片战争以后,中国开始进入一段"国家蒙辱、人民蒙难、文明蒙尘"的悲惨历史。为了挽中华文明大厦于将倾,无数仁人志士前赴后继、孜孜以求。1921 年,中国共产党的诞生成为历史转折点。党在百余年的历史实践中,团结带领中国人民,做出了四个方面的伟大历史贡献:夺取新民主主义革命伟大胜利,建立中华人民共和国,实现了民族独立和人民解放;完成社会主义革命和推进社会主义建设;进行改革开放和社会主义现代化建设;开创中国特色社会主义新时代。党领导人民的百年奋斗,使中国实现了

---

① [美]罗伯特·K.G.坦普尔:《中国:发明与发现的国度——中国科学技术史精华》,陈养正等译,21 世纪出版社,1995 年,第 7 页。

经济发展、政治民主、文化繁荣、社会进步、生态良好,综合国力显著增强,国际地位大幅提升,迎来了中华民族伟大复兴的光明前景。党和人民百年奋斗的光辉历程,书写了中华民族五千多年文明史上最恢宏的史诗。在党领导人民进行革命、建设、改革的伟大实践,使中华文明焕发出新的蓬勃生机,铸就了昂扬向上的革命文化和生机勃勃的社会主义先进文化。

概而言之,中华民族五千多年不间断的文明史,近代以来反帝反封建、争取民族独立富强的180多年斗争史,中国共产党百余年的奋斗史,新中国成立70多年的发展史,40多年的改革开放史,都是我们文化自信的源泉。①

二、理论逻辑——在理论洞察中生成文化自信

马克思深刻指出:"批判的武器当然不能代替武器的批判,物质力量只能用物质力量来摧毁;但是理论一经掌握群众,也会变成物质力量。"②毋庸置疑,科学的思想理论能够对社会发展起到巨大的推动作用。经历过一段不堪回首的困厄迷茫后,中国于20世纪初迎来了马克思主义,中华文化得以注入现代特质和强大活力。在随后百余年的历史进程中,马克思主义的理论伟力在中国得到了最充分地发挥,引领中国社会摆脱贫穷衰败,走上富强振兴的社会主义康庄大道,可谓"挽狂澜于既倒,扶大厦之将倾"。因而,当代中国文化的灵魂和指导思想必然是马克思主义。习近平总书记深刻指出:"无论时代如何变迁、科学如何进步,马克思主义依然显示出科学思想的伟力,依然占据着真理和道义的制高点。"③马克思主义的真理性和道义性是我们文化自信的根本支撑。

马克思主义是颠扑不破的真理,它深刻揭示了自然界、人类社会、人类思维发展的普遍规律。列宁曾说:"沿着马克思的理论的道路前进,我们将

---

① 杨雪梅:《传承历史文脉 增强文化自信》,《人民日报》2022年3月15日第20版。
② 《马克思恩格斯选集》(第一卷),人民出版社,2012年,第9页。
③ 习近平:《在哲学社会科学工作座谈会上的讲话》,《人民日报》2016年5月19日第2版。

愈来愈接近客观真理(但决不会穷尽它);而沿着任何其他的道路前进,除了混乱和谬误之外,我们什么也得不到。"①毛泽东指出:"我们说马克思主义是对的,决不是因为马克思这个人是什么'先哲',而是因为他的理论,在我们的实践中,在我们的斗争中,证明了是对的。"②不仅社会主义国家将马克思主义奉为圭臬,资本主义世界的许多人也对马克思主义十分推崇。2000年前后,在英国广播公司先后开展的"千年第一思想家"和"古今最伟大哲学家"两次公开评选活动中,马克思的得票均高居榜首。马克思主义理论体系中最光辉、最耀眼的部分,是对人类社会必然走向社会主义和共产主义这一历史规律的揭示。马克思主义揭示的这种必然的、不以人的意志为转移的社会发展规律,是我们文化自信的最有力支撑。在《共产党宣言》中,马克思、恩格斯庄严宣告:"资产阶级的灭亡和无产阶级的胜利是同样不可避免的。"③这一历史发展方向的指明,建立在科学严谨的研究论证基础上。马克思创立了唯物史观,用生产力和生产关系、经济基础和上层建筑的矛盾运动来解释人类社会由低级向高级的发展变化,把生产力作为推动历史变迁与社会进步的最活跃、最革命、最根本的力量,指明生产力决定生产关系、经济基础决定上层建筑;科学分析了资本主义社会固有的生产社会化与生产资料的私人占有之间的矛盾,这一矛盾累积到一定程度,就会爆发经济危机,危机愈演愈烈,资本主义社会最终会发生"内爆"而走向自我毁灭。在这一毁灭的过程中,无产阶级作为资本主义社会的"掘墓人"成长起来,它要埋葬这个危机深重而又无计可施的社会,致力于用一切革命手段消灭私有制和阶级本身,建立自由人的联合体。当今世界没有哪一种理论能像马克思主义这样具有解释世界和改造世界的能力,其真理性已经为中国革命、建设和改革的伟大实践所证明。2008年,肇端于美国的国际金融危机肆虐全球之时,《资本论》再次受到人们的关注和热议,这在现实上再一次证明了马克思主义历久弥新的科学价值。同时,马克思主义不是僵化的、停滞的理

① 《列宁选集》(第二卷),人民出版社,2012年,第103—104页。
② 《毛泽东选集》(第一卷),人民出版社,1991年,第111页。
③ 《马克思恩格斯选集》(第一卷),人民出版社,2012年,第413页。

论,而是发展的、开放的理论,具有在时代前进中、在实践中、在与其他先进思想的交流对话中不断自我更新、自我丰富、自我完善的理论品质。

马克思主义博大精深,归根到底就是一句话,为人类求解放。①《共产党宣言》里强调:"无产阶级的运动是绝大多数人的,为绝大多数人谋利益的独立的运动。"②马克思"铁肩担道义,妙手著文章",科学地揭露了资本主义生产方式的实质和秘密,让人们看清了资本主义制度的不平等和不公正现象。资本与劳动力表面上自由、平等的交换关系,遮蔽了事实上的不平等,掩盖着劳动者受到剥削的真相。马克思疾恶如仇,崇尚公平正义,反对一部分人剥削、压迫另一部分人,反对一切不平等、不公正、不自由,同情无产阶级和劳苦大众,胸怀全人类。马克思主义秉持维护人民利益、尊重人民主体地位的立场,让以前从未受过如此重视的广大无产者和劳动者走向历史的前台,以人的全面自由发展与全人类的解放为价值目标,以建立一个物质财富极大丰富、人民精神境界极大提高、没有压迫、没有剥削、人人平等、人人自由的美好社会为理想,而不谋求任何私利,不抱有任何偏见。可见,马克思主义既因其真理性而"可信",又因其道义性而"可爱"。美国学者道格拉斯·凯尔纳指出:"21 世纪的马克思主义将有助于促进民主、自由、正义和平等,并能够同仅仅促进富豪权贵利益的保守思想相抗衡。只要巨大的阶级不平等、人类痛苦和压迫还存在,就有必要存在马克思主义这样的批判理论和它的社会变革思想"③。

马克思列宁主义并没有结束真理,而是在实践中不断地开辟认识真理的道路。④ 中国共产党人着眼于为中国人民谋幸福、为中华民族谋复兴,将马克思主义基本原理与中国具体实际相结合、与中华优秀传统文化相结合,不断推动马克思主义中国化时代化,创立了毛泽东思想、邓小平理论、

---

① 习近平:《在纪念马克思诞辰 200 周年大会上的讲话》,《人民日报》2018 年 5 月 5 日第 2 版。
② 《马克思恩格斯选集》(第一卷),人民出版社,2012 年,第 411 页。
③ 俞可平主编:《全球化时代的"马克思主义"——九十年代国外马克思主义新论选编》,中央编译出版社,1998 年,第 35 页。
④ 《毛泽东选集》(第一卷),人民出版社,1991 年,第 296 页。

"三个代表"重要思想、科学发展观、习近平新时代中国特色社会主义思想。马克思主义中国化时代化的系列理论成果秉承马克思主义创立者思想理论的真理性与道义性，指导中国取得了革命、建设与改革的一系列伟大成就，及时回答了中国之问、世界之问、人民之问、时代之问，是当代中国文化的精要与本质。有了这些伟大科学正确的理论，我们的文化自信必然具备强大的底气。

三、制度逻辑——在制度比较中生成文化自信

古人云："凡将立国，制度不可不察也。"① 制度优势是一个国家的最大优势，制度竞争是国家间最根本的竞争。制度稳则国家稳。制度对一个国家具有根本性、基础性意义。制度从本质上说是一种文化，是文化的制度载体和表现形式。② 党的十八大以来，以习近平同志为核心的党中央把制度建设摆到更加突出的位置，推出了一系列重大制度理论创新和实践创新，使党的领导和经济、政治、文化、社会、生态文明、军事、外事等各方面制度更加成熟、更加定型，形成了根本制度、基本制度、重要制度"三位一体"的中国特色社会主义制度体系。中国特色社会主义制度既坚持了科学社会主义的基本原则，又符合我国实际，是深得人民拥护的制度。

中国制度具有科学的理论基因和深厚的文化底蕴。中国特色社会主义制度建设，建立在对马克思主义及其中国化理论揭示的共产党执政规律、社会主义建设规律、人类社会发展规律的科学把握基础之上。马克思主义是指导人们认识世界、改造世界的强大思想武器，是中国共产党领导人民创立社会主义制度并推进制度改革和完善的根本指导思想，它赋予中国特色社会主义制度以科学的理论基因。改革开放以来，中国共产党以科学的态度坚持和发展马克思主义，开创了中国特色社会主义道路，奠定了中国特色社会主义制度形成和完善的基础。马克思主义的根本特性是它的人民性，"人

---

① 语出《商君书·一言》。
② 蔡瑛：《中国制度之治的文化底蕴及"内生性"文化自信研究》，《山东社会科学》2020 年第 8 期，第 181-185 页。

民是历史的创造者"是马克思主义的基本观点,让人民获得解放与幸福是马克思毕生的追求。中国特色社会主义制度坚持马克思主义的人民性,能够真正体现人民意志、尊重人民地位、维护人民权益、增进人民福祉、激发人民创造。同时,中国特色社会主义制度植根于中华优秀传统文化的沃土。中华民族几千年的文明历史,孕育了博大精深的中华优秀传统文化,包括民惟邦本、本固邦宁的民本理念,大道之行、天下为公的大同理想,德主刑辅、尚德希刑的德治主张,法不阿贵、绳不挠曲的正义追求,孝悌忠信、礼义廉耻的道德操守,一方有难、八方支援的互助精神,革故鼎新、与时俱进的变革思想,天人合一、道法自然的生态观念等,为中国特色社会主义制度提供了深厚的文化根基和丰富的文化养分。中华优秀传统文化潜移默化地浸透到中国特色社会主义制度的各个领域各个方面,有机地融入中国特色社会主义制度建立巩固和创新完善的全部过程,成为中国制度之治的强大价值力量。

党的十九届四中全会系统概括了我国国家制度和国家治理体系的13个方面显著优势,这些显著优势是我们坚定文化自信的基本依据。① 其中,中国共产党领导是中国特色社会主义制度的最大优势。没有共产党就没有新中国,也就没有中国特色社会主义制度。我们党不是一部分人利益的代表,而是中国最广大人民根本利益的代表。党和人民同呼吸、共命运、心连心,全心全意为中国人民谋幸福、为中华民族谋复兴,而丝毫没有自己的特殊利益诉求。党的领导可以集中全国人民的意志,协调各个方面的利益,克服包括部门、地区在内的一切利益阻碍,确保各项决策及其执行的整体性、协调性、连贯性、高效性。党的领导可以集中各种资源,有效组织和动员起社会力量,来实施大规模的战略部署和项目建设,并为其提供长期支持。可以说,新中国成立70多年来,我们所取得的一切成就,无不得益于党的领导。中国特色社会主义制度的显著优势还包括人民当家作主。我们的制度既强调选举民主,又强调协商民主,结合起来就是全过程人民民主,这在世界上是独一无二的,确保了决策的民主化、科学化。西方很多国家的民主权利只

① 《中共中央关于坚持和完善中国特色社会主义制度 推进国家治理体系和治理能力现代化若干重大问题的决定》,《人民日报》2019年11月6日第1版。

体现为一个投票权,人民投完票以后实际上就没有什么发言权了。但投票权只是民主的开始,并不是民主的结束。全过程人民民主是从投票权开始,同时让人民拥有民主管理、民主决策、民主协商、民主监督的权利,是真正实现人民当家作主的制度安排。新中国经济快速发展和社会长期稳定的"两大奇迹"雄辩证明,中国特色社会主义制度是当代中国发展进步的根本制度保障,是具有强大生命力和巨大优越性的先进制度。

2021年,我国取得了脱贫攻坚战全面胜利,再次向世界展现了中国特色社会主义制度优势。脱贫攻坚战之所以能够取得全面胜利,最重要的因素就是党的领导,为脱贫攻坚提供了坚强政治和组织保证。我们坚持党中央对脱贫攻坚的集中统一领导,强化中央统筹、省负总责、市县抓落实的工作机制,构建省市县乡村五级书记抓扶贫、全党动员促攻坚的局面。用习近平总书记的话说就是,鲜红的党旗始终在脱贫攻坚主战场上高高飘扬。①

反观一些实行所谓民主制度的国家,党派纷争、内斗不止、社会分裂、选举异化等乱象丛生。在这些国家,一个政党只代表某些集团、某些区域或某些阶层的利益,而将广大民众利益抛之脑后。政党所做的一切都是为了选举上台,为了多拉选票而信口许诺,一旦当选又不了了之。普通民众只有在拉票时受宠,投过票就被冷落。在野党、反对党为了反对而反对,为了制衡而制衡。反对过后,制衡完毕,解决不了什么实质性问题,推动不了什么建设性进程。因此,这些国家经常在一些重要问题上议而不决、效率低下,甚至作出违背道义公理、主流民意的决定,严重损害人民利益。譬如,美国有支持民主党的蓝州和支持共和党的红州之分,在一些重要问题上存在较大分歧,经济发展水平也存在差异,分裂已经形成并不断加剧。包括堕胎、控枪等在内的多个社会议题实际上已经沦为美国民主党、共和党党争的战场。当地时间2022年6月23日,保守派占多数的美国联邦最高法院判决纽约州"限制公民在公共场所持枪"的法令违宪,而2021年美国有2万多人死于枪杀。紧接着,当地时间2022年6月24日,美国联邦最高法院推翻"罗诉韦德

---

① 习近平:《习近平谈治国理政》(第四卷),外文出版社,2022年,第133页。

案"原判决,使得女性堕胎权这一基本人权将不再受宪法保护①,而美国经常自诩"人权卫士"。此外,由于党争不断,美国联邦政府经常因国会未能通过联邦政府预算案而"关门",成了世界笑话。据统计,自 1976 年以来,美国联邦政府共"关门"20 多次,时间短至 1 天,最长达 35 天,平均每届总统任期内要发生 1 次。重大危机是检验一个制度优劣的试金石,新冠疫情更是扯下了所谓民主国家的遮羞布。疫情侵袭之下,西方国家普遍出现了民众不遵守甚至反对防疫措施、各地和各部门防疫政策各行其是、资源调配缺乏组织混乱不堪的现象。作为全球医疗技术最先进、医疗资源最丰富的国家,美国却成为疫情防控最糟糕的国家之一,死亡人数高达一百多万。

有比较才有鉴别。中国特色社会主义制度的优越性为我们的文化自信提供了重要支撑,我们也唯有坚持和完善中国特色社会主义制度,才能在未来战胜各种风险挑战,争取更加辉煌的成就。

四、实践逻辑——在实践体认中生成文化自信

中国古人说:"仓廪实而知礼节,衣食足而知荣辱。"②马克思主义也认为,社会存在决定社会意识。文化作为社会实践的产物,其产生、发展和繁荣从来不是完全独立的,总是受到现实的经济、政治发展状况制约。在经济、政治、文化的相互关系中,经济是基础,政治是经济的集中表现,文化则是经济和政治的反映。文化自信的生成,也总是取决于以实践为基础的国家实力的增长与加强、社会总体的发展与进步,而不仅仅取决于文化自身。文化自信的提振,从来不单独是文化领域的问题。我们可以设想一下:一个国力衰微、经济落后、政治腐败、民生凋敝、社会混乱的国家会对本国文化产生自信吗? 会认为本国文化是值得自信的吗? 一个整日为生存问题犯愁、连衣食住行用等基本物质生活需要都无法很好满足的民族,能树立起实实在在的文化自信吗? 要回答这些问题,我们可以在历史中寻找答案。透过

---

① 郑可、陶短房、昭东等:《最高法院开倒车撕裂美国》,《环球时报》2022 年 6 月 27 日第 1 版。
② 语出《史记·管晏列传》。

历史,我们会发现,民族文化自信心的变迁和国家现实命运、民族实际境遇具有相同轨迹。在历史的长河中,中国走过了兴衰荣辱、浮沉起落不断转换的命运轨迹,中华民族的文化心态也伴随着这一轨迹跌宕起伏、历经波折。

揆诸畴昔,尽管中华传统文化源远流长、博大精深,但是当历史的车轮转动到19世纪,在率先进行了工业革命的欧美资本主义国家先进的科学技术和思想理念、发达的物质文明面前,它却显得那么苍白无力。落后就要挨打,于是,古老的中国陷入了内忧外患的悲惨境地,国人的文化自信心也逐渐丧失殆尽。然而,中国人救亡图存的艰辛努力终究没有白费。十月革命一声炮响,给中国送来了马克思主义。1921年,高举马克思主义伟大旗帜的中国共产党成立,成为扭转乾坤的大事件。一百多年来,中国共产党领导中国人民浴血奋战,赢得了新民主主义革命的伟大胜利,将帝国主义在中国的势力、特权一扫而光,把土地的所有权交给农民,实现了从几千年封建专制政治向人民民主的伟大飞跃,曾经备受剥削和压迫的劳苦大众翻身做了国家的主人,中国人民站起来了,中华民族的文化自信开始得以恢复。新中国成立前夕,毛泽东自信地预言:"随着经济建设的高潮的到来,不可避免地将要出现一个文化建设的高潮。"①中国共产党领导中国人民艰苦奋斗,取得了社会主义革命和建设的伟大成就,1964年成功试爆自行制造的第一颗原子弹,1967年成功试爆第一颗氢弹,1970年成功把"东方红一号"人造地球卫星送入太空,1971年恢复联合国合法席位,20世纪70年代建立起独立的、比较完整的工业体系和国民经济体系,中国人民在世界上站得更稳了;中国共产党领导中国人民锐意创新,取得了改革开放和社会主义现代化建设的伟大成就。1978年,我国开启改革开放,主动融入外部世界,并吸收资本主义有益成分,逐步建立起社会主义市场经济体制,经济开始走上快车道,人民生活获得了实实在在的改善,中国人民富起来了;党的十八大以来,中国共产党领导中国人民开拓进取,取得了新时代中国特色社会主义的伟大成就,中国人民强起来了。在新时代,中国共产党团结带领人民进行伟大斗争、建设伟大工程、推进伟大事业、实现伟大梦想。面对经济形势的一系列

---

① 《毛泽东文集》(第五卷),人民出版社,1996年,第345页。

深刻变化,我们党以巨大的政治勇气和强烈的责任担当,提出立足新发展阶段、贯彻新发展理念、构建新发展格局、推动高质量发展,推出一系列重大举措,推进一系列重大工作,推动党和国家事业取得历史性成就。我们党坚持以人民为中心的发展思想,抓住人民最关心最直接最现实的利益问题,不断保障和改善民生,不断促进效率和公平有机统一、促进社会公平正义、促进人的全面发展,不断增强人民群众获得感、幸福感、安全感。2020 年,全面建成小康社会,实现第一个百年奋斗目标。2021 年,我国国内生产总值超过 114 万亿元,连续 12 年居世界第二位;人均国内生产总值超过 8 万元,高于世界人均国内生产总值水平;人均可支配收入超过 3.5 万元;反映生活水平的重要指标——全国居民恩格尔系数为 29.8%,比 1978 年下降了 34.1 个百分点;制造业增加值规模达到 31.4 万亿元,连续 12 年居世界首位,占全球比重接近 30%;外汇储备余额超过 3.2 万亿美元,连续 15 年位居世界第一;货物进出口总额超过 39 万亿元,连续 5 年位居世界第一;基本医疗保险覆盖近 14 亿人,基本养老保险覆盖近 10 亿人,建成了全球最大规模的社会保障体系。2022 年,145 家中国企业荣登《财富》世界 500 强榜单,数量位居各国之首。在精准扶贫方略的指引下,脱贫攻坚取得了全面胜利,消除了困扰我国几千年的绝对贫困问题。消除贫困后,我国正在向着共同富裕、乡村振兴的新目标阔步前进。在国际舞台上,我国致力于追求和平发展、促进合作共赢,影响力不断提升,负责任大国形象日益彰显,共建"一带一路"倡议获得国际社会积极响应,人类命运共同体理念得到广泛理解和支持。生态环境持续改善,绿水青山越来越多。习近平总书记庄严宣告,我国将于 2030 年前实现碳达峰,努力争取 2060 年前实现碳中和。在科技领域,我国的成绩单也十分亮眼:"天眼"射电望远镜领先世界三十年,嫦娥四号成为人类历史上第一个在月球背面软着陆的探测器,嫦娥五号探测器成功带回月壤,无人潜水器技术与装备进入全海深探测与作业应用的新阶段,中国科学技术大学测出量子纠缠速度下限,研发出具有超高压电性能的透明铁电单晶,实验观测到化学反应中的量子干涉现象,成功制造世界首个存储单光子量子存储器,自行研制出北斗卫星导航系统,按照国际先进适航标准研制出大型干线客机 C919,实现全球首例人类肺脏再生,实现从二氧化碳到淀粉的人工合成,实现高性能纤维锂离子电池规模化制备,自供电软机器人成功挑战马里亚纳海沟,"鲲龙" AG600 水陆两栖飞机成功实现水上试飞,"华龙一号"核电机组投入商业运营,"天问一号"探测器着陆火星,"天宫"空间站载人遨游太空,"九章号""祖冲之号"量子计算机使得我国成为世界上唯一在光量子和超导量子两种物理体系实现量子计算优越性的国家。"过去一百年,中国共产党向人民、向历史交出了一份优异的答卷。"①看今日的中国大地,一条条高速铁路、高速公路纵横交错,一座座高楼大厦拔地而起。中国人民过上了前所未有的幸福生活,住房条件大为改善,很多人都拥有自有产权的住房;出行更加方便,很多家庭都有了自己的小汽车;通信更加畅通,大多数人用上了智能手机,上网成了日常生活方式;文化精神生活更加充实,还有享受到的教育、医疗、养老条件持续改善,等等。中国人民的获得感持续提升,让世界刮目相看。

我们的文化自信是实践的而非空谈的,是具体的而非抽象的。中华民族伟大复兴的过程,同时是中华文化复兴的过程,也是文化自信愈益坚定的过程。事实雄辩证明,马克思主义的唯物主义观点确实是万古长青的真理。正是基于中国共产党带领中国人民取得的革命、建设和改革的伟大成就,习近平总书记多次指出:"当今世界,要说哪个政党、哪个国家、哪个民族能够自信的话,那中国共产党、中华人民共和国、中华民族是最有理由自信的。"②当代中国发展进步的创造性实践,是支撑当代中国人文化自信最深刻的"大本大源"③。百年前的中国,积贫积弱,在那种情况下,不会有人提出"文化自信",即使提出了也是镜花水月、黄粱一梦。而如今,中国以无比昂扬的姿态屹立于世界东方,综合国力的增强、国际地位的提升、生活水平的改善成为中国人自信自豪的客观基础。别的国家有的我们也有,别的国家能做到的我们也能做到,而且在很多领域能够做得更好,我们自立于世界民

---

① 习近平:《在庆祝中国共产党成立 100 周年大会上的讲话》,《人民日报》2021 年 7 月 2 日第 2 版。

② 习近平:《以史为鉴、开创未来 埋头苦干、勇毅前行》,《求是》2022 年第 1 期,第 4—15 页。

③ 沈壮海:《论文化自信》,湖北人民出版社,2019 年,第 45 页。

族之林,我们毫无崇洋媚外、缺乏自信的理由。因此,文化自信具有坚实的实践和理论基础。同时,须知文化也能反作用于经济、政治,发展成就的背后是文化的作用,是文化给予我们思想引领和精神力量。当代中国的文化,是以马克思主义为指导、立足中华优秀传统文化、包容人类优秀文化成果的文化。当代中国发展的成功实践,证明了我们的文化是先进的文化、优秀的文化、值得中华儿女自信的文化。

第二章　大学生坚定文化自信的对象性基础

　　研究引导大学生坚定文化自信有关问题,必须弄清楚我们应该引导大学生自信于什么样的文化。需要指出,当代中国的文化自信,是对中国特色社会主义文化的自信①,而不是泛指对当代中国一切文化的自信。什么是中国特色社会主义文化? 习近平总书记在党的十九大报告中指出:"中国特色社会主义文化,源自于中华民族五千多年文明历史所孕育的中华优秀传统文化,熔铸于党领导人民在革命、建设、改革中创造的革命文化和社会主义先进文化,植根于中国特色社会主义伟大实践。"②

　　武汉大学项久雨教授提出,文化自信的对象性基础包括发挥基础作用的优秀传统文化、发挥中坚作用的革命文化、发挥固本作用与引领作用的社会主义先进文化。③ 中国人民大学陈先达教授提出,文化自信"既是对我国历史上博大精深、为人类文明创造出不可磨灭贡献的文化的敬意,也是对创造了中华民族文化的我们祖先的礼敬;同样,对革命文化和社会主义先进文化的自信,包含对永不屈服、前仆后继的革命先烈的崇敬,对社会主义建设时期的无数先进人物及其文化成果的敬意。只有对中华优秀传统文化的自信而没有对革命文化和社会主义先进文化的自信,这种自信是不完整的,而

---

① 《求是》编辑部:《文化自信是更基本更深沉更持久的力量》,《求是》2019 年第 12 期,第 13-20 页。

② 习近平:《论党的宣传思想工作》,中央文献出版社,2020 年,第 10 页。

③ 项久雨:《新发展理念与文化自信》,《中国社会科学》2018 年第 6 期,第 4-25 页。

且也是不可能的"①。

第一节 发挥源头与基础作用的中华优秀传统文化

唯我国家,亘古亘今。在五千多年的文明历程中,中华民族创造了辉煌灿烂、独具特色的文化,且一直延续至今、从未中断。《尚书》《周易》《道德经》《论语》《诗经》《楚辞》《史记》《传习录》等典籍震古烁今,四大发明享誉中外,汉赋、唐诗、宋词、元曲、明清小说各领风骚,书法、绘画、音乐、戏曲、武术、园林、建筑、雕塑独具特色,无不让中华儿女为之自豪。中华传统文化中的优秀成分,对中华民族的薪火相传、生生不息,对维护我们多民族国家的团结统一,对推动中国社会发展进步,都发挥了十分重要的作用。党的十八大以来,以习近平同志为核心的党中央把中华优秀传统文化视为中华民族的"根"和"魂"、作为文化自信的"源"和"本"②,使中华优秀传统文化焕发出新的时代光彩。

一、中华优秀传统文化蕴含的思想观念、人文精神、道德规范

习近平总书记指出:"中华优秀传统文化是中华民族的文化根脉,其蕴含的思想观念、人文精神、道德规范,不仅是我们中国人思想和精神的内核,对解决人类问题也有重要价值。"③总书记的这段话,为我们认识中华优秀传统文化提供了重要指引。

(一)中华优秀传统文化蕴含的思想观念

中华民族在修齐治平、知常达变、开物成务、建功立业过程中培育和形成了许多基本思想观念,可以为人们认识世界和改造世界提供有益启迪,可以为治国理政提供有益借鉴。

---

① 陈先达:《一位"85后"的马克思主义观》,中国人民大学出版社,2020年,第137—138页。

② 任理轩:《文化自信何以更加坚定》,《人民日报》2022年9月29日第9版。

③ 习近平:《论党的宣传思想工作》,中央文献出版社,2020年,第342页。

1. 以民为本、政得其民的思想

得民心者得天下、失民心者失天下,是放之四海而皆准的真理,中国古圣先贤早就认识到这一点。在中国传统文化中,以民为本、政得其民的思想居于重要地位,对国家繁荣稳定、社会发展进步产生了积极作用。成书于约3000年前、被称为"政书之祖,史书之源"的《尚书》中就有许多关于民本思想的经典表达,例如"民惟邦本,本固邦宁""天视自我民视,天听自我民听""民之所欲,天必从之""德惟善政,政在养民"。先秦思想家在西周民本思想的基础上,进一步丰富和发展了民本思想。老子说:"治国有常,而利民为本。"①"圣人无常心,以百姓心为心②。"孔子说:"民无信不立。"③意即如果人民对政府失去信心,国家是立不起来的。《管子·牧民》中说:"政之所兴在顺民心,政之所废在逆民心。"讲出了治理之道。孟子说:"民为贵,社稷次之,君为轻。"④他也指出如何得民心:"乐民之乐者,民亦乐其乐;忧民之忧者,民亦忧其忧。"⑤可见,虽然先秦诸子有许多不同观点,但在以民为本、政得其民这一点上是一致的。后世思想家继续阐释和发展民本思想。西汉刘向在《说苑·政理》中说:"故善为国者遇民,如父母之爱子,兄之爱弟,闻其饥寒为之哀,见其劳苦为之悲。"北宋苏辙在《上皇帝书》中说:"去民之患,如除腹心之疾。"清代万斯大在《周官辨非》中说:"利民之事,丝发必兴;厉民之事,毫末必去。"这些都体现了中华民族自古以来对于治国安邦规律的深刻认识。

2. 天人合一、道法自然的思想

天人合一、道法自然的思想主要强调人是万物的一部分,人依靠自然界生存,参与生态平衡,应掌握和顺应客观规律,与自然和谐共生有机交融,而不能违背自然、破坏自然。首先,人与自然是不可分割的一个整体,二者彼

---

① 语出《文子·上义》。
② 语出《道德经》。
③ 语出《论语·颜渊》。
④ 语出《孟子·尽心下》。
⑤ 语出《孟子·梁惠王下》。

此相通。庄子说："天地与我并生,而万物与我为一。"①认为天地万物在本质上是一样的、平等的。孟子说："亲亲而仁民,仁民而爱物。"②将亲人之爱推及人类之爱,由人类之爱旁通对自然万物之爱。北宋张载说："天地之塞,吾其体,天地之帅,吾其性。民吾同胞,物吾与也。"③"视天下无一物非我。"④"人但物中之一物。"⑤包含了天道与人的本质纯然一致的思想。其次,人要生存发展,就要利用自然甚至改造自然,然而在这个过程中,必须掌握并顺应自然规律行事。客观世界有其自身的运行规律,老子说:"人法地,地法天,天法道,道法自然。"⑥荀子说:"天行有常,不为尧存,不为桀亡。"⑦因而,老子说:"辅万物之自然。"⑧意即人可以发挥主观能动性,辅助万物按其自然规律生成发展,在此基础上享用自然的馈赠。又比如,荀子讲:"草木荣华滋硕之时,则斧斤不入山林,不夭其生,不绝其长也;鼋鼍、鱼鳖、鳅鳝孕别之时,罔罟、毒药不入泽,不夭其生,不绝其长也。"⑨形象地阐释了人类生产生活顺应天时的思想。总之,中国古人早就认识到,人是大自然的一部分,大自然的发展是有规律的,而且不以人的主观意志为转移。人的实践活动只有尊重自然法则和客观规律,才能获得与大自然的和谐统一。

3. 天下为公、大同社会的思想

天下为公是中华民族的崇高理想,至少包含两重含义。首先,天下为人民共有。战国末期著作《吕氏春秋》中说:"天下,非一人之天下也,天下之天下也。阴阳之和,不长一类;甘露时雨,不私一物;万民之主,不阿一人。"就是说,天下不是最高统治者一人的"家天下",而是归天下万民所有,人民是

---

① 语出《庄子·齐物论》。
② 语出《孟子·尽心上》。
③ 语出《西铭》。
④ 语出《正蒙·大心篇》。
⑤ 语出《张子语录》。
⑥ 语出《道德经》。
⑦ 语出《荀子·天论》。
⑧ 语出《道德经》。
⑨ 语出《荀子·王制》。

天下的主人。明末清初思想家王夫之也说:"不以一人疑天下,不以天下私一人。"①其次,人人为天下尽力。北宋范仲淹在《岳阳楼记》中托先贤之口说:"先天下之忧而忧,后天下之乐而乐"。对于普通民众对天下所负的责任,明末清初思想家顾炎武说:"保天下者,匹夫之贱与有责焉耳矣"。后来,梁启超将顾炎武的话改写为"天下兴亡,匹夫之贱,与有责焉",又进一步概括出"天下兴亡,匹夫有责"这一广为人知的警句,影响了无数中华儿女。

大同社会反映了中华民族对理想社会形态的美好构想,是我国古代政治的最高理想,《礼记·礼运》记载了孔子对这一社会形态的描绘:"大道之行也,天下为公,选贤与能,讲信修睦。故人不独亲其亲,不独子其子,使老有所终,壮有所用,幼有所长,矜、寡、孤、独、废疾者皆有所养,男有分,女有归。货恶其弃于地也,不必藏于己;力恶其不出于身也,不必为己。是故谋闭而不兴,盗窃乱贼而不作,故外户而不闭,是谓大同。"可见,大同社会首先是天下为公的社会,并且由人民共同推举品德与才能出类拔萃的人来参与社会治理。大同社会里,道德水平得到极大提升,人们安居乐业、相亲相爱,没有欺诈、盗窃,每个人的生存和发展都有充分的保障,整个社会呈现出一派祥和幸福的景象。尽管只是一种理想,但由于孔子在我国古代思想史至高无上的地位,大同社会的思想对我国自古以来的政治实践和价值选择产生了积极影响。

4. 革故鼎新、与时俱进的思想

历史长河,不舍昼夜;世间万物,变动不居。大到国家、社会,小到组织、个人,要跟上时代前进步伐、适应外界环境变化,就必须革故鼎新、与时俱进。中华民族是具有伟大创造精神的民族,中国人民历来富有变革和创新思想。在中国传统文化中,"创新"是一个重要的命题。《诗经·大雅·文王》中说:"周虽旧邦,其命维新。"《尚书·康诰》中说:"作新民。"《礼记·大学》中说:"苟日新,日日新,又日新。"《周易·系辞上传》中说:"日新之谓盛德。"《孙子兵法》中说:"兵无常势,水无常形;能因敌变化而取胜者,谓之神。"先秦经典中有不少倡导除旧布新、与时偕行、应势而动的表达。孔子曾

---

① 语出《黄书·宰制》。

被孟子赞颂为"圣之时者"①，也就是能够审时度势、顺时施宜的圣贤。提倡锐意创新、反对因循守旧的思想一直延续下来，并得到不断发展。西汉时期，司马迁著《史记·商君列传》记载了前朝改革家商鞅所说的话："治世不一道，便国不法古。"桓宽《盐铁论》中说："明者因时而变，知者随世而制。"贾谊《过秦论》中说："变化因时。"东晋葛洪《抱朴子》中说："变化者，乃天地之自然。""常制不可以待变化，一涂不可以应无方，刻船不可以索遗剑。"《二程集》中说："不日新者必日退，未有不进而不退者。"清代赵翼在《论诗》中说："诗文随世运，无日不趋新。"这些宝贵思想，滋养着中华民族不断解放思想、改革创新、开拓进取，使中华文化成为世界上几千年来唯一历久弥新的文化。

5. 脚踏实地、实事求是的思想

历史证明，不务虚功，不图虚名，一步一个脚印，一点一滴积累，坚持到最后，才能有所成就。对此，老子曾说："企者不立，跨者不行。"②"天下难事必作于易，天下大事必作于细。"③"合抱之木，生于毫末；九层之台，起于累土；千里之行，始于足下。"④孔子则说："欲速，则不达。"⑤比喻要脚踏实地。《庄子·逍遥游》中说："水之积也不厚，则其负大舟也无力。"道出了积累的重要性。《荀子·劝学》中说："骐骥一跃，不能十步；驽马十驾，功在不舍。锲而舍之，朽木不折；锲而不舍，金石可镂。"《战国策》中说："行百里者，半于九十。"《淮南子·说林训》中说："临河而羡鱼，不如归家织网。"还有我们耳熟能详的宋人揠苗助长却事与愿违的古代寓言故事。这些都告诉我们，要成就一番事业，必须脚踏实地、久久为功。

"实事求是"一词出自班固编撰的《汉书》，当时用来称赞河间献王刘德，指的是他在研究古籍时十分严谨，遇到残缺不全、字异文非和不同版本的古籍，必组织群儒进行严密考证、精心校理后，才整理成册。唐代颜师古

① 语出《孟子·万章下》。
② 语出《道德经》。
③ 语出《道德经》。
④ 语出《道德经》。
⑤ 语出《论语·子路》。

对此作注:"务得事实,每求真是也。"显而易见,"实事求是"在中国古代指的是求实的治学态度和方法。如今,"实事求是"的含义已经引申为从实际情况出发,既不高估也不低估,正确客观地对待和处理一切问题。"实事求是"一词能具备今天的含义,与毛泽东在《改造我们的学习》中的阐发是分不开的。"脚踏实地""实事求是"的共同点是一个"实"字,因此,这两个词结合到一起,成为中国传统文化求真务实思想的代表。

6. 知行合一、躬行实践的思想

中国古人有知和行相互促发、齐头并进的思想。朱熹讲:"知之愈明则行之愈笃,行之愈笃则知之益明。"①南宋张栻在《论语解·序》中说:"行之力则知愈进,知之深则行愈达。"可见,知和行犹如车之两轮、鸟之双翼。古人也有实践出真知的思想。荀子提出:"不登高山,不知天之高也;不临深溪,不知地之厚也。"②西汉刘向在《说苑·政理》中说:"耳闻之不如目见之,目见之不如足践之。"南宋陆游在《冬夜读书示子聿》一诗中说:"纸上得来终觉浅,绝知此事要躬行。"古人还有躬行实践、学以致用的思想。《中庸》中说:"博学之,审问之,慎思之,明辨之,笃行之。"将学习知识的落脚点定位于"行之"。孔子说:"力行近乎仁。"③还曾设问:"诵《诗》三百,授之以政,不达;使于四方,不能专对;虽多,亦奚以为?"④这些思想启发人们将自己掌握的知识运用到实践活动之中。

在中国哲学史上,对知行关系的探讨经久不息。追至明代,唯心主义哲学家王阳明首次提出了"知行合一"的命题。他认为知和行具有本质统一性,指出:"未有知而不行者。知而不行,只是未知。""只说一个知,已自有行在;只说一个行,已自有知在。""知行不可分作两事。"⑤当然,他所说的"知"主要指道德意识,即"良知",试图以"致良知"的学说规范人们的社会行为,引导人们克服恶念、做人做事表里如一。对知行关系有深入探讨的另一

---

① 语出《朱子语类》。
② 语出《荀子·劝学》。
③ 语出《中庸》。
④ 语出《论语·子路》。
⑤ 语出《传习录》。

人是明末清初的唯物主义哲学家王夫之。以"六经责我开生面"为志的王夫之说:"非力行焉者,不能知也。""必知之,而后能行之,行者皆行其所知者也。"①他认为"行"产生"知"、"知"可以指导"行"。他极力推崇"行",认为"知"的目的在于"行"、"行"是检验"知"的标准,说:"知而后行之,行之为贵,而非但知也。"②"知而不行,犹无知也……故学莫切于力行。"③

7.崇尚和谐、和而不同的思想

崇尚和谐、和睦、和平是中华民族始终如一的思想观念。《中庸》里说:"喜怒哀乐之未发,谓之中;发而皆中节,谓之和。"意为情感的表达如果能够合乎礼义节度,就可称之为"和"。《尚书》中讲:"协和万邦。"孔门七十二贤之一有子提出:"礼之用,和为贵。"④孟子讲:"天时不如地利,地利不如人和。"⑤故宫三大殿分别名为"太和殿""中和殿""保和殿",最大的宫门、外朝宫殿的正门叫"太和门",足见古代最高统治者对和谐的珍视。2008年北京奥运会开幕式是中华优秀传统文化的一次集中展示,其表现的核心文化元素之一即是"和"。几百个活字印刷字模不断变换造型,用古今不同字体反复展现一个汉字——"和",同时,数千名演员齐声吟诵《论语》中的名句"四海之内,皆兄弟也",让全世界感受到了中华文化的友好和包容。中国民间流行的"家和万事兴""和气生财"等吉祥话,体现出崇尚和谐的思想已经植根于中国人的头脑,化用于中国人的家庭生活和社会生活之中。

通过对自然界和人类社会的观察,中国古人认识到,和而不同是一切事物发生发展的条件。中国人崇尚的和谐是尊重事物多样性前提下的同一,而非无差别的同一。《国语·郑语》记载周太史史伯之言:"和实生物,同则不继。"意即"和"是新事物生成发展的条件,"同"则会导致止步不前、无以为继。孟子说:"物之不齐,物之情也。"⑥世界本就是千姿百态的,小到一

---

① 语出《四书训义》。
② 语出《周易外传》。
③ 语出《四书训义》。
④ 语出《论语·学而》。
⑤ 语出《孟子·公孙丑下》。
⑥ 语出《孟子·滕文公上》。

个人的志趣追求,大到一个国家的政治制度、思想文化,不应要求它们都完全相同。古人还以饮食为例阐释"和而不同"的思想,《左传·昭公二十年》记载晏子所言:"和如羹焉,水火醯醢盐梅以烹鱼肉,燀之以薪……""若以水济水,谁能食之?"《三国志》中也说:"和羹之美,在于合异。"形象化生活化的表达让人豁然开朗。

(二)中华优秀传统文化蕴含的人文精神

《周易》中说:"观乎天文,以察时变;观乎人文,以化成天下。""人文"一词最早见于此。北宋程颐的解释是:"天文,天之理也;人文,人之道也。"①人文精神是中国传统文化的鲜明标识之一,这种精神强调人的价值和主体性,关心人的现实生活,追求理想人格的塑造,重视人伦道德的建设,是一种关注人、理解人、为了人、把人当成人的思想情怀。我们今天传承发展中华优秀传统文化,就要大力弘扬有利于促进社会和谐、鼓励人们向上向善的中华人文精神。

1.以人为贵

中国历史上,没有产生统一的以神为中心的宗教信仰。中国文化以人为中心建构,认为人是万物之中最有灵性的,人是最可贵的。《尚书·泰誓上》中说:"惟天地万物父母,惟人万物之灵。"老子说:"道大,天大,地大,人亦大。域中有四大,而人居其一焉。"②荀子在阐释人为贵的原因时说:"水火有气而无生,草木有生而无知,禽兽有知而无义,人有气、有生、有知,亦且有义,故最为天下贵。"③《礼记·礼运》中说:"人者,天地之心也,五行之端也。"董仲舒讲:"天地之精所以生物者,莫贵于人。"④正是这种观念,使得中国文化在其源头上就摆脱了宗教神学的束缚。

作为中国传统文化的核心——儒家学派的创始人,孔子的言行颇具人

---

① 语出《伊川易传》。
② 语出《道德经》。
③ 语出《荀子·王制》。
④ 语出《春秋繁露·人副天数》。

文精神。孔子曾说:"天之所生,地之所养,无人为大。"①又说:"天地之性,人为贵。"②当有弟子问如何事鬼神时,孔子反问:"未能事人,焉能事鬼?""未知生,焉知死?"③表现出远神近人的态度。自己家的马厩失火后,孔子首先问旁人"伤人乎?"④而不是关心马是否受伤,说明人的性命安危在孔子心目中是最重要的。《论语·述而》记载:"子食于有丧者之侧,未尝饱也。"而当朋友去世,无人收殓时,他说:"于我殡。"⑤足见孔子同情和关怀他人的精神。关于践行他的核心思想"仁",孔子教导弟子:"我欲仁,斯仁至矣。"⑥"为仁由己,而由人乎哉?"⑦包含了人有独立意志,能够自己做出正确选择、主宰自我命运,而不是受制于天命神旨的思想。

2. 修己成人

关于人与动物的区别,我国先秦时期就有"人禽之辨"。孟子说:"人之有道也,饱食、暖衣、逸居而无教,则近于禽兽。圣人有忧之,使契为司徒,教以人伦:父子有亲,君臣有义,夫妇有别,长幼有序,朋友有信。"⑧意为人之所以为人,在于能够实行仁义、能够遵守伦理道德。因此,人要成为人格健全的人,实现对动物性的超越,必须修养身心。

如果用一个词概括儒家的思想,"修己安人"是最恰当的。"修己"是"安人"的前提,是德才兼修的过程。孔子说:"修己以敬""修己以安人"⑨。通过"修己",内可以持守恭敬之心,外可以安定他人。历代大儒都特别重视道德教化,把修身视为达到人格完善的重要途径。在儒家的思想学说中,既有对理想人格的界定,又有一套通过修身臻于至善之境的理论和方法。儒家经典《大学》的核心思想可以概括为"三纲八目",其中"格物、致知、诚意、

---

① 语出《礼记·祭义》。
② 语出《孝经·圣治》。
③ 语出《论语·先进》。
④ 语出《论语·乡党》。
⑤ 语出《论语·乡党》。
⑥ 语出《论语·述而》。
⑦ 语出《论语·颜渊》。
⑧ 语出《孟子·滕文公上》。
⑨ 语出《论语·宪问》。

正心"皆是修身的内容和方法,"齐家、治国、平天下"则以修身为前提。

孔子将具有理想人格的人称为"君子",并将其作为道德榜样极力推崇。《论语》中,"君子"一词出现了107次,仅次于"仁",孔子口中"君子"的嘉言懿行令两千多年来的中国人为之向往。对于如何成为"君子",首先是通过学习,孔子说:"君子博学于文,约之以礼,亦可以弗畔矣夫"①"不学礼,无以立。"②其次,儒家非常重视反躬自省这一修身方法。孔子说:"见贤思齐焉,见不贤而内自省也。"③孔门弟子曾参对自己提出要求:"吾日三省吾身:为人谋而不忠乎? 与朋友交而不信乎? 传不习乎?"④再次,慎独也是儒家提倡的一种道德修养方法。《中庸》里讲:"君子慎其独也。"在独处时仍能自觉遵守各种道德准则的人方为人格高尚之人。

3.仁者爱人

孔子以"仁"作为最高的道德标准,"仁"含义广泛,其核心指尊重和关爱别人。《论语·颜渊》记载,孔子的弟子樊迟问什么是"仁",孔子说"爱人"。孔子的仁爱思想首先主张孝悌之道,也就是子女要孝敬父母,弟弟妹妹要敬重哥哥姐姐。《论语·学而》中说:"孝悌也者,其为仁之本与。"孔子倡导处理一切人伦关系,都要从孝悌做起,也就是要重视血缘亲情之爱。在孝悌的基础上,孔子认为应将这种感情由内向外层层推衍,扩展到爱周围有血缘关系的亲人,再推广到爱所有人,做到"泛爱众"。孔子认为,如果人与人之间充满爱、人人以兄弟姐妹相待,那自然可以构建起一个和谐有序的社会。至于怎样才能做到爱所有人,孔子有能近取譬、推己及人的思想,即"忠恕之道"。所谓"忠",用孔子的话来说,就是"己欲立而立人,己欲达而达人"⑤;所谓"恕",就是"己所不欲,勿施于人"⑥。"己所不欲,勿施于人"可谓一条道德黄金律,这样重要的思想在《论语》中出现了三次,其中两次出自孔子之

---

① 语出《论语·雍也》。
② 语出《论语·季氏》。
③ 语出《论语·里仁》。
④ 语出《论语·学而》。
⑤ 语出《论语·雍也》。
⑥ 语出《论语·卫灵公》。

口,一次是孔子弟子子贡说的"我不欲人之加诸我也,吾亦欲无加诸人"。"法兰西思想之王"伏尔泰在自己的名著中,至少四次引用"己所不欲,勿施于人"。继孔子后,孟子进一步发展了仁爱思想,提出了"仁政"学说,其核心思想在于倡导统治者以仁爱之心对待百姓。孟子还说:"老吾老以及人之老,幼吾幼以及人之幼。"①与孔子的思想一脉相承。

(三)中华优秀传统文化蕴含的道德规范

中华优秀传统文化蕴含着丰富的道德规范,这些道德规范不仅体现在历代榜样人物闪亮的言辞中,也体现在他们高尚的品行里。在引导中国人向上向善的道德规范中,较为具有代表性的是爱国、勤奋、诚信、廉洁。我们今天传承发展中华优秀传统文化,就要大力弘扬中华传统美德。

1.爱国

爱国是中华民族的传统美德,爱国主义是中华民族精神的核心。在中华民族的道德规范中,衡量一个人的道德是否高尚,爱国与否是最根本的标准。中华民族历经数千年,在磨难和考验中生生不息、团结一心、发展壮大,巍然屹立于世界东方,离不开一代代仁人志士崇高的爱国情怀和积极的报国行动。屈原的"亦余心之所善兮,虽九死其犹未悔"、司马迁的"常思奋不顾身,而殉国家之急"、曹植的"捐躯赴国难,视死忽如归"、岳飞的"以身许国,何事不可为"、司马光的"专利国家而不为身谋"、苏轼的"报国之心,死而后已"、陆游的"僵卧孤村不自哀,尚思为国戍轮台"、文天祥的"人生自古谁无死?留取丹心照汗青"、于谦的"一寸丹心图报国"、顾宪成的"家事国事天下事,事事关心"、林则徐的"苟利国家生死以,岂因祸福避趋之"等爱国名言,让后世中国人读来都觉得热血沸腾、刻骨铭心。每当外敌入侵、国家危亡,更是能够激发出中华民族不可阻挡的爱国热潮。为了祖国母亲的独立自由,无数的爱国英雄挺身而出,为国家鼓与呼、起而行,谱写了一曲曲惊天地泣鬼神的爱国主义壮歌。屈原投江殉国、烛之武勇赴国难、苏武牧羊志不变节、岳飞精忠报国、文天祥慷慨就义、戚继光抗击倭寇、史可法血战扬州、

---

① 语出《孟子·梁惠王上》。

郑成功收复台湾、林则徐虎门销烟、邓世昌与致远舰共存亡,中国历史上数不尽的爱国故事世代相传。正是由于有了这些英雄人物和英雄事迹,中华民族才始终没有被外力所击垮,中华文化才没有湮没在历史的尘埃中。"青山有幸埋忠骨,白铁无辜铸佞臣。"中国人的价值观十分鲜明。爱国之士将名垂千古;相反,凡是叛徒、汉奸,必会遭受唾弃,被永远钉在历史的耻辱柱上。

2. 勤奋

自古以来,勤奋就是中国人的鲜明特质。古时的中国人日出而作、日落而息,将荒原变为良田,用勤劳的双手养活一家老小。享誉世界的四大发明、四大名著,绝不是随随便便、轻轻松松就诞生的,都有勤奋之功。中国古人特别重视勤奋的美德,认为这是一切成功的来源。历史上,无数道德楷模不屈服于天赋的不足、环境的恶劣,奋发图强,终成大器。《周易》中说:"天行健,君子以自强不息。"通过揭示宇宙运行的规律,说明人应该向天地学习,生命不息、奋斗不止。中国古代关于愚公移山、精卫填海的传说,都讲述了锲而不舍征服自然的故事。"功崇惟志,业广惟勤""民生在勤,勤则不匮""不惰者,众善之师也""业精于勤,荒于嬉""补拙莫如勤""书山有路勤为径,学海无涯苦作舟""一生之计在于勤""勤则百弊皆除""一勤天下无难事",古时劝人勤奋、赞美勤奋的名言警句数不胜数。在我国古代,勤奋往往是和读书、学习联系在一起的。韦编三绝、悬梁刺股、邴原泣学、僧寺夜读、牛角挂书、带经而锄、焚膏继晷、闻鸡起舞、囊萤映雪、随月读书、凿壁借光、映炭夜读、划粥断齑、然荻读书、三年不窥园,以成语流芳后世的勤学人物和故事比比皆是。

3. 诚信

诚信是中华传统美德之一,是中国人为人处世的一条根本原则。如果缺失了起码的诚信,社会将走向人人自危的境地。从字面上看,"诚信"一词由"诚"和"信"两个字组成。"诚"是"真实无妄之谓"①,也就是不说假话、不

---

① 语出《四书章句集注》。

做假事;"信"则是"言行相顾之谓"①,也就是遵守诺言、言行一致。在我国传统文化中,诚信是非常重要的道德操守和行为规范。《论语》中的"知之为知之,不知为不知,是知也",正体现了孔子"诚"的态度。理学开山鼻祖周敦颐说:"诚者,五常之本,百行之源也。"②孔子说:"人而无信,不知其可也。"③"言必信,行必果。"④在孔门"四教"中,"信"是其中之一。汉代思想家董仲舒在孔子提出"仁义礼"和孟子提出"仁义礼智"的基础上,加入"信"而构建"五常",成为此后我国封建社会重要的道德标准。我国广为流传的成语中,有不少与诚信有关,如抱诚守真、闲邪存诚、诚至金开、驷马难追、一言九鼎、一诺千金等。在几千年的文明史中,我国产生了不胜枚举的诚信人物和诚信故事,如西周时期,周成王"桐叶封弟"的故事;春秋时期,晋文公在与楚国的一场战争中信守诺言而"退避三舍"的故事;战国时期,商鞅"立木建信"的故事;东汉时期,范式守信赴约的故事;南北朝时期,明山宾卖牛的故事;北宋时期,晏殊应试不欺君、司马光卖马的故事,等等。这些故事主人公的行为都闪耀着诚信之光,对后人产生了积极的影响。

4.廉洁

"勿说一官无用,地方全靠一官。"古往今来,中国人十分珍视崇敬清廉的父母官,以至于老百姓把他们称为"青天"。人们为这些"青天"修建祠堂、竖立雕像、修葺故居,长久地纪念他们、缅怀他们,学习他们的德行。孔子说:"不义而富且贵,于我如浮云。"⑤中国人信奉"君子爱财,取之有道",贪污受贿、以权谋私的行径违背良心,为人所不齿。《晏子春秋》中说:"廉者,政之本也。"《汉书》记载了汉宣帝在和大臣们谈话时告诫的一句名言:"吏不廉平,则治道衰。"都把对为政者廉洁的重要性提到了极高的位置。中国历史上,产生了许多以廉洁著称的人物,他们的事迹为后人树立了榜样,例如:子罕"以不贪为宝"、杨震"四知拒金"、羊续"悬鱼拒贿"、刘宠"一

---

① 语出《朱子语类》。
② 语出《通书》。
③ 语出《论语·为政》。
④ 语出《论语·子路》。
⑤ 语出《论语·述而》。

钱太守"、孔奋"身处脂膏不自润"、顾协"棒打送礼人"、包拯"不持一砚归"、范仲淹"教子俭朴成婚"、李沆"旋马家声"、于成龙"天下廉吏第一"、周新"悬鹅示廉"、年富写《官箴》、于谦写《入京》、张伯行写《却赠檄文》等。这些历史故事传诵至今,所展现出的高风亮节令世人称道。

二、中华优秀传统文化的当代价值

中华优秀传统文化源远流长、博大精深,不仅在过去的数千年中发挥了非凡作用,而且具有极为重要的当代价值。我们不仅要让大学生了解中华优秀传统文化的主要内涵,而且要让大学生理解中华优秀传统文化的当代价值,用中华优秀传统文化的现实生命力引导大学生坚定文化自信。

(一)中华优秀传统文化为中国共产党兴国强国提供深厚文化支撑

中国共产党从成立之日起,既是中国先进文化的积极引领者和践行者,又是中华优秀传统文化的忠实传承者和弘扬者。1938 年,毛泽东在中国共产党第六届中央委员会扩大的第六次全体会议上的政治报告中指出:"我们这个民族有数千年的历史,有它的特点,有它的许多珍贵品。对于这些,我们还是小学生。今天的中国是历史的中国的一个发展;我们是马克思主义的历史主义者,我们不应当割断历史。从孔夫子到孙中山,我们应当给以总结,承继这一份珍贵的遗产。"①党的十八大以来,以习近平同志为核心的党中央高度重视中华优秀传统文化的传承发展,始终从中华民族最深沉精神追求的深度看待优秀传统文化,从国家战略资源的高度继承优秀传统文化,从推动中华民族现代化进程的角度创新发展优秀传统文化,使之成为实现"两个一百年"奋斗目标和中华民族伟大复兴中国梦的根本性力量。

2021 年 3 月 22 日,习近平总书记在福建武夷山朱熹园考察时指出:"我们走中国特色社会主义道路,一定要推进马克思主义中国化。如果没有中华五千年文明,哪里有什么中国特色? 如果不是中国特色,哪有我们今天这

---

① 《毛泽东选集》(第二卷),人民出版社,1991 年,第 533—534 页。

么成功的中国特色社会主义道路?"①这段话清楚地告诉我们,中华优秀传统文化与中国共产党的政治追求是契合的,我们坚定不移地走中国特色社会主义道路,既是符合马克思主义基本原则的,又是具有中华优秀传统文化根基的。

同重利轻义、个人至上的西方文化相比,中华文化秉承的是"以民为本",推崇的是"天下为公",追求的是"大同社会"。这些独特的价值追求,与中国共产党的政治追求有着天然的契合性,使之获得了最为深厚的文化支撑。

在经济领域,传承"不患寡而患不均"的价值取向,中国共产党始终坚持"共同富裕"的中国特色社会主义根本原则;在政治领域,传承以民为本、以德治国的传统政治文化,中国共产党始终坚持中国特色民主政治发展道路;在社会领域,传承中华和谐文化,中国共产党始终坚持社会稳定和谐这一中国特色的本质属性;在国际政治领域,秉持"协和万邦"的和平文化传统,中国共产党始终坚持和平发展道路,走中国式现代化发展之路;在社会治理领域,我国今天的治理体系,是在我国历史传承、文化传统、经济社会发展的基础上长期发展、渐进改进、内生演化的结果。中华文化元典《周易》中说"自强不息",中国共产党提出"独立自主、自力更生";《周易》中说"厚德载物",中国共产党提出"德才兼备、以德为先",内在的精神一脉相承。这一切都说明,中国共产党并没有止步于在文化态度上对中华优秀传统文化的致敬,而是在执政实践中自觉地把中华历史文化与中国特色社会主义紧密对接,在各方面都将中华优秀传统文化当作"根"与"魂"。也正是得益于对中华优秀传统文化的忠实传承和弘扬,中国共产党的治国理政方略才获得了最深厚的文化支撑,也才取得了经济快速发展和社会长期稳定的奇迹。

(二)中华优秀传统文化为中华民族战胜挑战勇毅前行提供

强大精神力量

中华优秀传统文化是区别于其他民族和国家的"基因身份证",是中国

---

① 习近平:《习近平谈治国理政》(第四卷),外文出版社,2022年,第315页。

人民的精神家园。与其他文化相比,中华文化价值观具有独特的特色,譬如责任大于自由的特色、义务先于权利的特色、群体高于个人的特色、和谐高于冲突的特色、家国同构的特色等。这些价值观特色历经千百年的历史,仍然保持着旺盛的生命力。

相比于西方社会在疫情期间表现出来的种族傲慢、制度傲慢和文化傲慢,中华优秀传统文化却显示了巨大的价值。中华民族在几千年的历史发展进程中遇到过无数艰难困苦,但都挺过来了、走过来了,其中一个重要原因是培育和发展了独具特色、博大精深的中华文化,为中华民族克服困难、生生不息提供了强大精神支柱。历史证明,中华优秀传统文化是中华民族的根与魂,是中华民族的突出优势,是我们在世界文化激荡中站稳脚跟的根基。正如习近平总书记所指出的:"中华民族生生不息绵延发展、饱受挫折又不断浴火重生,都离不开中华文化的有力支撑。中华文化独一无二的理念、智慧、气度、神韵,增添了中国人民和中华民族内心深处的自信和自豪。"[①]

(三)中华优秀传统文化为中华文化永续发展提供不竭源头活水

一直以来,人们对中华优秀传统文化存在着"宽化"与"窄化"两种不同的理解。所谓"宽化",就是认为传统文化可以直接拿来为我们服务,不需要任何转化。所谓"窄化",就是认为传统文化是封建的、过时的,是历史上的老古董,"仁义礼智信"都是封建的东西,没有什么价值。

这两种看法都不是对待传统文化的正确态度。关于如何对待中华传统文化,习近平总书记在哲学社会科学工作座谈会上的讲话提出了基本的原则,为我们提供了根本的遵循:"中华文明延续着我们国家和民族的精神血脉,既需要薪火相传、代代守护,也需要与时俱进、推陈出新。要加强对中华优秀传统文化的挖掘和阐发,使中华民族最基本的文化基因与当代文化相适应、与现代社会相协调,把跨越时空、超越国界、富有永恒魅力、具有当代价值的文化精神弘扬起来。要推动中华文明创造性转化、创新性发展,激活

---

① 中共中央文献研究室:《习近平关于社会主义文化建设论述摘编》,中央文献出版社,2017 年,第 15 页。

其生命力,让中华文明同各国人民创造的多彩文明一道,为人类提供正确精神指引。"①

这段话告诉我们,中华文化中具有跨越时空、超越国界、富有永恒魅力的内容,这些内容具有超越性和普遍性。譬如中国人对"道"的追求,对道德作用的认识、对精神作用的肯定,对家国的情怀、对未来的希望等都有普遍的价值,哲人提出的修身齐家治国平天下、文明以止的底线思维、柔弱胜刚强的智慧等都是需要薪火相传、代代守护的。有些经典并不只是针对哪一个具体社会、具体问题而阐发的,譬如《周易》《道德经》以及诸子百家的很多名句格言,都具有超越时空的价值,这些经典是不会过时的。《道德经》是全球发行量第二大的著作②,足以说明其价值的普遍性。

中华文化具有普遍性,并不等于可以直接拿来作为我们今天的指导思想,有很多思想观念需要与时俱进、推陈出新。譬如,爱国主义是中华民族精神的核心,激励着一代又一代中华儿女为祖国发展繁荣而不懈奋斗。五千多年来,中华民族之所以能够经受住难以想象的风险和考验,始终保持旺盛的生命力,生生不息,薪火相传,同中华民族有深厚的爱国主义传统是密不可分的。但是,我们今天讲爱国主义,对大学生进行爱国主义教育,就必须坚持爱国主义和爱社会主义相统一。习近平总书记指出:"我国爱国主义始终围绕着实现民族富强、人民幸福而发展,最终汇流于中国特色社会主义。祖国的命运和党的命运、社会主义的命运是密不可分的。只有坚持爱国和爱党、爱社会主义相统一,爱国主义才是鲜活的、真实的,这是当代中国爱国主义精神最重要的体现。"③

如何实现传统文化与当代实际的结合?习近平总书记提出"创造性转化"和"创新性发展"。所谓"创造性转化",就是指按照时代特点和要求,对传统文化中具有时代价值的内容和形式加以改造,赋予其新的时代内涵和现代表述方式。譬如,王阳明的"心学"在古代影响很大。其积极意义在于

---

① 习近平:《论党的宣传思想工作》,中央文献出版社,2020 年,第 228 页。
② 郭富收、赵贝贝:《老子〈道德经〉全球发行量第二》,《河南商报》2009 年 6 月 9 日第 A10 版。
③ 习近平:《论党的宣传思想工作》,中央文献出版社,2020 年,第 178 页。

充分肯定人的精神的能动作用和"能克己,方能成己"的修身价值。习近平总书记在借鉴王阳明"心学"的基础上,提出"党性就是最大的德""修炼共产党人的'心学'"的主张。所谓"创新性发展",是指按照时代发展的要求,对中华优秀传统文化的内涵加以补充、拓展、完善,为其增加新的内容。譬如,习近平总书记认为,重视家庭、家教、家风是中华民族的独特优势。但在新时代如何重视家庭、重视家教、重视家风呢?他提出了许多富有时代气息的新内容,包括努力使家庭成为国家发展、民族进步、社会和谐的重要基点,把实现个人梦、家庭梦融入国家梦、民族梦之中,以千千万万家庭的好家风支撑起全社会的好风气,把家风建设作为领导干部作风建设的重要内容,各级领导干部要严格要求亲属子女过好亲情关,推动形成爱国爱家、相亲相爱、向上向善、共建共享的社会主义家庭文明新风尚等。

第二节　发挥中坚作用的革命文化

艰难困苦,玉汝于成。鸦片战争以后,中华民族陷入深重危机。危难关头,以马克思主义为指导思想、以共产主义为奋斗目标的中国共产党应运而生。中国共产党团结带领中国人民走上救国之路、兴国之路、富国之路和强国之路,让古老的中华民族焕发新的生命。在党和人民的伟大斗争中,凝聚着我们党的领导智慧与担当精神、中国人民的牺牲与革新精神的革命文化孕育而生,成为中华民族的宝贵精神财富。革命有狭义和广义之分,狭义的革命是一个阶级推翻另一个阶级统治的政治斗争;广义的革命是改革、创新等具有重大变革的社会活动。党的十九大报告明确指出,革命文化是"党领导人民在革命、建设、改革中创造的",其中既有狭义的含义,也有广义的含义。这里我们所讲的革命文化与党的十九大报告的论述保持一致,即不仅包括新民主主义革命时期创造的革命文化,也包括新中国成立后创造的革命文化。

一、党领导人民在新民主主义革命时期创造的革命文化

（一）革命理想高于天

1921年，一群平均年龄28岁的青年，在上海石库门和嘉兴南湖点亮了马克思主义的明灯，为风雨如晦的旧中国带来了希望。党的一大通过的《中国共产党第一个纲领》，即确立了党的根本政治目的是实行社会革命。[①] 从一开始，中国共产党的革命理想就是推翻资产阶级政权，建立无产阶级专政，最终实现共产主义。中国共产党团结带领中国人民，经过北伐战争、土地革命战争、抗日战争、解放战争的浴血奋战，走过充满艰难险阻的二万五千里长征路，最终取得了新民主主义革命的伟大胜利。

邓小平指出："为什么我们过去能在非常困难的情况下奋斗出来，战胜千难万险使革命胜利呢？就是因为我们有理想，有马克思主义信念，有共产主义信念。"[②]旧中国的仁人志士，看到了中国人经受的太多苦难和屈辱，救国救民心切，当他们掌握了马克思主义学说后，便找到了奋斗前进的方向。共产党人干革命，不是为了自己的利益，也不是为了小团体的利益，而是为了全体中国人民的利益，他们想让中国人过上人人平等、家家富足的好日子，他们想让中国在国际舞台上受到公正对待。在远大理想和坚定信念的支撑下，无数共产党人前赴后继、英勇奋斗，越是艰险越向前，不达目标誓不休，创造了一个又一个人间奇迹。漫漫长征路上，红军一共攀越了20余座海拔4000米以上的雪山，同敌人进行了600多次战役战斗；飞夺泸定桥前，一昼夜强行军120公里，以奇迹般的壮举证明了理想信念的力量。一寸山河一寸血，一抔热土一抔魂。为了实现革命理想，数以万计的烈士更不惜献出自己宝贵的生命。中国共产党的主要创始人之一李大钊，在狱中不畏惧各种严刑拷打，坚守对马克思主义和共产主义的信仰，慷慨赴死。方志敏在牺牲前写道："你法西斯匪徒们只能砍下我们的头颅，决不能丝毫动摇我们的信

[①] 屈建军：《中共一大与〈中国共产党第一个纲领〉》，《中国档案报》2017年2月24日第2版。

[②] 《邓小平文选》(第三卷)，人民出版社，1993年，第110页。

仰！我们的信仰是铁一般的坚硬的。"①"砍头不要紧,只要主义真。"夏明翰烈士诗以言志。革命伉俪陈觉、赵云霄坚守信仰,宁死不签敌人要求的"脱党书",牺牲时年仅二十多岁。革命伴侣周文雍与陈铁军被捕后坚贞不屈,把刑场当作结婚礼堂,从容就义。先辈们"革命理想高于天"的伟大事迹铸起了中华民族文化史上的一座丰碑。

(二)开天辟地的革命精神

时间川流不息,精神世代传承。中国共产党在团结带领人民抵御外敌入侵、争取民族独立和人民解放的过程中,那一个个奋起的瞬间、一步步坚定的前行、一声声铿锵的口号,铸就了一系列可歌可泣、彪炳千秋的革命精神,成为我们无比宝贵的精神财富。

习近平总书记在庆祝中国共产党成立100周年大会上,深情回望百年前的峥嵘岁月,提出了"坚持真理、坚守理想,践行初心、担当使命,不怕牺牲、英勇斗争,对党忠诚、不负人民"的建党精神,并称其为"中国共产党的精神之源"。② 在建立新中国的革命道路上,中国共产党人弘扬伟大建党精神,铸就开天辟地的革命精神谱系,主要有以"坚定信念、艰苦奋斗,实事求是、敢闯新路,依靠群众、勇于胜利"为内涵的井冈山精神③、以"坚定信念、求真务实、一心为民、清正廉洁、艰苦奋斗、争创一流、无私奉献"为内涵的苏区精神④、"把全国人民和中华民族的根本利益看得高于一切,坚定革命的理想和信念,坚信正义事业必然胜利;为了救国救民,不怕任何艰难险阻,不惜付出一切牺牲;坚持独立自主、实事求是,一切从实际出发;顾全大局、严守纪律、紧密团结;紧紧依靠人民群众,同人民群众生死相依、患难与共、艰苦奋斗"的长征精神⑤、以"坚定信念、实事求是、独立自主、敢闯新路、民主团结"为内

①　方志敏:《方志敏文集》,江西人民出版社,1999 年,第 101 页。

②　习近平:《在庆祝中国共产党成立 100 周年大会上的讲话》,《人民日报》2021 年 7 月 2 日第 2 版。

③　习近平:《党的伟大精神永远是党和国家的宝贵精神财富》,《求是》2021 年第 17 期,第 4-20 页。

④　《求是》编辑部:《凝铸民族复兴的精神伟力》,《求是》2021 年第 17 期,第 21-34 页。

⑤　习近平:《习近平谈治国理政》(第二卷),外文出版社,2017 年,第 47 页。

涵的遵义会议精神①、以"坚定正确的政治方向、解放思想实事求是的思想路线、全心全意为人民服务的根本宗旨、自力更生艰苦奋斗的创业精神"为内涵的延安精神②、包含"天下兴亡、匹夫有责的爱国情怀，视死如归、宁死不屈的民族气节，不畏强暴、血战到底的英雄气概，百折不挠、坚忍不拔的必胜信念"的抗战精神③、以"不折不挠、宁死不屈"为基本内涵的红岩精神④、以"两个务必"为核心的西柏坡精神⑤、以"坚定的信仰信念、高尚的爱国情操、伟大的牺牲精神"为内涵的东北抗联精神⑥、以"自力更生、艰苦奋斗"为主要内涵的南泥湾精神⑦、以"不怕牺牲、不畏艰险，百折不挠、艰苦奋斗，万众一心、敢于胜利，英勇奋斗、无私奉献"为内涵的太行精神（吕梁精神）⑧、以"坚守信念、胸怀全局、团结奋进、勇当前锋"为内涵的大别山精神⑨、以"爱党爱军、开拓奋进、艰苦创业、无私奉献"为内涵的沂蒙精神⑩、以"全心全意为人民服务"为主要内涵的张思德精神⑪，以及老区精神、照金精神等。

---

① 中共贵州省委中心组：《遵义会议精神永放光芒》，《求是》2016 年第 21 期，第 30-32 页。

② 习近平：《党的伟大精神永远是党和国家的宝贵精神财富》，《求是》2021 年第 17 期，第 4-20 页。

③ 习近平：《在纪念中国人民抗日战争暨世界反法西斯战争胜利 75 周年座谈会上的讲话》，《人民日报》2020 年 9 月 4 日第 2 版。

④ 习近平：《党的伟大精神永远是党和国家的宝贵精神财富》，《求是》2021 年第 17 期，第 4-20 页。

⑤ 《求是》编辑部：《凝铸民族复兴的精神伟力》，《求是》2021 年第 17 期，第 21-34 页。

⑥ 庄严：《弘扬伟大东北抗联精神》，《人民日报》2014 年 9 月 18 日第 7 版。

⑦ 龚仕建、张丹华：《弘扬南泥湾精神 风雨无阻向前进》，《人民日报》2021 年 10 月 29 日第 6 版。

⑧ 刘云伶：《李长春在山西考察工作时强调：弘扬太行精神 丰富教育内容 推进未成年人思想道德建设》，《人民日报》2004 年 8 月 18 日第 1 版。

⑨ 李宁、王树林：《伟大的中国革命锻造崇高的大别山精神》，《光明日报》2021 年 3 月 24 日第 8 版。

⑩ 山东省沂蒙精神研究课题组：《大力弘扬沂蒙精神 建设核心价值体系》，《人民日报》2011 年 9 月 6 日第 7 版。

⑪ 本报评论员：《弘扬张思德精神，全心全意为人民服务》，《人民日报》2021 年 11 月 10 日第 1 版。

二、党领导人民在社会主义革命和建设时期创造的革命文化

(一) 建设一个新世界

中国革命的目的不仅在于破坏一个旧世界,更在于建设一个新世界。新中国成立后,党领导人民军队战胜了帝国主义、霸权主义的疯狂挑衅和野蛮攻击,以奉陪到底的决心和勇气,打出了中国人的气势,也打出了新中国的威望。党领导人民群众完成社会主义革命,消灭剥削,建立生产资料社会主义公有制,实行彻底的土地改革,废除延续两千多年的封建土地所有制,实现"耕者有其田",确立了社会主义基本制度。这一时期,以毛泽东为主要代表的中国共产党人提出了"百花齐放、百家争鸣"和"古为今用、洋为中用"的方针,促进了新中国的文化发展繁荣。那是一个激情燃烧的年代,也是一个英雄辈出的年代,每个人都响应着党的号召,每个劳动者都投身于热火朝天的社会主义建设,神州大地处处是团结协作、奋发图强、开拓进取、忘我奉献的场景。在党和人民的努力下,社会主义革命和建设取得了伟大成就。1959 年,发现大庆油田,改变了我国当时"贫油"的局面。1969年,在悬崖峭壁间修成"人工天河"红旗渠,解决了几十万人的吃水问题和几十万亩耕地的灌溉问题。1960—1970 年,短短 10 年时间,导弹、原子弹、氢弹、人造卫星这样的国之利器一一研制成功,为中国跻身大国行列奠定了基础。1971 年,新中国恢复在联合国的合法地位。新中国成立初期的社会主义革命和建设,革了旧制度的命,也革了旧思想的命,让中国人看到中国共产党能、马克思主义行,实现了中华民族近代以来由衰败到根本扭转颓势的巨大转变,为中国特色社会主义的形成提供了宝贵经验,为实现中华民族伟大复兴奠定了根本政治前提和制度基础。

(二) 改天换地的革命精神

社会主义革命和建设时期,中国人民勠力同心,与帝国主义的破坏活动、自身恶劣的自然环境和落后的科学技术展开顽强斗争,创造形成了一系列革命精神,体现了对建设社会主义新中国的满腔热情。其中,有包含"祖国和人民利益高于一切、为了祖国和民族的尊严而奋不顾身的爱国主义精

神,英勇顽强、舍生忘死的革命英雄主义精神,不畏艰难困苦、始终保持高昂士气的革命乐观主义精神,为完成祖国和人民赋予的使命、慷慨奉献自己一切的革命忠诚精神,为了人类和平与正义事业而奋斗的国际主义精神"的抗美援朝精神①;有以"热爱祖国、无私奉献,自力更生、艰苦奋斗,大力协同、勇于登攀"为内涵的"两弹一星"精神②,钱学森的一句"外国人能搞的,难道中国人不能搞"长了中国人的志气、骨气和底气;有包含"热爱党、热爱祖国、热爱社会主义的崇高理想和坚定信念,服务人民、助人为乐的奉献精神,干一行爱一行、专一行精一行的敬业精神,锐意进取、自强不息的创新精神,艰苦奋斗、勤俭节约的创业精神"的雷锋精神③;有以"亲民爱民、艰苦奋斗、科学求实、迎难而上、无私奉献"为内涵的焦裕禄精神④;有以"爱国、创业、求实、奉献"为内涵的大庆精神(铁人精神)⑤,"铁人"王进喜"宁肯少活二十年,拼命也要拿下大油田"的铮铮誓言至今让人肃然起敬;有以"自力更生、艰苦创业、团结协作、无私奉献"为基本内涵的红旗渠精神⑥;有以"艰苦奋斗、勇于开拓、顾全大局、无私奉献"为内涵的北大荒精神⑦;有以"牢记使命、艰苦创业、绿色发展"为内涵的塞罕坝精神⑧;有"一不怕苦、二不怕死;顽强拼搏、甘当路石;军民一家、民族团结"的"两路"精神⑨;有"特别能吃苦、特别能战

① 习近平:《在纪念中国人民志愿军抗美援朝出国作战 70 周年大会上的讲话》,《人民日报》2020 年 10 月 24 日第 2 版。

② 《求是》编辑部:《凝铸民族复兴的精神伟力》,《求是》2021 年第 17 期,第 21—34 页。

③ 《中共中央办公厅印发〈关于深入开展学雷锋活动的意见〉》,《思想政治工作研究》2012 年第 3 期,第 7—8 页。

④ 李斌:《大力学习弘扬焦裕禄精神——习近平总书记在河南兰考调研指导党的群众路线教育实践活动纪实》,《人民日报》2014 年 3 月 19 日第 4 版。

⑤ 《求是》编辑部:《凝铸民族复兴的精神伟力》,《求是》2021 年第 17 期,第 21—34 页。

⑥ 本报评论员:《红旗渠精神历久弥新,永远不会过时》,《人民日报》2021 年 11 月 11 日第 1 版。

⑦ 本报评论员:《历久弥新的北大荒精神》,《人民日报》2007 年 8 月 16 日第 2 版。

⑧ 习近平:《习近平谈治国理政》(第二卷),外文出版社,2017 年,第 397 页。

⑨ 本报评论员:《弘扬"两路"精神,在新征程上作出新贡献》,《人民日报》2021 年 11 月 22 日第 1 版。

斗、特别能忍耐、特别能团结、特别能奉献"的老西藏精神(孔繁森精神)①;有以爱国主义为核心,以"听党指挥跟党走,与党和国家、与民族和人民同呼吸、共命运"为精髓的"西迁精神"②;还有以"一不怕苦、二不怕死"为基本内涵的王杰精神,王杰同志生前说:"为了党,我不怕进刀山入火海;为了党,哪怕粉身碎骨我也甘心情愿"③。这些伟大精神的共同点,是中国人民为了让环境艰苦、物质短缺、科技落后的祖国真正改天换地,而到国家最需要的地方和领域建功立业、把国家的需要当作自己的使命和责任、不计个人安危得失的崇高品质。

三、党领导人民在改革开放和社会主义现代化建设新时期创造的革命文化

(一)改革是中国的第二次革命

新中国成立以后,由于实行高度集中的计划经济体制等原因,经济发展缓慢。到20世纪70年代,我国经济社会发展已经远远落后于世界先进国家。在这种情况下,邓小平指出:"如果现在再不实行改革,我们的现代化事业和社会主义事业就会被葬送。"④他力挽狂澜,强调解放思想、实事求是,做出改革开放的历史性决策,把中国带入正确道路。邓小平将改革称为"中国的第二次革命",他说:"改革的性质同过去的革命一样,也是为了扫除发展社会生产力的障碍,使中国摆脱贫穷落后的状态。"⑤改革开放,是对新中国曲折历史理性反思的结果,也是对僵化思想的历史性超越,开启了中国革命文化的新篇章。

---

① 本报评论员:《弘扬"老西藏精神" 激发奋进力量》,《人民日报》2021年11月23日第3版。
② 习近平:《党的伟大精神永远是党和国家的宝贵精神财富》,《求是》2021年第17期,第4-20页。
③ 本报评论员:《让王杰精神绽放新的时代光芒》,《人民日报》2021年11月26日第1版。
④ 《邓小平文选》(第二卷),人民出版社,1994年,第150页。
⑤ 《邓小平文选》(第三卷),人民出版社,1993年,第135页。

改革开放的初心和使命是为中国人民谋幸福,为中华民族谋复兴。[①] 改革开放前,满足温饱都成问题,人民群众期盼过上好日子。为了生活,一些农民冒着风险开始秘密实行"大包干"。改革开放的进程中,中国共产党始终坚守人民立场,以人民利益为重、以人民期盼为念,所有改革措施都是为了增进人民的福祉。正是由于改革开放,中国人民过上了幸福美满的小康生活,中华民族迎来了从站起来到富起来的伟大飞跃。

改革开放的生命在于创新。[②] 改革开放,在马克思、恩格斯、列宁的著作里都找不到,而完全是中国共产党人史无前例的创新创造。在改革开放历程中,我们"勇敢推进理论创新、实践创新、制度创新、文化创新以及各方面创新"。[③] 1982 年党的十二大,第一次提出了"建设有中国特色的社会主义"的崭新命题。1992 年,党的十四大确立了社会主义市场经济体制的改革目标。1997 年,党的十五大把邓小平理论确定为党的指导思想,为中国特色社会主义理论体系的形成奠定了基础。从实行家庭联产承包责任制,到推进国有企业改革;从颁发第一张个体工商业营业执照,到第一家音乐茶座诞生;从大力引进外资,到中国企业勇于走向国际市场;从设立经济特区,到开发开放浦东,神州大地到处都是活跃的创造,每天都在发生可喜的变化。

(二)翻天覆地的革命精神

在改革开放和社会主义现代化建设的壮丽征程中,党团结带领人民不断打破束缚思想的枷锁、扫除阻碍发展的藩篱、战胜一次次挑战、攻克一个个难关,让中国发生了翻天覆地的变化,也孕育形成了改革开放精神、特区精神、劳模精神等一系列伟大精神。

习近平总书记在庆祝改革开放 40 周年大会上指出,改革开放精神是当代中国人民最鲜明的精神标识。改革开放,不仅是体制的改革、经济的发展、国门的打开,更涵盖思想的解放、理念的变革、理论的创新。改革开放精

---

① 习近平:《习近平谈治国理政》(第三卷),外文出版社,2020 年,第 182 页。

② 习近平:《习近平谈治国理政》(第三卷),外文出版社,2020 年,第 183 页。

③ 习近平:《在庆祝改革开放 40 周年大会上的讲话》,《人民日报》2018 年 12 月 19 日第 2 版。

神,是解放思想、实事求是的精神,是敢闯敢试、勇于创新的精神,也是互利合作、命运与共的精神①。"实践是检验真理的唯一标准""发展才是硬道理""不管黑猫白猫,捉到老鼠就是好猫""摸着石头过河""时间就是金钱,效率就是生命",这些诞生于改革开放时代背景下的金句成为改革开放精神的生动缩影。在伟大改革开放精神的激励下,中国人民勇于变革、锐意创新,中国特色社会主义道路越走越宽广。

1980 年党和国家批准在深圳、珠海、汕头、厦门设置经济特区,1988 年批准建立海南经济特区,2010 年设立喀什、霍尔果斯经济特区。以创办经济特区为标志,改革开放迈出了重要步伐。经济特区始终立于改革开放的潮头,在各方面体制机制改革上走在前列、勇于开拓,为全国提供了许多成功经验,形成了"敢闯敢试、敢为人先、埋头苦干"的特区精神②。40 余年来,经济特区取得了令世界刮目相看的巨大成就。深圳从一个沿海渔村发展为全国性经济中心城市和国际化城市,并正在建设中国特色社会主义先行示范区。

除了改革开放精神、特区精神,在改革开放和社会主义现代化建设新时期执着向前的伟大斗争中,还产生了以"万众一心、众志成城,不怕困难、顽强拼搏,坚韧不拔、敢于胜利"为内涵的抗洪精神③、以"万众一心、众志成城,团结互助、和衷共济,迎难而上、敢于胜利"为内涵的抗击"非典"精神④、以"万众一心、众志成城,不畏艰险、百折不挠,以人为本、尊重科学"为内涵的抗震救灾精神⑤、以"特别能吃苦、特别能战斗、特别能攻关、特别能奉献"为内涵的载人航天精神⑥、以"爱岗敬业、争创一流,艰苦奋斗、勇于创新,淡

①　青平:《以改革开放精神大踏步走向新时代》,《中国青年报》2021 年 11 月 29 日第 1 版。

②　习近平:《在深圳经济特区建立 40 周年庆祝大会上的讲话》,《人民日报》2020 年10 月 15 日第 2 版。

③　《江泽民文选》(第二卷),人民出版社,2006 年,第 230 页。

④　《胡锦涛文选》(第二卷),人民出版社,2016 年,第 24 页。

⑤　《胡锦涛文选》(第三卷),人民出版社,2016 年,第 126 页。

⑥　《胡锦涛文选》(第二卷),人民出版社,2016 年,第 112 页。

泊名利、甘于奉献"为内涵的劳模精神①（劳动精神、工匠精神）、以"挑战极限、勇创一流"为基本内涵的青藏铁路精神②、以"祖国至上、团结协作、顽强拼搏、永不言败"为内涵的女排精神③等伟大精神。

四、党领导人民在中国特色社会主义新时代创造的革命文化

（一）打铁必须自身硬

作始也简，将毕也钜。作为当今世界的第一大党，没有什么外力能够扭转中国共产党长期执政的历史趋势，党内存在的问题才是最大的威胁和考验。党的十八大的召开，标志着中国特色社会主义进入新时代。面临世界百年未有之大变局和中华民族伟大复兴战略全局，面对"四大考验""四种危险""四风"顽疾，以习近平同志为核心的党中央清醒认识到，打铁必须自身硬，必须通过彻底的自我革命，才能使党成为受到人民拥护、经得起历史检验、扛得住风浪考验的领导核心。习近平总书记明确指出："中国共产党能够带领人民进行伟大的社会革命，也能够进行伟大的自我革命。"④党中央把全面从严治党纳入"四个全面"战略布局，出台八项规定和六项禁令，完善党内法规体系，先后制定和修订了190余部中央党内法规，扎紧织密制度的笼子；强化政治监督和纪律检查，净化党内政治生态，坚持反腐败无禁区、全覆盖、零容忍，"老虎""苍蝇"一起打，持续开展"天网""猎狐"行动，加强巡视巡察与审计，真刀真枪地发现问题、解决问题，使反腐败斗争取得压倒性胜利，"不敢腐、不能腐、不想腐"成为新常态，党风政风社风实现根本好转。党的十八大以来，中央组织开展党的群众路线教育实践活动、"三严三实"专题教育、"两学一做"学习教育、"不忘初心、牢记使命"主题教育、党史学习教育这五次集中性学习教育，把学习作为保持共产党员先进性和纯洁性的重要

① 本报评论员：《必须大力弘扬劳模精神、发挥劳模作用》，《人民日报》2021年9月22日第1版。

② 本报评论员：《发扬青藏铁路精神，创造更多中国奇迹》，《人民日报》2021年11月30日第6版。

③ 本报评论员：《大力弘扬新时代的女排精神》，《人民日报》2021年9月5日第1版。

④ 习近平：《习近平谈治国理政》（第三卷），外文出版社，2020年，第67页。

法宝,以思想建设立德铸魂,以理论武装固本培元。同时,加强和规范党内政治生活,推动扎实开展批评与自我批评,坚持经常性教育和集中性教育相结合。通过全面从严治党,中国共产党实现了革命性重塑,焕发出强大生机活力,提升了执政能力,改善了党群关系,为全面建成社会主义现代化强国提供了坚强政治保证。

（二）顶天立地的革命精神

胜人者有力,自胜者强。习近平总书记指出:"勇于自我革命,是我们党最鲜明的品格,也是我们党最大的优势。"①党的十八大以来,全面从严治党的战略部署和贯彻落实充分体现了中国共产党强烈的自我革命精神。这种自我革命精神,具体表现为"自我净化、自我完善、自我革新、自我提高"②的精神。这种自我革命精神,是不忘初心、牢记使命的精神,是勇于反思自省的精神,是敢于正视问题的精神,也是勤于修正自身的精神。这种自我革命精神,包含不负人民、尽职尽责的担当,包含严于律己、清正廉洁的品德,包含刀刃向内、刮骨疗毒的勇气,也包含居安思危、警钟长鸣的清醒。有了这种强烈的自我革命精神,中国共产党在中国人民心目中顶天立地的形象愈加稳固,必将带领中国人民从胜利走向一个又一个新的胜利。

进入新时代以来,在伟大的社会革命中,还诞生了以"上下同心、尽锐出战、精准务实、开拓创新、攻坚克难、不负人民"为内涵的脱贫攻坚精神③、以"生命至上、举国同心、舍生忘死、尊重科学、命运与共"为内涵的抗疫精神④、做"为民服务孺子牛、创新发展拓荒牛、艰苦奋斗老黄牛"的"三牛"精神⑤、

---

① 习近平:《在党史学习教育动员大会上的讲话》,《人民日报》2021年4月1日第1版。

② 习近平:《在党史学习教育动员大会上的讲话》,《人民日报》2021年4月1日第1版。

③ 习近平:《习近平谈治国理政》(第四卷),外文出版社,2022年,第137页。

④ 习近平:《在全国抗击新冠肺炎疫情表彰大会上的讲话》,《人民日报》2020年9月9日第2版。

⑤ 倪弋、亓玉昆:《发扬"三牛"精神 在新时代创造新辉煌》,《人民日报》2021年12月4日第6版。

以"追逐梦想、勇于探索、协同攻坚、合作共赢"为内涵的探月精神①、以"自主创新、开放融合、万众一心、追求卓越"为核心的新时代北斗精神②，以及科学家精神、企业家精神、丝路精神等伟大精神。这些精神是中华民族宝贵的精神财富，指引着我们一往无前地向社会主义现代化强国进军。

习近平总书记在党史学习教育动员大会上的讲话中指出："在一百年的非凡奋斗历程中，一代又一代中国共产党人顽强拼搏、不懈奋斗，涌现了一大批视死如归的革命烈士、一大批顽强奋斗的英雄人物、一大批忘我奉献的先进模范，形成了井冈山精神、长征精神、遵义会议精神、延安精神、西柏坡精神、红岩精神、抗美援朝精神、'两弹一星'精神、特区精神、抗洪精神、抗震救灾精神、抗疫精神等伟大精神，构筑起了中国共产党人的精神谱系。我们党之所以历经百年而风华正茂、饱经磨难而生生不息，就是凭着那么一股革命加拼命的强大精神。"③这些宝贵精神跨越时空、历久弥新，深入我们党、国家、民族、人民的血脉之中，为我们兴党强国提供了丰厚的滋养，理应成为新时代文化自信的重要对象。

应当指出的是，革命文化彰显了中国共产党最根本的价值追求，是中国共产党领导人民创造的宝贵精神财富，已经成为中国共产党独特的精神标识。中国共产党始终是革命文化的积极引领者和践行者，那种将中国共产党区分为革命党和执政党的说法是不确切的。共产党永远是革命的政党，革命文化永远不会过时，永远是我国大学生坚定文化自信的对象性基础之一。

第三节　发挥固本与引领作用的社会主义先进文化

周虽旧邦，其命维新。社会主义先进文化是以马克思主义为指导，为我

---

①　《习近平致电代表党中央、国务院和中央军委祝贺探月工程嫦娥五号任务取得圆满成功》，《人民日报》2020 年 12 月 17 日第 1 版。

②　《中共中央、国务院、中央军委电贺北斗三号建成开通》，《中国测绘》2020 第 8 期，第 7 页。

③　习近平：《在党史学习教育动员大会上的讲话》，《人民日报》2021 年 4 月 1 日第 1 版。

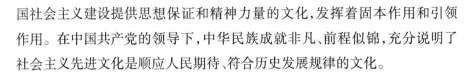

国社会主义建设提供思想保证和精神力量的文化,发挥着固本作用和引领作用。在中国共产党的领导下,中华民族成就非凡、前程似锦,充分说明了社会主义先进文化是顺应人民期待、符合历史发展规律的文化。

一、马克思主义构成社会主义先进文化的灵魂

"一切划时代的体系的真正的内容都是由于产生这些体系的那个时期的需要而形成起来的。"[①]1848 年,《共产党宣言》的出版,标志着马克思主义的诞生。马克思主义给我们提供了认识世界、改造世界的强大思想武器,它不仅揭示了人类社会的发展规律,而且自十九世纪以来深刻改变了人类社会和世界历史,构成社会主义先进文化的灵魂。在意识形态领域坚定不移坚持以马克思主义为指导,是坚定文化自信最根本的要求、最集中的体现。在文化发展上,一旦背离或放弃马克思主义,就会失去灵魂、迷失方向,文化自信也就无从谈起。[②] 马克思主义批判继承了德国古典哲学、英国古典政治经济学和法国空想社会主义的思想成果,由马克思主义哲学、马克思主义政治经济学和科学社会主义三大部分组成。

马克思主义哲学即辩证唯物主义和历史唯物主义,揭示了自然界、人类社会和思维运动的普遍规律,是建立在实践基础上的革命性和科学性高度统一的学说。辩证唯物主义认为世界的本质是物质的,物质按照自身固有的对立统一规律运动、发展,存在决定意识,意识反作用于存在。历史唯物主义认为生产力决定生产关系,经济基础决定上层建筑,生产力和生产关系之间的矛盾以及经济基础和上层建筑之间的矛盾推动社会的发展,人民群众是历史的创造者。

马克思主义政治经济学深入研究社会经济运动的客观规律,深刻分析资本主义生产方式和经济运行,对商品、价值、货币、资本等重要经济范畴作了深刻分析,创立了剩余价值理论,揭示了资本家剥削工人的秘密,指出由于资本主义存在生产社会化与生产资料私人占有制之间的无法克服的基本

---

① 《马克思恩格斯全集》(第三卷),人民出版社,1960 年,第 544 页。
② 任理轩:《文化自信何以更加坚定》,《人民日报》2022 年 9 月 29 日第 9 版。

矛盾,导致其必然被社会主义、共产主义取代。

科学社会主义则是以马克思主义哲学和马克思主义政治经济学为理论依据,论证无产阶级解放斗争的性质、条件以及由此产生的一般目的的学说。马克思同情受压迫者,为被剥削者伸张正义,以科学的理论阐明人剥削人的资本主义将如何被社会主义所取代,指出无产阶级是资本主义制度的掘墓人和社会主义社会的创造者,无产阶级必须通过暴力革命,推翻资产阶级专政,建立无产阶级专政,为一个没有剥削、没有压迫、各尽所能、按需分配的共产主义理想社会而奋斗。

从1842年10月,马克思在《共产主义和奥格斯堡〈总汇报〉》一文中开始使用"共产主义"这个词开始,到《1844年经济学哲学手稿》《共产党宣言》《资本论》《哥达纲领批判》《反杜林论》等著作,马克思和恩格斯根据资本主义社会的经济条件和发展规律,从原则和方向上揭示了未来社会即社会主义和共产主义社会的经济、政治、思想文化的基本特征及其发展趋势,并规划了实现这一目标的物质力量、道路和步骤,从而把社会主义从空想变成了科学。

马克思主义是人类文明最伟大的理论成果,是中国共产党和中国特色社会主义的指导思想。中国共产党高举马克思主义旗帜,团结带领人民经过长期奋斗,摆脱了贫穷落后的面貌,迎来了富裕安康的新生活,使马克思主义的科学性、真理性和先进性得到了充分证明。马克思主义是"发展着的理论"①,在中国得到了与时俱进的发展、因地制宜的运用。

二、毛泽东思想奠定社会主义先进文化的基础

在革命和建设历程中,以毛泽东为主要代表的中国共产党人,开创丰富实践,留下大量著述,形成了马克思主义中国化的第一座高峰——毛泽东思想,并引领中国人民获得了彻底的解放,奠定了社会主义先进文化的基础。

毛泽东思想具有多方面的内容。一是关于新民主主义革命的理论。毛

---

① 《马克思恩格斯选集》(第四卷),人民出版社,2012年,第588页。

泽东创立了无产阶级领导的,工农联盟为基础的,人民大众的,反对帝国主义、封建主义和官僚资本主义的新民主主义革命理论。二是关于社会主义革命和社会主义建设的理论。新中国成立后,毛泽东领导我们党,实行逐步改造私有制的政策。在社会主义制度建立后,毛泽东又领导全党和全国人民积极探索适合中国国情的社会主义建设道路,提出了一系列具有战略意义的正确思想和方针。三是关于革命军队的建设和军事战略的理论。毛泽东提出"支部建在连上",在部队建起严整的党组织体系。他制定了三大纪律、八项注意,强调实行官兵一致、军民一致的原则。他系统地提出了建设人民军队和开展人民战争的思想。四是关于政策和策略的理论。毛泽东指出,必须根据政治形势、阶级关系和实际情况及其变化制定党的政策,既讲原则又有灵活性。五是关于思想政治工作和文化工作的理论。毛泽东提出了关于发展民族的、科学的、大众的文化,实行百花齐放、百家争鸣和古为今用、洋为中用、推陈出新的方针等重要思想。六是关于党的建设的理论。毛泽东特别注重从思想上建党,提出党员不但要在组织上入党,而且要在思想上入党。

毛泽东思想的活的灵魂是贯穿于上述各个组成部分的立场、观点和方法,它有三个基本方面,即实事求是、群众路线、独立自主。实事求是,就是研究和把握事物存在和发展的客观规律,从客观规律出发,不夸大,不缩小,在实践中按客观规律办事;就是理论联系实际,在实践中检验和发展真理。毛泽东反对本本主义、主观主义,提出没有调查研究就没有发言权。他做的很多工作都是为了认清中国国情,做的很多正确决策都是基于中国国情。群众路线,就是一切为了群众,一切依靠群众,从群众中来,到群众中去的路线。毛泽东经常强调,只要我们依靠人民,相信人民的力量,善于把群众的经验、意志、思想集中起来,又应用到群众中去,那就任何困难都有可能克服,任何敌人最终都压不倒我们。毛泽东把为人民服务作为最高境界与追求,他是中国历史上第一个喊出"人民万岁"的领袖,人民群众在他心中是至高无上的。独立自主,就是从中国这样一个地大物博、人口众多的主权国家实际出发,主要依靠自己的力量发展革命和建设事业,而不受任何外来势力控制、支配。毛泽东一贯强调,我们的方针要放在自己力量的基点上,自已找出适合我国情况的前进道路。

三、中国特色社会主义理论体系使社会主义先进文化实现提升

1982 年,邓小平在党的十二大提出"建设有中国特色的社会主义"的命题。在建设中国特色社会主义的历史进程中,诞生了中国特色社会主义理论体系,实现了对社会主义先进文化的提升。

（一）邓小平理论

粉碎"四人帮"以后,邓小平领导了拨乱反正,召开了党的十一届三中全会,开启了改革开放和社会主义现代化建设新时期。以邓小平为主要代表的中国共产党人提出了许多对党和人民事业发展具有转折意义的重要思想,为中国的美好未来擘画蓝图,创立了邓小平理论,成为中国特色社会主义理论体系的开篇之作。

解放思想、实事求是的思想路线是邓小平理论的精髓。党的十一届三中全会召开前夕,邓小平指出:"一个党,一个国家,一个民族,如果一切从本本出发,思想僵化,迷信盛行,那它就不能前进,它的生机就停止了,就要亡党亡国。"①邓小平第一次科学回答了"什么是社会主义,中国怎样建设社会主义"的问题。在党的十二大上,他首次提出了"建设有中国特色的社会主义"的重要命题。1992 年南方谈话中,他指出:"社会主义的本质,是解放生产力,发展生产力,消灭剥削,消除两极分化,最终达到共同富裕。"②他把"三个有利于"作为衡量社会主义国家一切工作是非得失的判断标准,还提出"贫穷不是社会主义""社会主义的根本任务是发展生产力""科学技术是第一生产力"等科学论断。基于马克思主义基本原理和历史经验,邓小平提出了社会主义初级阶段理论,从而使我们的决策建立在科学基础之上。邓小平是中国社会主义改革开放的总设计师,他强调改革是发展自身的必由之路。他指出,对外开放是一项基本国策,应该吸收和利用世界各国包括资本

---

① 《邓小平文选》(第二卷),人民出版社,1994 年,第 143 页。
② 《邓小平文选》(第三卷),人民出版社,1993 年,第 373 页。

主义国家的一切先进文明成果和有价值的资源来发展社会主义。改革开放的正确决策,使中国实现了从"站起来"到"富起来"的伟大飞跃。邓小平对社会主义与市场经济的关系进行了深入探索。他指出:"计划多一点还是市场多一点,不是社会主义与资本主义的本质区别。"①邓小平的这一重要论断,从根本上解除了阻碍我国发展社会主义市场经济的思想桎梏,为我国经济社会发展赋予了强大生机活力。邓小平创造性地提出了"一国两制"的战略决策和科学构想,既体现了坚持祖国统一、维护国家主权的原则性,又体现了灵活性,是对马克思主义国家学说的创造性发展。

(二)"三个代表"重要思想

以江泽民为核心的党的第三代中央领导集体,围绕建设中国特色社会主义时代主题,形成了"三个代表"重要思想,进一步回答了"什么是社会主义,怎样建设社会主义""建设什么样的党,怎样建设党"的问题。

"三个代表"重要思想的主要内容是:中国共产党"必须始终代表中国先进生产力的发展要求,代表中国先进文化的前进方向,代表中国最广大人民的根本利益"②。始终代表中国先进生产力的发展要求,大力促进先进生产力发展,是我们党保持先进性的根本体现和根本要求。江泽民强调发展是"党执政兴国的第一要务"③。社会主义的根本任务是发展生产力,党的路线、方针、政策和各项工作,必须符合生产力发展规律,体现促进和推动生产力发展的要求。始终代表中国先进文化的前进方向,就是党的理论、路线、纲领、方针、政策和各项工作,必须努力体现面向现代化、面向世界、面向未来的,民族的科学的大众的社会主义先进文化的发展要求,促进全民族思想道德素质和科学文化素质的提高,为我国经济发展和社会进步提供精神动力和智力支持。党和国家要大力倡导一切有利于发扬爱国主义、集体主义、社会主义的思想和精神,大力倡导一切有利于改革开放和现代化建设的思想和精神,大力倡导一切有利于民族团结、社会进步、人民幸福的思想和精

---

① 《邓小平文选》(第三卷),人民出版社,1993 年,第 373 页。
② 《江泽民文选》(第三卷),人民出版社,2006 年,第 536 页。
③ 《江泽民文选》(第三卷),人民出版社,2006 年,第 515 页。

神,大力倡导一切用诚实劳动争取美好生活的思想和精神。始终代表中国最广大人民的根本利益,就是党的理论、路线、纲领、方针、政策和各项工作,必须符合人民的根本利益,使人民群众不断获得切实的经济、政治、文化利益。对此,江泽民指出:"我们共产党人全部工作的出发点和归宿,都是为人民谋利益。"[①]

(三)科学发展观

以胡锦涛为核心的党的第四代中央领导集体一心一意谋划发展,总结我国发展实践,借鉴国外发展经验,着力把握发展规律,适应新的发展要求,提出了科学发展观这一指导思想。

在党的十七大上,胡锦涛指出,科学发展观,第一要义是发展,核心是以人为本,基本要求是全面协调可持续,根本方法是统筹兼顾。[②] 第一,推动经济社会发展是科学发展观的第一要义。科学发展观是用来指导发展的理论,中国特色社会主义是靠发展来不断巩固和推进的。第二,以人为本是科学发展观的核心立场。以人为本,就是发展为了人民、发展依靠人民、发展成效由人民评价,就是要把实现好、维护好、发展好最广大人民的根本利益作为一切工作的出发点和落脚点,促进人的全面发展,保障人民幸福生活,全体人民共享发展成果,朝着共同富裕方向稳步前进。胡锦涛强调:"历史唯物主义告诉我们,人民,只有人民,才是创造世界历史的动力。"[③]以人为本这一核心立场,充分体现了中国共产党所秉持的历史唯物主义世界观和全心全意为人民服务的根本宗旨。第三,全面协调可持续是科学发展观的基本要求。全面,就是要形成物质文明、政治文明、精神文明相互促进、共同发展的格局;协调,就是要促进社会主义现代化建设各个环节、各个领域相协调;可持续,就是要处理好经济发展、人口增长与资源利用、生态环境保护的关系,推动整个社会走上生产发展、生活富裕、生态良好的文明发展道路,建设和保持良好的生态文明,让人民享受良好生态环境带来的获得感幸

---

① 《江泽民文选》(第二卷),人民出版社,2006年,第365页。
② 《胡锦涛文选》(第二卷),人民出版社,2016年,第623页。
③ 《胡锦涛文选》(第二卷),人民出版社,2016年,第292页。

福感,实现长远健康发展。第四,统筹兼顾是科学发展观的根本方法。这一根本方法,体现了社会主义大国"全国一盘棋"的制度优势和治理思路。

四、习近平新时代中国特色社会主义思想对社会主义先进文化做出原创性贡献

"每个原理都有其出现的世纪。"①党的十八大以来,以习近平同志为主要代表的中国共产党人以马克思列宁主义、毛泽东思想、邓小平理论、"三个代表"重要思想、科学发展观为指导,坚持解放思想、实事求是、与时俱进、求真务实,坚持辩证唯物主义和历史唯物主义,紧密结合新的时代条件和实践要求,以全新的视野深化对共产党执政规律、社会主义建设规律、人类社会发展规律的认识,进行艰辛理论探索,取得重大理论创新成果,创立了习近平新时代中国特色社会主义思想,对社会主义先进文化作出原创性贡献,标定了文化自信新的理论高度。

习近平新时代中国特色社会主义思想内涵十分丰富,党的十九大、十九届六中全会提出的"十个明确"、"十四个坚持"、"十三个方面成就"概括了这一思想的主要内容②。习近平新时代中国特色社会主义思想科学回答了新时代坚持什么样的中国特色社会主义、怎样坚持和发展中国特色社会主义,建设什么样的社会主义现代化强国、怎样建设社会主义现代化强国,建设什么样的长期执政的马克思主义执政党、怎样建设长期执政的马克思主义执政党等重大时代课题,提出了一系列原创性的治国理政新理念新思想新战略,回答了中国之问、世界之问、人民之问、时代之问,实现了马克思主义中国化的新的飞跃。

文化的核心是文化所蕴含的价值观,社会主义先进文化所蕴含的价值观是社会主义核心价值观。以社会主义核心价值观占领先进文化制高点,是习近平总书记对发展社会主义先进文化的突出贡献。习近平总书记

① 《马克思恩格斯选集》(第一卷),人民出版社,2012 年,第 227 页。

② 习近平:《高举中国特色社会主义伟大旗帜 为全面建设社会主义现代化国家而团结奋斗》,《人民日报》2022 年 10 月 26 日第 1 版。

指出："核心价值观是文化软实力的灵魂、文化软实力建设的重点。这是决定文化性质和方向的最深层次要素。一个国家的文化软实力，从根本上说，取决于其核心价值观的生命力、凝聚力、感召力。"[①]可以说，价值观是文化的核心，社会主义核心价值观则是社会主义先进文化的精髓[②]，为社会主义先进文化的建设发展提供价值指引。由此，文化自信必须首先是对核心价值观的自信。党的十八大报告将社会主义核心价值观的基本内容概括为富强、民主、文明、和谐，自由、平等、公正、法治，爱国、敬业、诚信、友善。社会主义核心价值观把涉及国家、社会、公民三个层面的价值要求融为一体，昭示了我们国家的政治理想、社会的发展导向和公民的道德规范，既体现了中国特色社会主义本质要求，传承了中国传统文化精华，也吸收借鉴了人类先进文明成果，体现了时代特征，回答了我们要建设什么样的国家、构建什么样的社会、培育什么样的公民的重大问题，是当代中国精神的集中体现，凝结着全体人民共同的价值追求，反映了全体人民的共同愿望。人民有信仰，民族才有希望，国家才有力量，社会主义核心价值观能够起到凝心聚力的作用，让我们的国家和民族行稳致远。

社会主义核心价值观是社会主义核心价值体系的高度凝练。我们必须明确的是，社会主义核心价值观是具有社会主义属性的价值观，而不是资本主义或其他什么主义的价值观。社会主义核心价值观的每一个成分，都不是超越时代和社会制度的抽象概念，而是具体概念，都内含着社会主义思想观念和意识形态。社会主义核心价值观中的每个概念都包含着以马克思主义为指导、以社会主义制度为实质和内容的判断。[③]

《中共中央关于党的百年奋斗重大成就和历史经验的决议》在谈到必须抓好后继有人这个根本大计时指出："要坚持用习近平新时代中国特色社会主义思想教育人，用党的理想信念凝聚人，用社会主义核心价值观培育

---

① 习近平：《习近平谈治国理政》，外文出版社，2014 年，第 163 页。

② 本书编写组：《毛泽东思想和中国特色社会主义理论体系概论》，高等教育出版社，2021 年，第 239 页。

③ 陈先达：《文化自信中的传统与当代》，北京师范大学出版社，2017 年，第 251 – 252 页。

人,用中华民族伟大复兴历史使命激励人,培养造就大批堪当时代重任的接班人。"①"四用"的提法体现了社会主义先进文化育人的思路,目的在于使广大青年坚定中国特色社会主义文化自信。

社会主义先进文化彰显中国特色社会主义文化的社会主义性质,社会主义文化是比资本主义文化、封建主义文化更先进的文化形态。它的先进性,指明了文化发展的社会主义性质。社会主义性质决定社会主义先进文化始终坚持为人民服务、为社会主义服务,是以人民为中心的文化。发展中国特色社会主义文化,建设社会主义文化强国,必须始终坚持以马克思主义为指导,以马克思主义中国化时代化创新理论为指导。发展中国文化,建设社会主义文化强国,应牢牢把握社会主义的本质属性,从而保证文化自信的社会主义方向。

第四节　中华优秀传统文化、革命文化、社会主义先进文化的关系

正确认识和把握中华优秀传统文化、革命文化、社会主义先进文化之间的关系,可以形成对其内涵的延伸,有助于我们进一步明晰大学生坚定文化自信的对象性基础。

一、三种文化都是中华民族在生存发展进程中的伟大创造

历史和现实都证明,中华民族有着强大的文化创造力。② 中华优秀传统文化、革命文化、社会主义先进文化,既不是天赋的,也不是外来的,都是勤劳勇敢、热爱生活的中国人民创造出来的,都是中华民族在不同历史时期、不同政治经济条件下艰辛探索实践的凝练、高超思想智慧的结晶,都体现了

---

① 《中共中央关于党的百年奋斗重大成就和历史经验的决议》,《共产党员》2021 年第 23 期,第 9—29 页。

② 中共中央文献研究室:《习近平关于社会主义文化建设论述摘编》,中央文献出版社,2017 年,第 6—7 页。

中华民族更好生存发展、保持精神独立性、自立于世界民族之林的愿望,都闪耀着爱国主义的光辉和创新创造的光芒,都为中国的历史发展做出了重要贡献。

中华优秀传统文化是中华民族在五千多年的文明史中创造的,在很长的历史时期,对维护国家团结统一、促进社会安定和谐起到了至关重要的作用。鸦片战争以后,中国不断遭受西方列强侵略,由封建国家逐渐沦为半殖民地半封建国家。苦难日益深重之际,一批又一批觉醒的中国人开始寻找救国救民的良方,其中一些先进分子接触到了马克思主义,并建立了中国共产党。中国共产党领导中国人民开展了百余年的艰苦奋斗,并坚持把马克思主义同中国实际相结合、同中华优秀传统文化相结合,取得了新民主主义革命的胜利,建立了社会主义制度,又成功开辟了中国特色社会主义道路,由此创造出革命文化、社会主义先进文化。中国共产党用马克思主义真理的力量激活了中华民族历经几千年创造的伟大文化,使中华文化再次迸发出强大精神力量,使中华民族开始不可逆转地走向伟大复兴。

二、三种文化血脉相连、相辅相成

"如果没有中华五千年文明,哪里有什么中国特色? 如果不是中国特色,哪有我们今天这么成功的中国特色社会主义道路?"①习近平总书记的这番话,鲜明揭示了中华文化的底蕴所在,道出了文化自信之源。参天之木,必有其根;怀山之水,必有其源。自古以来积淀形成的中华优秀传统文化是中华民族的精神命脉,也是中国特色社会主义文化的根基。中华优秀传统文化是革命文化、社会主义先进文化的源头活水,其中蕴含的思想观念、人文精神、道德理念等滋养着革命文化、社会主义先进文化,例如以民为本、天下为公、革故鼎新、知行合一、和而不同的思想,精忠报国、自强不息的精神,舍生取义、廉洁奉公的道德品质等。同时,在对中华优秀传统文化继承和发展基础上产生的革命文化、社会主义先进文化,不仅推动了中国社会

---

① 习近平:《习近平谈治国理政》(第四卷),外文出版社,2022年,第315页。

的进步,而且赋予中华优秀传统文化新的生机活力。正是革命文化改变了中华民族的历史发展方向,中国共产党不断推进马克思主义与中华优秀传统文化相结合,把中国的历史经验、民族智慧和民族精神融入马克思主义,中国革命事业和社会主义建设事业也因此迎来伟大胜利。在马克思主义的科学指导下,通过创造性转化、创新性发展,中华优秀传统文化得以焕发新生。以爱国主义为核心的民族精神更是贯穿于中华优秀传统文化、革命文化、社会主义先进文化,始终熠熠生辉。陈先达教授指出:"一个民族的文化是一个有机整体,既有传统文化也有当代文化。最有生命力的文化是传统与当代的结合,既继承传统又推陈出新,各领风骚。"[1]中华优秀传统文化、革命文化、社会主义先进文化血脉相连、相辅相成,贯通中华民族的过去、现在与未来,共同构成了中华民族的精神家园。三种文化中每一种新的文化形态都继承了前一种文化形态的优秀成分并推陈出新,呈现接续发展、螺旋上升之势。因此,对中华优秀传统文化的自信、对革命文化的自信以及对社会主义先进文化的自信是一个牢不可破、不可分割的整体。

三、三种文化辩证统一于中国特色社会主义伟大实践

中华优秀传统文化、革命文化、社会主义先进文化是一个有机整体,统一于中国特色社会主义事业的伟大历史进程,共同为实现中华民族伟大复兴提供强大精神动力。我们要正确认识和把握三种文化的辩证统一关系,不能把三者割裂甚至对立开来。进行伟大斗争、建设伟大工程、推进伟大事业、实现伟大梦想,既要依托社会主义先进文化,也要发挥中华优秀传统文化、革命文化的作用,不可偏废,"坚持把马克思主义基本原理同中国具体实际相结合、同中华优秀传统文化相结合"[2]。不能厚今薄古,要坚决反对历史虚无主义和文化虚无主义,坚决反对全盘否定传统文化的错误观点,坚

---

[1] 陈先达:《一位"85 后"的马克思主义观》,中国人民大学出版社,2020 年,第138 页。

[2] 《中共中央关于党的百年奋斗重大成就和历史经验的决议》,《共产党员》2021 年第 23 期,第 9—29 页。

决反对忽视或放弃学习继承中华优秀传统文化的错误做法;也不能厚古薄今,要坚决反对文化保守主义、"以儒代马"等错误倾向,坚决反对否定党领导人民创造的革命文化和社会主义先进文化的错误认识,坚决反对让文化停滞不前、丧失创新创造活力的错误做法。

第三章 引导大学生坚定文化自信的目标、目的与原则

大学生作为具有较高知识水平、较高综合素质的青年群体,是我国未来发展需要依靠的建设者和接班人,他们的文化自信状况至关重要。深入分析引导大学生坚定文化自信的目标、目的与原则,也就是科学回答大学生文化自信"是什么"、引导大学生坚定文化自信"为什么"以及在方法论层面应该"怎样做",对于研究阐明大学生坚定文化自信问题具有基础性意义。

第一节 引导大学生坚定文化自信的目标

引导大学生坚定文化自信,应明确具体目标。厘清引导大学生坚定文化自信的目标,就是厘清大学生文化自信"是什么",也就是厘清大学生文化自信的应然状态。笔者认为,引导大学生坚定文化自信的目标包括全面的文化认知、高度的文化认同、坚定的文化信仰、十足的文化信心、充分的文化内化、积极的文化外化六个方面。全面的文化认知是基础目标,除了包括充分认知中国特色社会主义文化的内涵,还包括树立正确的文化观;高度的文化认同即形成对中国特色社会主义文化的赞同、肯定、信赖,包括理性认同和情感认同;坚定的文化信仰即坚定对马克思主义的信仰,因为马克思主义是中国特色社会主义文化的核心和灵魂;十足的文化信心,即对中国特色社会主义文化发展的光明前景充满信心;充分的文化内化指大学生将中国特色社会主义文化转化为自己的内在意识、纳入自己的观念体系;积极的文化外化则是文化自信的实践指向和最终归宿,即大学生用中国特色社会主义文化蕴含的思想观点、价值观念、道德准则、精神品格、理想追求指导自己的

行为实践。

一、全面的文化认知、高度的文化认同

全面认知自我文化和文化这一事物本身是坚定文化自信的前提和基础，完全不了解或不了解一种文化的全貌而高喊"自信"，这样的"自信"是"知其然，不知其所以然"的"假自信"，是经不起文化交流、交锋、碰撞的"伪自信"。在全面的文化认知基础上，进一步要形成高度的文化认同，也就是对中国特色社会主义文化形成的赞同、肯定、悦纳、信赖、归属、亲切的心理状态。

（一）全面的文化认知

认知是指通过思维活动认识、了解。认知是人类最基本的心理过程，人们在对一个事物有了基本的认知后，才能对该事物产生一个大致的判断。自信作为个体对自身能力及价值的肯定性评价，离不开坚实的认知基础。全面的文化认知是引导大学生坚定文化自信所要实现的最基本的目标。

1. 全面认知中国特色社会主义文化

知之深才会爱之切。文化自信不是凭空产生的，其基本条件是全面的文化认知。缺乏对于中国特色社会主义文化的认知，文化自信就无从产生。文化认知既包括大学生对中国特色社会主义文化蕴含的内核、呈现的形式、承载的价值、取得的成就的了解，也包括大学生对中国特色社会主义文化形成发展的历史脉络、未来走向的认识。

众所周知，中华民族在长期发展过程中，凭借自己的智慧和汗水，创造了博大精深、辉煌灿烂的文化，滋养了世界上唯一没有中断的文明。中华文化包罗万象、广博宏大，蕴含着中华民族生存发展历史中积淀下来的浩如烟海的文化创造，承载着熠熠生辉的文化价值与文化精神。自诞生之日起，中国共产党便成为中华文化的继承者和发扬者，在实现国家独立富强、民族自由解放、人民幸福安乐的道路上，始终将马克思主义与优秀的民族文化遗产相结合，铸就了气象雄伟的革命文化和社会主义先进文化，凝练了社会主义核心价值观，从而在历史进步中实现着文化进步。坚定的文化自信，源自于

对中华优秀传统文化、革命文化、社会主义先进文化发展历史、内涵、本质、特征的准确认知。引导大学生坚定文化自信,首先要引导其熟知灿烂辉煌的中华文化创造,明了中国特色社会主义文化的核心内涵,深化对中国特色社会主义文化的认识和理解,在头脑中建构起中国特色社会主义文化的知识谱系和清晰图景。

要实现从不知到知、从知之不多到知之较多、从知之表象到知之本质的飞跃,必须通过系统的教育和学习。马克思指出:"全部社会生活在本质上是实践的。"①因此,文化认知不仅仅是在讲堂里接受教育、在图书馆里阅读书籍,其形成也离不开各种社会实践活动。

2. 树立正确的文化观

习近平总书记在党的十九大报告中指出,要引导国民树立正确的文化观。文化观是人们对"文化"本身的基本认知和全面看法,文化自信的坚定需要伴随着正确文化观的树立。

(1)充分认识文化的重要地位和作用。首先要对文化本身的重要地位和作用有正确的认识。文化的传承与传播可以维系并增强民族的凝聚力,可以提高民族的思想道德素质,可以为民族的兴旺发达提供精神动力和智力支持。如果一个民族仅仅有富足的物质生活,而没有富足的精神生活、没有引以为豪的文化遗产,就很难称得上是一个伟大的民族;如果一个国家仅仅有强大的经济实力、军事实力,而没有强大的文化软实力,也算不上是一个强盛的国家,其经济实力、军事实力也不会是牢固的、持久的。习近平总书记指出:"文化是民族生存和发展的重要力量。人类社会每一次跃进,人类文明每一次升华,无不伴随着文化的历史性进步。"②在历史长河中绵绵不绝、历久弥新的中华文化,作为强大的精神支柱,使中华文明成为世界上自古以来唯一没有中断的文明,并在二十一世纪昂首阔步地走向伟大复兴的光明前景。十九世纪以降,面对列强军事、经济和文化的欺凌重压,面对民族承受的莫大屈辱,无数的仁人志士"以文化的力量挽救了中国

---

① 《马克思恩格斯文集》(第一卷),人民出版社,2009 年,第 501 页。
② 习近平:《在文艺工作座谈会上的讲话》,《人民日报》2015 年 10 月 15 日第 2 版。

于灭亡,也推动中国一步步走向现代"①。可见,文化对一个国家、一个民族有着至关重要的作用。习近平总书记指出:"中国特色社会主义是全面发展、全面进步的伟大事业,没有社会主义文化繁荣发展,就没有社会主义现代化。党的十八大以来,我们把文化建设提升到一个新的历史高度,把文化自信和道路自信、理论自信、制度自信并列为中国特色社会主义'四个自信',把坚持马克思主义在意识形态领域指导地位的制度确立为中国特色社会主义制度体系的一项根本制度,把坚持社会主义核心价值体系纳入新时代坚持和发展中国特色社会主义的基本方略。"②我们应引导大学生充分认识文化的重要地位和作用,充分认识中国特色社会主义文化为新时代坚持和发展中国特色社会主义、开创党和国家事业新局面提供的强大正能量。

(2)树立以马克思主义为指导的文化观,要求大学生认识到马克思主义是正确的指导思想。习近平总书记在纪念马克思诞辰200周年大会上指出:"马克思主义始终是我们党和国家的指导思想,是我们认识世界、把握规律、追求真理、改造世界的强大思想武器。"③在马克思主义进入中国之前,中国文化缺乏科学理论的指导。面对国运的日益衰颓,中国人逐渐丧失了自信心。在马克思主义被引进中国之后,中国文化的有机构成发生了根本性改变。马克思主义发挥引领性作用,开始让中华民族走上复兴之路。对此,毛泽东在新中国成立前夕写作的《唯心历史观的破产》一文中指出:"自从中国人学会了马克思列宁主义以后,中国人在精神上就由被动转入主动。从这时起,近代世界历史上那种看不起中国人,看不起中国文化的时代应当完结了。"④新中国成立后,我们在马克思主义的指导下进行了社会主义改造,在中国大地上成功建立了社会主义制度。之后,我们仍然是在马克思主义的指导下探索了社会主义建设和改革,并取得巨大成功。如今,在马克思主义的指导下,我们不断取得新的更大的成就。历史充分证明,当代中国的勃勃生机充分证明,人民群众的一张张笑脸充分证明,马克思主义是正确的指导

---

① 许倬云:《许倬云说历史:中西文明的对照》,浙江人民出版社,2013年,第218页。
② 习近平:《习近平谈治国理政》(第四卷),外文出版社,2022年,第309页。
③ 习近平:《论党的宣传思想工作》,中央文献出版社,2020年,第327页。
④ 《毛泽东选集》(第四卷),人民出版社,1991年,第1516页。

思想,我们要毫不动摇地信仰奉行马克思主义。

马克思主义为文化现象的正确认知提供了理论指导,引导人们站稳立场、明辨是非。当代各种思潮相互激荡,不同文化频繁交流交融交锋,容易让人迷失方向。坚持马克思主义的立场观点方法,有助于正确认知和把握这些现象,拨开表面的迷雾,抓住实质。在文化领域,"要坚持马克思主义在意识形态领域的指导地位,坚守中华文化立场,坚持以社会主义核心价值观引领文化建设,紧紧围绕举旗帜、聚民心、育新人、兴文化、展形象的使命任务,加强社会主义精神文明建设,繁荣发展文化事业和文化产业,不断提高国家文化软实力,增强中华文化影响力,发挥文化引领风尚、教育人民、服务社会、推动发展的作用"①。

(3)形成"古为今用,推陈出新"的正确观念。文化总是在历史积淀中传承,在创新发展中延续的。中华民族五千多年连绵不断的文明历史,创造了我们引以为豪的文化,积累了极为丰富的精神财富。中国传统文化中蕴含着丰富的哲学思维、人文精神、教育思想和道德观念,对认识世界、改造世界、治国安邦、道德建设、为人处世都有有益的启示,具有跨越时空、超越国界的永恒和普遍价值,我们必须以学习、研究、运用等多种方式予以继承和弘扬。

然而,"传统文化在其形成和发展过程中,不可避免会受到当时人们的认识水平、时代条件、社会制度的局限性的制约和影响,因而也不可避免会存在陈旧过时或已成为糟粕性的东西"②。传统文化中既有精华,也有一些封建的思想意识与价值观念的痕迹,其中的一些价值取向、思维方式是不适宜于现代社会的,甚至是与现代化相冲突的,可谓瑕瑜互见。因此,对传统文化的继承,绝不意味着全盘照搬,而是要推陈出新,有鉴别地加以对待,有扬弃地予以继承,使之与时代要求相契合、与现代社会相协调。同时,要以全面的眼光看文化,既不能因为传统文化的博大精深而一味地厚古薄今,也

---

① 习近平:《习近平谈治国理政》(第四卷),外文出版社,2022 年,第 310 页。
② 习近平:《在纪念孔子诞辰 2565 周年国际学术研讨会暨国际儒学联合会第五届会员大会开幕会上的讲话》,《人民日报》2014 年 9 月 25 日第 2 版。

不能因为传统文化中的瑕疵而一味地厚今薄古。

（4）形成"洋为中用，辩证取舍"的正确观念。文化自信不等于文化自负、文化自大。多样性是文化的本质属性，我们无法想象一个只有一种文化的世界会是多么的单调乏味，正确的文化观包含正确看待不同文化之间的关系。不同民族、不同国家创造了多姿多彩的文化，各种文化没有优劣之分，每种文化都有其存在的合理性，也都有其闪光点。正确的文化观将"美人之美、美美与共"视为处理不同文化间相互关系的应有遵循，秉持平等、开放、包容的态度。

文化自信也不等于盲目排外、自我封闭。古语云："他山之石，可以攻玉。"①历史和实践都证明，一种文化越是能够积极主动地吸收借鉴外来文化的优点长处，也就越是能够增强与拓展自己的开放性和包容性，就越是能够彰显与昭示自己的魅力和特色，就越是能够打造与提升自己的竞争力和凝聚力。不同国家和民族的文化创造，其实是人类的共同财富。关于这一点，马克思曾说："凡是民族作为民族所做的事情，都是他们为人类社会而做的事情。"②当今世界的先进国家和民族，在发展进程中都曾学习借鉴其他国家和民族文化之长处。凡是闭目塞听的国家和民族，要么已经湮没在历史的尘埃中，要么处于落后状态。因此，我们既要美己之美，强调自身文化的独立性、独特性，在文化交流交锋中坚守原则立场、核心价值观，又要有美人之美的雅量、择善而用的从容，以开放的姿态、博大的胸襟，以融汇天下为我所用的气度和气派，放眼世界，吸收借鉴人类创造的一切优秀文化成果来创新、丰富、发展本民族文化。当然，在洋为中用的过程中，离不开辩证取舍。"我们既反对盲目接收任何思想也反对盲目抵制任何思想。我们中国人必须用我们自己的头脑进行思考，并决定什么东西能在我们自己的土壤里生长起来。"③全盘肯定或者全盘否定一种文化都是不科学、不理性的。应秉持扬弃的态度，弃其糟粕，取其精华为我所用。

---

① 语出《诗经·小雅》。
② 《马克思恩格斯全集》（第四十二卷），人民出版社，1979年，第257页。
③ 《毛泽东文集》（第三卷），人民出版社，1996年，第192页。

（二）高度的文化认同

文化认同是大学生基于自身的文化认知、理解与价值判断,对中国特色社会主义文化形成的赞同、肯定、悦纳、信赖、归属、亲切的心理状态。习近平总书记指出:"文化认同是最深层次的认同。"①文化的核心是价值观,文化认同的核心即是价值观认同。形成文化自信,仅有文化认知是不够的,还需要建立对中国特色社会主义文化的认同。大学生在已经有了较好的文化认知的基础上,对认知获得的文化加以整理和消化,进行由此及彼、由表及里的理解,经过深刻的情感体验和心灵感悟,由感性认识上升为理性认识,认为中国特色社会主义文化是有益于民族团结凝聚、社会安定和谐、个人向上向善的,进而形成对于中国特色社会主义文化内涵意蕴和价值取向的认同。

文化认同是个体与所认同的文化紧密融合的标志,不同个体之间由于共同的文化认同而结成紧密的文化共同体。因此,文化认同既表现为文化价值的认同,也表现为自我身份的认同。文化价值的认同体现为对中国特色社会主义文化所包含的观念、思想、精神作出的肯定性价值判断,自我身份的认同则体现为社会成员在文化共同体中长期共同生活所形成的民族身份的肯定性体认。

大学生的文化认同还可以细化为两个方面:一是理性认同,二是情感认同。"知之者不如好之者,好之者不如乐之者。"②文化认知可以说是"知之",理性认同可以说是"好之",情感认同则可以称之为"乐之"。没有实现真正的理性认同,也就没有牢固的情感认同。理性认同表现为大学生在对中国特色社会主义文化的历史源流、基本内涵、精神特质、价值意蕴的深入理解和准确把握基础上,产生的思想观念上的认同。所谓理性,即需要借助概念、判断、推理等高级的思维活动或能力。理性认同要求对认同什么文化、为什么要认同等问题有基本的理性认知。大学生认识到社会主义社会中为人民群众服务的文化占主导地位、资本主义社会中为剥削阶级服务的

---

① 《完整准确全面贯彻新发展理念 铸牢中华民族共同体意识》,《人民日报》2021年3月6日第1版。

② 语出《论语·雍也》。

文化占主导地位,有助于其对中国特色社会主义文化产生理性认同。除了理性,情感也是人性的重要组成部分。情感因人的社会性需要而生,是人类特有的高级而复杂的体验,具有较大的稳定性和深刻性。假如没有了情感,将是不可想象的,整个人类社会将变得黯淡无光、冰冷残酷。情感认同是理性认同的升华,表现为大学生在理性认同的基础上对中国特色社会主义文化产生的积极的、正向的、肯定性的内心体验。当一个人对某个事物产生了情感认同,就会在他身上形成一种强大的力量。情感认同的形成可以借助于文学艺术作品来实现,以艺术的方式直接指向受教育者的情感世界,使文化的精神力量直接渗透到受教育者的情感深处。在情感认同的生成过程中,以情感人式的培育方式也至关重要。

二、坚定的文化信仰、十足的文化信心

马克思主义是我们立党立国的根本指导思想,是中国特色社会主义文化的灵魂。引导大学生坚定文化自信,必然包括引导大学生树立对马克思主义的坚定信仰。同时,文化自信既包括对自我文化理想、价值的确信,也包括对自我文化生命力和发展前景的信心。我们要引导大学生认识到,在马克思主义真理的科学指导下,在中国共产党的正确领导下,走在中国特色社会主义文化发展的大道上,应该对中国特色社会主义文化发展的光明前景充满信心。

(一)坚定的文化信仰

"人民有信仰,国家有力量,民族有希望。"[1]信仰是人们对信仰对象极度信服和尊崇,并以之为行动的准则和指南。信仰在人的精神系统中是相信、确信和信念的高级发展形态,也是理想、梦想、价值观的精神内核,对于人的精神和行为具有直接的统摄、引领和支撑作用。[2] 信仰是最高层次的信念,给予人生以方向、动力和意义。一个没有信仰的人犹如在黑暗中漫

① 习近平:《习近平谈治国理政》(第三卷),外文出版社,2020年,第33页。
② 徐俊、刘强:《"人民有信仰"的深刻意涵与现实意蕴——学习习近平总书记关于"人民有信仰"问题的重要论述》,《马克思主义研究》2017年第10期,第40-45页。

步,没有目标,不辨方向,随波逐流,随风转舵,短视而功利。一个有信仰的人,能保有使命感、崇高感,能在遇到巨大困难、严峻考验时激励自己,迸发出无穷无尽的力量,甚至做出自我牺牲,做到"千磨万击还坚劲""也无风雨也无晴"。拥有两千万党员的苏联共产党一夜之间垮台,没有人愿意为挽救这个政党献出鲜血和生命,就是因为失却了信仰。革命烈士刘仁堪英勇就义前被敌人割去舌头、用脚蘸鲜血书写"革命成功万岁",红军将士徒步走过二万五千里漫漫长征路,人民志愿军在极度严寒、缺衣少食的情况下打赢长津湖战役,黄旭华院士隐姓埋名30年为中国造出核潜艇,这些英模看起来像是"用特殊材料制成的",归根到底是因为有坚定的信仰。

　　既然信仰如此重要,我们应该让大学生信仰什么? 这要从我们的文化中找答案。我们的主流文化,是中国特色社会主义文化。我们的文化自信,是对中国特色社会主义文化的自信。中国特色社会主义文化具有"中国特色"和"社会主义"双重定语,而其最直接定语是"社会主义",也就是"科学社会主义",决定了这一文化的社会主义性质,确立了这一文化的马克思主义灵魂。而对马克思主义的相信、信任、信赖、信念、尊崇,就可以用"信仰"来指称,用其他词则不足以指称。对马克思主义的相信,不同于日常生活中那种类似于"天道酬勤""家和万事兴"的普通信念,也不同于社会活动中那种类似于"分工效率高""人多力量大"的一般性信念,而是一种最高的信念,事实上就是信仰。把"信仰"两个字亮出来,才更清楚地体现和表明马克思主义信念的层次之高。[①] 信仰也是最高层次的认同。如果不信仰马克思主义,而信仰别的什么主义,怎么能说树立起了坚定的中国特色社会主义文化自信? 我们不遗余力地对大学生进行思想政治教育,最高目的就是为了培育大学生对马克思主义的信仰。因为有对马克思主义的信仰,大学生才能被称为是社会主义建设者和接班人,而不是别的什么主义的建设者和接班人。因而,培育大学生对马克思主义的信仰,是引导大学生坚定文化自信的题中应有之义。在引导大学生坚定文化自信的过程中,引导其树立坚

---

① 刘建军:《马克思主义学术视野中的信仰概念》,《教学与研究》2007年第8期,第40-46页。

定的马克思主义信仰应贯穿始终。

马克思主义既是一套知识理论体系，又是一套价值观念体系。首先，马克思主义是科学的知识理论体系，马克思主义信仰是建立在科学基础上的信仰。马克思主义开创者把社会主义、共产主义的远大目标建立在客观历史规律的基础之上，这种科学的信仰与形形色色的宗教信仰鲜明地区别开来。其次，马克思主义致力于"为人类求解放"，致力于实现全世界无产阶级和劳动人民的自由幸福生活。一个人要建立对马克思主义的信仰，必须先想到的是社会、是他人，必须在面向社会、服务他人中获得心灵的慰藉、境界的提升。对马克思主义的信仰，统揽着对共产主义和中国特色社会主义的信念。而对实现中华民族伟大复兴的信心，实质上是对马克思主义信仰中的理想目标的信念。

坚持马克思主义信仰，就要着重做到以下几点：一是要树立辩证唯物主义和历史唯物主义的世界观，要坚持用马克思主义的科学方法认识世界、改造世界，而非寄托于超自然体去解释遇到的现象；二是要树立共产主义的远大理想，明晰共产主义是建立在对人类历史发展规律的科学认识基础上的、人类社会最终走向的必然趋势，相信共产主义一定会实现；同时要明晰实现共产主义不是轻而易举的，需要付出长期艰苦的努力，要以实现共产主义作为奋斗的目标和方向；三是要坚持以人民为中心的根本立场，深刻理解以人民为中心是马克思主义的根本信念和道德要求，要始终为了人民、依靠人民，以人民为师，走群众路线；四是要以自由而全面的发展作为人生的崇奉和追求。①《共产党宣言》宣告："代替那存在着阶级和阶级对立的资产阶级旧社会的，将是这样一个联合体，在那里，每个人的自由发展是一切人的自由发展的条件。"②

（二）十足的文化信心

"世界不是既成事物的集合体，而是过程的集合体"③。唯物辩证法不承

---

① 刘建军：《论马克思主义信仰的基本内容和主要结构》，《思想理论教育》2013 年第 3 期，第 36-39 页。

② 《马克思恩格斯选集》（第一卷），人民出版社，2012 年，第 422 页。

③ 《马克思恩格斯选集》（第四卷），人民出版社，2012 年，第 250 页。

认有什么永恒不变的事物,认为一切事物都处在不断的发展之中。习近平总书记在党的十九大报告中指出,中国特色社会主义文化"植根于中国特色社会主义伟大实践"①。实践的发展,必然推动文化的发展。中国特色社会主义文化是一条奔腾向前的大江大河,不是一汪波澜不惊的池塘死水。所以,我们的文化自信,必然既指向过去和当下,也指向未来。"信心"一词,也是更多地指向未来。信心好似冬日的暖阳,信心犹如仲夏的甘泉。在中国革命暂时处于低潮时,对革命前景满怀信心的毛泽东在《星星之火,可以燎原》一文中说:"它是站在海岸遥望海中已经看得见桅杆尖头了的一只航船,它是立于高山之巅远看东方已见光芒四射喷薄欲出的一轮朝日,它是躁动于母腹中的快要成熟了的一个婴儿。"②有了信心,便有了勇毅前行的动力,便有了预见未来的目光。文化自信不仅包括对自我文化理想、价值的确信,更包括对自我文化生命力和发展前景的信心。如果不谈对文化发展前景的信心,这样的文化自信是不全面、不完整的。

辉煌璀璨的历史文化,是中华民族的宝贵财富,是我们文化自信的重要底气。但是,我们文化自信的底气,只有在旧邦新命的历史接续中、在优秀传统创造性转化创新性发展的当下实践中,才会更加充盈浩荡。现实中不同文化的猛烈激荡,是在"当今时代"这一共时态的轴线上展开的。如果我们应对现代的西方只能求助于古老的传统,那就是对当代国人文化责任的逃避。承前是为了启后,继往是为了开来。所以,我们必须把着眼点放在当下,放在未来。当代的中华民族,要有承于古、强于今的雄心和作为,以文化的新创造为我们的文化自信注入不竭的时代活力。

党的十八大以来,党中央高度重视文化建设,基于对文化发展规律的准确把握和科学提炼,把文化建设摆在更加突出位置,将文化自信与道路自信、理论自信、制度自信并列为中国特色社会主义"四个自信",把坚持马克思主义在意识形态领域指导地位的制度确立为中国特色社会主义制度体系的一项根本制度,把坚持社会主义核心价值体系纳入新时代坚持和发展中

---

① 习近平:《习近平谈治国理政》(第三卷),外文出版社,2020年,第32页。
② 《毛泽东选集》(第一卷),人民出版社,1991年,第106页。

国特色社会主义的基本方略,推动中华优秀传统文化创造性转化、创新性发展,继承革命文化,发展社会主义先进文化,繁荣文化事业和文化产业。党的十九届五中全会提出到 2035 年建成文化强国,明确了建成文化强国的具体时间表。对于文化的战略地位和关键作用,习近平总书记认识十分深刻,他说:"统筹推进'五位一体'总体布局、协调推进'四个全面'战略布局,文化是重要内容;推动高质量发展,文化是重要支点;满足人民日益增长的美好生活需要,文化是重要因素;战胜前进道路上各种风险挑战,文化是重要力量源泉。"①经过实践探索,我们已经找到了一条正确的文化发展之路——中国特色社会主义文化发展道路。这条道路,扎根于中华优秀传统文化的沃土,植根于中国特色社会主义伟大实践,历经革命文化、社会主义先进文化的淬炼,既有历史的厚重感,又有现实的针对性,具有鲜明的时代性、创新性和开放性。走在这样一条正确的文化发展道路上,我们的目标无比清晰、步伐无比坚定、前途无比光明。正是因为我们已经找到了通往未来的正确道路,我们才可以对中国特色社会主义文化充满信心。

马克思主义是颠扑不破的真理,指引中国特色社会主义文化始终向着正确的方向发展。社会主义文化是在改造、继承人类全部进步的文化遗产的基础上发展起来的,代表着当前人类文化发展的最高形态。"对于人民群众和青年学生,主要地不是要引导他们向后看,而是要引导他们向前看。"②我们要帮助大学生正确认识中国特色社会主义文化的发展方向,引导大学生认清中国特色社会主义文化的发展前景,使大学生坚信源远流长的中华文化一定能够开创新的辉煌、坚信马克思主义基本原理同中华优秀传统文化相结合一定能够迸发出无限生机活力、坚信向新而行的中华文化一定能够岿然屹立于世界文化之林、坚信建设社会主义文化强国的宏伟目标一定能够如期实现、坚信中国特色社会主义文化能够为中华民族伟大复兴提供强大的精神力量、坚信中华民族伟大复兴必将推动中华文化复兴。

---

① 习近平:《习近平谈治国理政》(第四卷),外文出版社,2022 年,第 309-310 页。
② 《毛泽东选集》(第二卷),人民出版社,1991 年,第 708 页。

三、充分的文化内化、积极的文化外化

内化、外化是思想道德教育必然涉及的一对范畴,二者常常同时使用,例如习近平总书记在上海考察时说,要让人们将社会主义核心价值观"内化为精神追求,外化为实际行动"①,既指出了要将社会主义核心价值观服膺于心,又强调了要在此基础上实际践行,实现知行统一。引导大学生坚定文化自信的目标,不仅包括引导大学生将中国特色社会主义文化内化于心、纳入自己的观念体系,而且包括引导大学生积极运用中国特色社会主义文化蕴含的思想观点、价值观念、道德准则、精神品格、理想追求指导自己的行为实践。

(一)充分的文化内化

"内化"这一概念由法国社会学家涂尔干首先提出,是指人将外部事物转化为内部思维的过程。这一概念后来为一些心理学家所采用并拓展,美国心理学家英格利希将内化理解为把某些东西结合进心理或身体中去,采纳别人或社会的观念、价值观作为自己的东西。美国社会心理学家阿伦森将内化看成把准则、信念纳入自己的体系。文化内化的过程就是大学生通过教育的引导、自我的学习、环境的熏陶、实践的体认,以及理性的思考和情感的认同,将中国特色社会主义文化所内含的思想观念、价值取向、道德规范、精神品格、理想追求等转化为自己的内在意识,纳入自己的观念体系,形成自己的思想财富,从而在精神世界中形成一种对自己的思想和行为发挥主导和支配作用的信仰、情感和处事态度的过程和结果。例如,将社会主义核心价值观转化为自身的价值准则和行为依归,将中华优秀传统文化蕴含的道德规范转化为自身的道德品质,将以爱国主义为核心的民族精神和以改革创新为核心的时代精神转化为自身的精神追求。简而言之,文化内化是大学生将外在的文化内部化的过程和结果,是中国特色社会主义文化入

---

① 中共中央文献研究室:《习近平关于社会主义文化建设论述摘编》,中央文献出版社,2017 年,第 118 页。

脑入心的一种状态。

在文化内化的实现过程中,对中国特色社会主义文化的充分认知是前提条件,对中国特色社会主义文化的认同、对马克思主义的信仰、对中国特色社会主义文化发展的信心则是关键。显然,没有充分的文化认知,文化内化就失去了来源和基础;没有高度的文化认同、坚定的文化信仰、十足的文化信心,文化内化则会面临内心的重重障碍。实现文化内化,必须着力提升大学生的文化认知、文化认同、文化信仰、文化信心,通过显性教育和隐性教育相结合的方式涵养大学生的文化底蕴,以理服人、以情感人、以行带人,达到入芝兰之室久而自芳的效果。文化自信并非盲目的、随机的和臆想的,必然依赖于文化内化的程度,依赖于大学生内化文化价值取向进而转化为自觉价值追求的程度。

(二)积极的文化外化

个体的思想品德认识如何转化为相应的思想品德行为的问题,是个体的思想品德形成发展过程的基本问题。① 文化外化是指大学生把已经内化了的思想观点、价值观念、道德准则、精神品格、理想追求等自主地转化为自己的行为表现的过程。这个过程,正像马克思所说,"把我的愿望从观念的东西,从它们想象的、表象的、期望的存在,转化成它们感性的、现实的存在,从观念转化成生活,从想象的存在转化成现实的存在。"②习近平总书记强调:"我们讲要坚定文化自信,不能只挂在口头上,而要落实到行动上。"③文化外化不是指能够完整地说出社会主义核心价值观,而是时时处处的行为都以社会主义核心价值观为准绳;文化外化也不是把《论语》揣在身边、常常诵读,而是用中华优秀传统文化中的精华指导我们的为人处事。缺失了文化外化,这种文化自信将是不完整的、知行不一的,甚至是苍白无力、

---

① 陈万柏、张耀灿:《思想政治教育学原理》(第三版),高等教育出版社,2015年,第128页。

② 《马克思恩格斯全集》(第四十二卷),人民出版社,1979年,第154页。

③ 习近平:《坚定文化自信,建设社会主义文化强国》,《求是》2019年第12期,第4—12页。

流入虚空的。离开了文化外化,这种文化自信就变成了水中月、镜中花。事实上,文化自信从来不仅仅是一种内在的心理状态,也不仅仅是口头的信誓旦旦,而是需要通过外在的实践不断地得到确立和坚定。真正的文化自信必然是付诸行动的文化自信,坚定文化自信显然不只是心理、理念、认识层面的东西,而是要达到实践层面。文化外化是文化认知、文化认同、文化信仰、文化信心、文化内化的确证和标志,是文化自信的外在表现。全面的文化认知、高度的文化认同、坚定的文化信仰、十足的文化信心、充分的文化内化目标的实现与否与实现程度,最终要以积极的文化外化来印证和检验。大学生是否真正确立了文化自信,大学生的文化自信是否坚定,归根到底都需要在实践中予以验证。自主能动地进行文化外化,将中国特色社会主义文化蕴含的价值取向、道德规范、精神境界等转化为行为,并使其成为行为习惯,产生良好的行为结果,是大学生文化自信形成的重要标志。

四、各个目标之间的关系

引导大学生坚定文化自信的各个目标既各有区别、各有侧重、分属不同维度,又互相联系、互相促进、互相支撑、互相制约,构成一个整体。全面的文化认知是基础,高度的文化认同是根本,坚定的文化信仰是核心,十足的文化信心是关键,充分的文化内化是保障,积极的文化外化是归宿。

需要指出的是,各个目标中的"文化"并不都是指中国特色社会主义文化这一整体,文化认知、文化认同、文化信心、文化内化、文化外化中的"文化"指的是中国特色社会主义文化,而文化信仰的对象专指中国特色社会主义文化的灵魂,即马克思主义。六个目标的实现在逻辑上存在递进关系,譬如没有达成最基本的文化认知目标,文化认同、文化信仰、文化信心、文化内化、文化外化目标就不可能真正实现。然而,在实际培养过程中,除了行为层面的文化外化之外,由于人的思维意识具有高度复杂性与跃进性,文化认知、文化认同、文化信仰、文化信心、文化内化之间并没有绝对清晰、不可逾越的界限,使得我们无法将文化认知、文化认同、文化信仰、文化信心、文化内化这些目标的实现以一定时点截然分开,而去分别采取不同的培养方式和培养策略。譬如,学生在接受感人至深的革命先烈事迹教育时,往往会同时实现认知革命文化、认同革命文化、树立马克思主义信仰、对革命先烈为之奋斗为之牺牲的中国美好未来充满信心、内化爱国主义精神,而不会是仅仅获得了文化认知、对其他目标的实现则毫无促进。以现实为例,被评为全国"最美教师"的郑州大学马克思主义学院周荣方老师 2021 年 4 月 2 日在课堂上讲焦裕禄故事动情落泪的短视频曾火遍网络、迅速冲上热搜,周老师讲到动情处,泣不成声,不仅使当面聆听她授课的学生大为触动,而且使很多看到这一视频的大学生网民深受教育,内心受到极大震撼,跟着周老师一起为人民的好公仆落泪。在这种情况下,能说大学生通过周老师讲述的短短一则故事,仅仅认知了焦裕禄的事迹、焦裕禄的精神吗? 显然是不全面的,也是不客观的。因此,就引导大学生坚定文化自信来说,六个目标是作为一个整体存在而具有意义的。重要的不是这些目标在现实中达成的次序,而是看其是否都得以达成。六个目标构成一个统一的目标体系,缺失任何一个目标的达成,或者在实现任何一个目标上打折扣,都不能说大学生真正坚定了文化自信。譬如,若没有达成全面的文化认知这一目标,文化自信就无从谈起。如果大学生连中国特色社会主义文化的基本内容都不掌握,而空谈自信,那么这种自信必定是不真实、不牢靠的;若没有达成坚定的文化信仰这一目标,大学生没有在内心树立起马克思主义信仰,只是浮于文化的表层,就是没有灵魂的"文化自信"、空心的"文化自信";若没有达成积极的文化外化这一目标,所谓的"文化自信"也只是属于空谈的"假自信"。大学生只有同时实现了全面的文化认知、高度的文化认同、坚定的文化信仰、十足的文化信心、充分的文化内化、积极的文化外化这些目标,方为真正形成了坚定的文化自信。全面的文化认知、高度的文化认同、坚定的文化信仰、十足的文化信心、充分的文化内化需要通过深入细致的教育宣传、环境熏陶、感知体验等来实现,积极的文化外化则需要通过多方引导、社会实践以及体制机制的保障等来实现。在引导大学生坚定文化自信的过程中,我们应基于大学生的自身特点,朝着强化文化认知、提升文化认同、坚定文化信仰、增强文化信心、注重文化内化、推动文化外化的目标和方向努力,将六个目标的实现作为一个整体综合考虑、一体推进,增强教育引导的系统性和实效性。

第二节 引导大学生坚定文化自信的目的

引导大学生坚定文化自信的目的,就是"为什么"要引导大学生坚定文化自信。引导大学生坚定文化自信的目的,包括培养担当民族复兴大任的时代新人、维护国家意识形态安全、促进中国特色社会主义文化的传承与发展。可以说,引导大学生坚定文化自信,就是要使其坚定对中国特色社会主义的自信。

一、培养担当民族复兴大任的时代新人

近代以来,中华民族最伟大的梦想是实现民族复兴。在中国共产党的带领下,经过波澜壮阔的百年奋斗历程,我们比历史上任何时期都更接近民族复兴的目标,也比历史上任何时期都更需要人才。在党的十九大上,习近平总书记发出了"培养担当民族复兴大任的时代新人"的有力号召。引导大学生坚定文化自信,以文化自信为成长成才筑牢精神根基,把大学生都培养成能够担当民族复兴大任的时代新人,是响应与落实习近平总书记号召的现实要求。

(一)大学生是实现中华民族伟大复兴中国梦的生力军

青年是整个社会力量中最积极、最有朝气的力量,具有较高知识水平和综合素质的大学生又是青年中的引领性力量。2016 年 12 月 7 日,习近平总书记在全国高校思想政治工作会议上专门评价了当代大学生,他说:"他们朝气蓬勃、好学上进、视野宽广、开放自信,是可爱、可信、可为的一代。对当代高校学生,党和人民充分信任、寄予厚望。"①这段讲话深情地表达了党和国家对大学生的殷切期望。

正如 1919 年参加五四运动的大学生打出"外争主权,内除国贼"的标语,1981 年北大学子在燕园一起喊出"团结起来,振兴中华"的响亮口号,每

---

① 《习近平首次点评"95 后"大学生》,《人民日报》2017 年 1 月 3 日第 2 版。

一代大学生都有自己的际遇和机缘。今天,我国已经实现了第一个百年奋斗目标,在中华大地上全面建成了小康社会,正在意气风发向着全面建成社会主义现代化强国的第二个百年奋斗目标和中华民族伟大复兴的中国梦阔步前进。从时间上看,当代大学生从高等院校学成毕业后走向工作岗位之际,乃至其人生的整个青壮年时期,正是我们建设社会主义现代化强国、实现民族复兴的关键之时。也就是说,当代大学生将亲身参与民族复兴奋斗目标的实现过程,可谓生逢其时、重任在肩。民族复兴是中华民族的共同理想,也是当代大学生应该牢固树立的远大理想。"得其大者可以兼其小",个人价值的实现需要机缘和施展才华的平台,中华民族伟大复兴的时代主题为当代大学生提供了建功立业的广阔舞台,只有把青春梦融入中国梦、把个人的理想追求融入国家和民族事业之中,才有可能成就一番事业,实现人生价值。大学生作为国家培养出来的天之骄子,理应在实现民族复兴的生动实践中放飞青春梦想,在为国家、民族、人民的倾力奋斗中书写人生华章。

(二)文化自信是大学生担当民族复兴大任的精神之基

育人的根本在于立德。① 大学生要成为担当民族复兴大任的时代新人,就必须德智体美劳全面发展,其中"德"是第一位的,"德"包括坚定"四个自信",而在"四个自信"中,文化自信是根本。可以说,文化自信是大学生担当民族复兴大任的精神之基。

1. 能够使大学生坚守中华文化立场

立场,指认识和处理问题时所处的地位和所抱的态度。有什么样的立场,就会有什么样的认识。在当代中国,坚守中华文化立场,就是拥护中国共产党的领导,就是坚持马克思主义指导地位,就是坚定不移走中国特色社会主义道路,就是弘扬中华优秀传统文化、激昂向上的革命文化和社会主义先进文化。坚定文化自信能够让大学生站稳文化立场,在面对社会思想更加多样、社会价值更加多元、社会思潮更加多变的冲击时保持定力与清醒。全球化时代,西方资产阶级政治思想、意识形态对我国侵蚀和渗透的威胁始

---

① 习近平:《高举中国特色社会主义伟大旗帜 为全面建设社会主义现代化国家而团结奋斗》,《人民日报》2022 年 10 月 26 日第 1 版。

终存在,拜金主义、享乐主义、极端个人主义等价值观念和腐朽思想的影响不容忽视。面对错误的思潮、诱惑的环境,需要保持定力。大学生正处于人生中成长成熟的关键时期,世界观、人生观和价值观逐渐确立,如果不加以正确引导,极易造成信仰迷失、价值观扭曲、共产主义远大理想和中国特色社会主义共同理想动摇等严重后果。因此,教育并引导大学生传承中华优秀传统文化和革命文化、认同社会主义先进文化、自觉践行社会主义核心价值观,树立对中国特色社会主义文化的高度自信,才能使他们坚守中华文化立场,正确看待各种文化思潮。

文化的核心是价值观,文化自信的核心是价值观自信。对于当代大学生而言,坚定文化自信,也就意味着要坚定社会主义核心价值观自信。社会主义核心价值观涵盖了对国家、社会、个人三个层面的要求,浓缩了中国特色社会主义文化的精华,构成中国特色社会主义文化的核心内容。社会主义核心价值观作为一种积极向上的价值取向,能够满足大学生思想健康成长的需要,能够对大学生的行为选择提供正确的价值尺度和是非标准。

2. 能够涵养大学生的精神世界

精神世界的富足,与物质世界的富足同样重要,甚至比物质世界的富足更加重要。文化能够以无形的意识、特定的观念,深刻影响和塑造生活于其中的每个人。文化的本质在于涵养精神世界,其对人潜移默化的影响体现在胆识、气节、智慧和修养等方方面面。树立文化自信,认知、认同、内化中国特色社会主义文化,能够帮助大学生辨别善与恶、美与丑,构建高尚的、脱离了低级趣味的精神世界。中华优秀传统文化源远流长、博大精深,革命文化昂扬向上、振奋人心,社会主义先进文化守正创新、与时俱进,它们共同组成的中国特色社会主义文化,可以涵养大学生的思想品质、道德情操,为大学生的成长成才提供取之不尽、用之不竭的精神财富。

引导大学生坚定文化自信,是增强大学生文化归属感、充实大学生精神世界的过程。当前,在思想多元、文化多样的复杂环境中,在学习、就业等多重压力下,大学生面临着多重矛盾和问题,其精神世界可能陷于迷茫、混乱或空虚。培育大学生的文化自信,能够使大学生在复杂的社会生活、思想文化环境中找准自身定位、明确前进方向,保持精神世界的积极健康向上,从

而实现自我发展与国家期待、民族重托的统一。

（三）文化自信是大学生担当民族复兴大任的动力之源

民族复兴既需要强大的物质力量，也需要强大的精神动力。中华文化的内涵和特质能够感召大学生立志担当民族复兴大任，而强烈的文化自信心将激励大学生立志担当民族复兴大任。

1. 中华文化感召大学生立志担当民族复兴大任

中华文化积淀着中华民族最深沉的精神追求，是中华民族生生不息、发展壮大的丰厚滋养。牢固树立文化自信的大学生，能够从激励向上向善、崇尚爱国主义、集体主义、社会主义的中国特色社会主义文化中汲取力量。

中华优秀传统文化是中华民族的突出优势，是我们最深厚的文化软实力。引导大学生坚定文化自信，能够很好地利用中华优秀传统文化蕴含的"自强不息"的奋斗品格、"精忠报国"的爱国精神、"修身齐家治国平天下"的家国情怀、"天下兴亡，匹夫有责"的担当意识等，培育大学生强烈的社会责任感。

革命文化由党带领人民在革命斗争中创造，在建设与改革实践中发扬光大，承载着中华民族自强不息、艰苦奋斗的精神基因。大学生接受革命文化的熏陶，从中国革命、中国共产党的艰辛奋斗历程中汲取精神养分，将深刻认识到红色政权来之不易、社会主义革命和建设的伟大成就来之不易、中国特色社会主义来之不易，更加自觉地投身党领导的伟大事业。

社会主义先进文化则是中国共产党领导人民建设社会主义现代化强国的精神指引。对社会主义先进文化的自信，将赋予大学生对国家光明前景的坚定信心，为民族复兴贡献青春力量。

2. 文化自信激励大学生立志担当民族复兴大任

今天的大学生，到本世纪中叶我国建设成为社会主义现代化强国时正值人生的壮年时期。因此，当代大学生不仅是实现民族复兴的亲历者和见证人，更是直接参与者和积极贡献者。高度的文化自信，是大学生为国家富强、民族复兴、人民幸福努力奋斗的动力源泉和精神支柱。树立文化自信后，在坚定的文化信仰、理性的文化认同与强烈的文化自豪感支撑下，大学生会发自内心地关切自己国家的前途命运、民族的发展方向,迸发出为国效力的强大精神动力,步履坚定踏上征程,在担当民族复兴大任的生动实践中书写人生华章。

长江后浪推前浪,一代更比一代强。党和人民的伟大事业需要一代又一代人的接续奋斗。培养造就大批堪当重任的社会主义事业接班人,就要源源不断地培养选拔优秀青年人才。新时代的大学生,注定是奋进的一代,而要奋进,就要有坚定的文化自信和文化定力,能够经受住各种风险和挑战,如果遇到困难就"内卷""躺平",哪来什么事业的辉煌!不难看出,文化自信对激励当代大学生增强社会责任感具有重要意义。

二、维护国家意识形态安全

马克思、恩格斯认为,意识形态作为"观念的上层建筑",总是反映着一定阶级、社会集团的利益诉求与思想观念,总是为统治阶级的合理性和合法性进行辩护。可以说,意识形态的主要功能是维护政权安全和一定的政治制度。从这个意义上说,意识形态安全至关重要,关乎一个国家的社会稳定和长治久安。习近平总书记强调:"意识形态工作是党的一项极端重要的工作。"①《中共中央关于党的百年奋斗重大成就和历史经验的决议》提出:"意识形态工作是为国家立心、为民族立魂的工作。"②

(一)我国意识形态安全面临挑战

新中国成立七十多年来,中国共产党领导人民取得的伟大成就有目共睹。然而,"意识形态领域斗争依然复杂"③,西方意识形态在国际上处于强势地位,敌对势力不愿看到中国的强大、统一和稳定,亡我之心不死。2020年7月,时任美国国务卿蓬佩奥在加利福尼亚州的一场演讲中叫嚣:"美国无法再漠视美中之间政治与意识形态的根本差异……我们必须采取更有创

---

① 习近平:《论党的宣传思想工作》,中央文献出版社,2020年,第14页。

② 《中共中央关于党的百年奋斗重大成就和历史经验的决议》,《共产党员》2021年第23期,第9-29页。

③ 习近平:《习近平谈治国理政》(第三卷),外文出版社,2020年,第7页。

造性、更果敢的方式推动中国共产党改变行为。"①国外势力通过各种途径利用各种手段对我国实施西化、分化图谋,妄图在我国搞和平演变,国内一些人思想防线不牢,我国意识形态安全面临诸多挑战。习近平总书记指出:"我们在集中精力进行经济建设的同时,一刻也不能放松和削弱意识形态工作。在这方面,我们有过深刻教训。一个政权的瓦解往往是从思想领域开始的,政治动荡、政权更迭可能在一夜之间发生,但思想演化是个长期过程。思想防线被攻破了,其他防线就很难守住。我们必须把意识形态工作的领导权、管理权、话语权牢牢掌握在手中,任何时候都不能旁落,否则就要犯无可挽回的历史性错误。"②

1. 新自由主义思潮对社会主义的攻击

20 世纪二三十年代,新自由主义思想开始在西方产生。20 世纪七八十年代以来,新自由主义在全球蔓延,成为冲击我国社会主义制度的主要西方思潮之一。新自由主义在政治领域否定社会主义;在经济领域主张私有化,反对公有制、国家干预;在战略和政策方面,鼓吹推行以超级大国为主导的全球经济、政治、文化一体化,也就是全球资本主义化。法国"马克思园地协会"主席科恩·塞阿认为,新自由主义是资本主义意识形态的理论表现。③ 在社会主义意识形态与资本主义意识形态并存、对立的背景下,敌对势力自恃新自由主义理论,极力诋毁、抹黑、歪曲我国的政治制度、经济制度。

敌对势力大肆宣扬西方的三权分立制度和政党制度,标榜所谓的"民主、自由、人权",企图动摇中国共产党的领导;鼓吹军队国家化、非党化、非政治化,否定中国共产党与人民军队的内在联系,企图弱化党对军队的绝对领导。美国前国务卿蓬佩奥就曾在演讲中恶毒攻击我国政治制度,他说:"中国不是自由国家,14 亿中国人民在国内受到监控、迫害。中国重复了苏

① 《蓬佩奥涉华演讲的满嘴谎言与事实真相》,《人民日报》2020 年 8 月 25 日第 10 版。
② 中共中央文献研究室:《习近平关于社会主义文化建设论述摘编》,中央文献出版社,2017 年,第 21 页。
③ 中国社会科学院"新自由主义研究"课题组:《新自由主义研究》,《马克思主义研究》2003 年第 6 期,第 18-31 页。

联曾犯的错误,拒绝赋予人民财产权和可预测的法治社会。"①而这明显不符合事实。

新自由主义分子还宣扬资产阶级经济学说,攻击社会主义公有制,否定国有企业的主导作用,夸大国有企业存在的问题,主张全盘私有化,妄图从根本上推翻我国的社会主义经济制度。新自由主义尊奉个人主义,无视市场固有的缺陷,呼吁经济运行的自由放任,否定宏观调控、政府干预的必要性和可行性,片面地主张完全市场化和全面私有化。新自由主义伪装成一种中性的"经济理论形式",掩盖其隐含的意识形态属性,借助文化交流、学术交流等方式,通过互联网、书籍出版发行等渠道,对我国进行意识形态渗透,意图消解中国特色社会主义经济制度的优越性、科学性和合理性,引发人民群众对公有制、国有企业、按劳分配、共同富裕等中国特色社会主义基本要素和本质特征的认识混乱,侵蚀主流意识形态建设的社会经济基础。

2."普世价值"对中国的渗透

我国社会主义意识形态中的价值观是一个价值观体系,即社会主义核心价值体系。社会主义核心价值体系既是我国社会主义意识形态的本质、特点、根本内容在文化价值观层面上的集中体现和全面展示,也集中体现和全面展示了新时代反映全民共识的精神文化,凝聚着全体中国人民共同的文化价值追求。社会主义核心价值观是社会主义核心价值体系的内核,是社会主义核心价值体系的高度凝练和集中表达。② 社会主义核心价值体系在我国尽管处于主导地位,但也受到价值认同多样化和价值取向多元化尤其是西方价值观的威胁。

美国《外交政策》双月刊网站 2020 年 7 月 23 日刊登哈佛大学国际关系学教授斯蒂芬·沃尔特的题为《如何毁掉一个超级大国》的文章指出,美国在单极时代采纳了自由霸权大战略,寻求广泛传播民主、市场和其他自由价值观,企图将整个世界带入美国设计和领导的"自由秩序"。③ 一些西方国家

---

① 《蓬佩奥涉华演讲的满嘴谎言与事实真相》,《人民日报》2020 年 8 月 25 日第 10 版。
② 《中共中央办公厅印发〈关于培育和践行社会主义核心价值观的意见〉》,《人民日报》2013 年 12 月 24 日第 1 版。
③ 《蓬佩奥涉华演讲的满嘴谎言与事实真相》,《人民日报》2020 年 8 月 25 日第 10 版。

企图将资产阶级价值观演绎成唯一的现代性价值范式,其中"普世价值"思潮的混淆视听尤甚。塞缪尔·亨廷顿坦言:"普世文明的概念有助于为西方对其他社会的文化统治和那些社会模仿西方的实践和体制的需要作辩护。普世主义是西方对付非西方社会的意识形态。"①作为资本主义社会发展到发达工业阶段的思想产物,"普世价值"迎合了西方国家扩张意识形态、谋求话语霸权的政治意图,在全球化格局中逐渐演变为一种意识形态思潮。这种思潮的散播,不仅会干涉影响我国主流意识形态的价值维度,也势必弱化社会主义核心价值体系对文化建设的引领力。"普世价值"把资本主义的价值观念通过文化理论的知识样态加以呈现,把资产阶级统治下的法权关系解释成自然权利,借此号称宣扬存在超越人类历史、无视社会形态的价值观念,实质是表达资本主义的政治目的、标榜资产阶级的权力意志、维护垄断资本的利益需求,完全背离人民群众的价值诉求和发展权益。"普世价值"将资产阶级价值观粉饰成现代人类文化的价值共识,又以此推论资本主义意识形态价值的"普遍适用性",更全然显现出发达资本主义国家在世界范围内垄断思想话语、渗透文化价值的政治企图。

3. 历史虚无主义蛊惑人心

历史虚无主义错误思潮否定中国历史、民族文化和民族精神,歪曲党领导的革命斗争,甚至不惜诋毁为新中国作出牺牲的英雄模范,给主流意识形态的安全稳定、巩固强化带来了负面冲击。一些敌对势力以历史虚无主义论调"解构"马克思主义唯物史观的科学理论,否认中国的文化历史和优秀传统,否认近现代中国人民的革命斗争,借此煽动一系列诋毁党和人民社会主义革命建设功绩的说辞论调,甚至践踏民族尊严,妄图干预当代中国主流意识形态的领导权和话语权。所谓"历史虚无主义",表征为对国家历史变迁、民族团结进步、文化传承发展的百般扭曲,实则掩盖着推崇西方资产阶级文化取向和价值旨趣的政治图谋。从民族文化的传承演进而言,历史虚无主义分子竭尽贬损之所能,肆意解构中国文化历史,含沙射影地歪曲中华

---

① [美]塞缪尔·亨廷顿:《文明的冲突与世界秩序的重建》,周琪、刘绯、张立平等译,新华出版社,2010 年,第 45 页。

优秀传统文化的优势精髓,丑化中华民族丰富多样的文化形式,进而一味宣称文化现代化发展唯有"全盘西化",否定当代中国的文化追求与文化品格,瓦解中国人民的气节与特质,暴露出摧毁中国历史文化的思想源泉和精神价值支柱、削弱民族共同的文化根基,扰乱人民群众文化观、民族观和历史观的政治意图。历史虚无主义分子脱离某一历史人物、历史事件或历史现象所处的客观环境和社会背景,妄加评价,扰乱和误导人们对中国历史的认识。从意识形态层面来看,历史虚无主义更沦为西方资本主义的政治工具,以唯理论、抽象论否定中国近现代从新民主主义到社会主义革命建设的客观历史进程,以独断论、怀疑论否定中国社会发展的根本方向,否认前无古人的中国特色社会主义道路,背离历史真相,颠倒是非荣辱,其实质是要在历史、民族、文化等现实依据中抽离中国坚持社会主义道路的历史必然性和客观规律性,从而达到否定中国社会发展道路和前进方向的政治目的。

4. 网上意识形态斗争激烈

习近平总书记曾指出,互联网是最大变量。[1] 自我国接入国际互联网以来,西方反华势力就没有停止利用互联网对我国进行意识形态的渗透,妄图以此动摇中国共产党的领导和我国的社会主义制度。境内外敌对势力在网上相互呼应,频频与党和政府唱反调,拼命利用一些突发事件煽风点火,制造混淆视听的负面舆论,恶意抹黑中国的国家形象、政府形象和中国共产党形象,想方设法制造思想混乱和党群矛盾。虽然有时他们打着种种冠冕堂皇的旗号,但其目的就是要同我们党争夺阵地、争夺人心、争夺群众,最终实现不可告人的目的。就目前来看,我国网络舆论既有"红色地带",也有"黑色地带"和"灰色地带"。习近平总书记在全国宣传思想工作会议上指出:"我看,思想舆论领域大致有三个地带。第一个是红色地带,主要是主流媒体和网上正面力量构成的,这是我们的主阵地,一定要守住,决不能丢了。第二个是黑色地带,主要是网上和社会上一些负面言论构成的,还包括各种敌对势力制造的舆论,这不是主流,但其影响不可低估。第三个是灰色地

---

① 习近平:《论党的宣传思想工作》,中央文献出版社,2020 年,第339 页。

带,处于红色地带和黑色地带之间。"①

大学生是网民的主力军,西方敌对势力寄希望于这些"互联网的新新一代",企图通过网络"变量"来改变中国的颜色。习近平总书记的重要论断让我们明晰了网上意识形态斗争的现状,我们一定要采取措施,使"变量"成为巩固社会主义意识形态安全的"增量",让大学生享有清朗的网络空间。

(二)大学生是关系国家意识形态安全的重要群体

根据教育部发布的 2021 年全国教育事业统计主要结果,我国普通本专科在校生 3483.2 万人,在学研究生 333.24 万人,共有在校大学生 3800 余人。② 可见,从数量上来说,大学生是一个庞大的群体,抓好大学生思想上的教育引导,对于维护国家意识形态安全意义重大。相对来说,大学生又是高知识群体,他们的思想状况直接影响国家和民族的前途命运。

同时,大学生思想活跃,乐于追求新鲜事物,能够包容、接纳新思想和新理念。然而,由于他们的世界观、价值观尚未成型,知识体系尚未确立,判断与鉴别能力较弱,在思想上并未真正成熟,因而其在意识形态斗争中往往是敌对势力争夺的重要对象,高等学校则成为我国意识形态斗争的前沿阵地。在全球化、网络化背景下,各种思想文化碰撞交锋愈加频繁、程度越发激烈,使大学生的思想定力备受考验。在主流文化与外来文化、马克思主义思想与西方思潮、社会主义价值观与西方价值观的碰撞中,部分大学生陷入认知混乱,感到无所适从,亟待加以正确引导。

(三)坚定文化自信与意识形态安全具有内在关联

马克思将意识形态比作精神世界的太阳,换言之,意识形态是社会上占统治地位的精神力量。在马克思看来,一定的意识形态的解体足以使整个时代覆灭。苏联解体、东欧剧变的事实,证明马克思的上述论断是完全正确的。在当代中国,所谓文化自信就是中国特色社会主义意识形态自信。正

---

① 中共中央文献研究室:《习近平关于社会主义文化建设论述摘编》,中央文献出版社,2017 年,第 30 页。

② 欧媚、高毅哲:《二〇二一年全国教育事业统计主要结果发布》,《中国教育报》2022 年 3 月 2 日第 1 版。

是在这种意义上,习近平总书记明确指出:"世界上各种文化之争,本质上是价值观念之争,也是人心之争、意识形态之争。"①坚定文化自信事关国家意识形态安全,不能有丝毫的懈怠。

1. 意识形态是文化的内核

在马克思、恩格斯看来,意识形态是统治阶级出于自身维护统治、利益诉求、精神文化价值取向等的需要,对社会关系特别是经济利益关系反映而形成的思想观念体系,是占据主导地位的文化形态,由一定的政治、法律、哲学、道德、艺术、宗教等社会意识形式所构成,成为反映该社会的经济基础并为其服务的观念上层建筑或思想上层建筑,成为统治阶级提出其政治纲领和思想路线并以其规范行为准则、体现其价值取向和宣传其思想观念的理论依据,成为凝聚社会成员的思想共识并获得合法性统治基础的理想、价值、利益、需要的思想观念体系。②

关于文化与意识形态的关系,习近平总书记指出:"意识形态决定文化前进方向和发展道路。"③可见,意识形态在文化中居于主导地位,发挥导向性作用。意识形态是文化的内核,丰富多样的文化形态则是其外壳,起到保护内核的作用。④ 在马克思主义阶级社会的理论话语下,意识形态性成为社会文化的必然属性,意识形态成为文化的主要构成,引领塑造各类社会形态、各个发展阶段、不同历史时期的社会意识,其自身的发展也聚焦映照在特定阶级的文化发展脉络。⑤

2. 坚定文化自信促进意识形态安全

中国特色社会主义文化是以马克思主义为指导思想的文化,包括经过

---

① 中共中央文献研究室:《习近平关于社会主义文化建设论述摘编》,中央文献出版社,2017 年,第 105 页。

② 方世南:《"意识形态决定文化前进方向和发展道路"的唯物史观意蕴》,《北方论丛》2019 年第 6 期,第 43—51 页。

③ 习近平:《习近平谈治国理政》(第三卷),外文出版社,2020 年,第 32 页。

④ 黄建军:《文化自信的意识形态功能》,《马克思主义研究》2019 年第 8 期,第 129—138 页。

⑤ 邵彦敏、白兮:《文化自信与意识形态安全》,《理论探讨》2019 年第 5 期,第 32—38 页。

创造性转化和创新性发展的中华优秀传统文化、在中国共产党和中国人民伟大斗争中孕育的革命文化和社会主义先进文化。文化自信是意识形态安全之基,坚定中国特色社会主义文化自信,能够加深对马克思主义赋予中国文化新生的理解,更准确地把握马克思主义中国化的前进方向,进而以科学的态度对待马克思主义,更好地坚持马克思主义在意识形态领域的指导地位。坚定文化自信,能够让人们正确对待外来文化、抵御错误思想影响,巩固意识形态安全。习近平总书记强调,要把坚定"四个自信"作为建设社会主义意识形态的关键。①

文化自信能够提高意识形态话语权。意识形态话语权具有文化和政治两个维度,从而表现为文化领导权和政治领导权两种不同的形式。文化领导权是马克思主义意识形态以文化形态、思想理论等形式在人民群众中获得广泛的文化共识与价值认同,是话语权自下而上构建的方式;政治领导权则是马克思主义意识形态以法律法规、政策规章、舆论宣传等形式,自上而下地在全国范围内确立统一的政治导向与政治共识。② 政治话语权是核心,文化话语权是基本条件。意识形态话语权归根到底是服务于"统一的政治导向与政治共识",而这则需要文化话语权所塑造的"广泛的文化共识与价值认同"为支撑。换言之,自上而下的政治话语权需要借助文化软实力的壮大和文化形态的丰富走进人民群众的内心世界,获得自下而上的认同和支持。就此而言,意识形态话语权争夺焦点转向文化话语权是一种基于特定社会历史条件的必然。基于此,我们要透过现象看到本质,深刻地认识到,文化话语权争夺的背后是政治话语权,政治话语权是要害。增强文化自信不仅仅巩固拓展了意识形态话语权,也从整体上提升了意识形态话语权。③

---

① 习近平:《习近平谈治国理政》(第三卷),外文出版社,2020 年,第 312 页。

② 梅景辉:《文化自信与马克思主义意识形态话语权的当代发展》,《马克思主义研究》2017 年第 5 期,第 103–112 页。

③ 黄建军:《文化自信的意识形态功能》,《马克思主义研究》2019 年第 8 期,第 129–138 页。

三、促进中国特色社会主义文化的传承与发展

2020 年 10 月,党的十九届五中全会明确提出 2035 年建成文化强国,这是党中央首次明确建成文化强国的具体时间。建设文化强国,既需要传承中华文化,用好前人留给我们的宝贵精神遗产,也需要发展中华文化,让中华文化保持生机活力。作为文化传承发展生力军的当代大学生,唯有树立高度的文化自信,方能担当起时代赋予的责任。

(一)大学生是传承与发展中华文化的生力军

长江后浪推前浪,一代新人换旧人。作为青年中的先进分子,大学生在知识密集的文化海洋中接受培养和熏陶,他们朝气蓬勃、知识丰富、视野开阔、思维活跃,富有创新创造精神,是国家和民族未来发展的中坚力量,即将活跃在社会各个领域、各条战线,应该成为传承与发展中华文化的生力军。一般认为,高等学校的职能中包含文化传承与创新。作为高等教育的对象,大学生是高等学校履行文化传承与创新职能的重要主体。在大学阶段接受了文化教育和熏陶,吸收了人类创造的优秀文化养分,结合自己的思维加工和创新创造,大学生也必然成为传承与发展中华文化的生力军。

(二)引导大学生坚定文化自信为传承发展中华文化积蓄人才

习近平总书记站在建设社会主义文化强国的高度,提出了坚持中国特色社会主义文化发展道路,推动中华优秀传统文化创造性转化、创新性发展,继承革命文化,发展社会主义先进文化,激发全民族文化创新创造活力的重要部署,这也是坚定文化自信、传承发展中华文化的根本遵循。

引导大学生坚定文化自信,能够唤醒大学生的文化主体意识,激发大学生推动民族文化发展繁荣的信念和动力,使其积极主动地加入传承发展、弘扬创新中华文化的行列,增强中华文化的生命力、创造力和凝聚力;通过引导大学生学习认识了解本民族文化,能够使大学生感受中华文化的魅力,爱上中华文化,也能够提高大学生的文化素养,使其具备传承发展中华文化的能力;引导大学生坚定文化自信,还能够让大学生保持对自身文化的定力,从容应对外来文化的冲击,坚定不移地推动中华文化向着正确方向发展。

（三）引导大学生成为中国特色社会主义文化的信仰者实践者

万山磅礴必有主峰,龙衮九章但挈一领。中国特色社会主义文化是我国的主流文化,承载着中国特色社会主义的主流思想、核心理念和基本精神。中国特色社会主义文化渊源于中华民族五千多年文明史,植根于中国特色社会主义伟大实践,是我国特有的社会主义文化。它反映中国特色社会主义政治和经济的基本特征,又对中国特色社会主义政治和经济的发展起到巨大促进作用,是实现中国特色社会主义事业行稳致远的思想保证。有了中国特色社会主义文化提供的思想保障和精神力量,全国人民万众一心,我国的经济、政治、社会、生态文明建设才能披荆斩棘、破浪前行,社会主义现代化建设才能顺利开展,民族复兴的伟大荣光才能早日铸就。引导大学生坚定文化自信,事关促进大学生拨开思想迷雾、定位自身身份、厘清文化脉络、明确价值取向,事关促进大学生熟知、把握中国特色社会主义文化,成为中国特色社会主义文化的坚定信仰者和自觉实践者,并始终坚持和不断发展中国特色社会主义文化。

第三节　引导大学生坚定文化自信的原则

毛泽东曾形象地说:"我们不但要提出任务,而且要解决完成任务的方法问题。我们的任务是过河,但是没有桥或没有船就不能过。不解决桥或船的问题,过河就是一句空话。不解决方法问题,任务也只是瞎说一顿。"[1]引导大学生坚定文化自信的原则,就是引导大学生坚定文化自信的方法论,解决的是在方法论层面应该"怎样做"的问题。

一、多方协同

乘众人之智,则无不任也;用众人之力,则无不胜也。虽然高校是引导大学生坚定文化自信的主体力量,但这绝非高校一家的事情,仅靠高校"孤

---

① 《毛泽东选集》(第一卷),人民出版社,1991年,第139页。

军奋战"也难以真正起到很好的效果。党的二十大报告明确提出"健全学校家庭社会育人机制",2020年教育部等八部门《关于加快构建高校思想政治工作体系的意见》也提出"推动形成学校、家庭和社会教育协同育人机制",充分体现了系统思维、整体思维。高校、家庭、社会都是大学生身处的空间,高校是人才培养的主阵地,家庭是人生的第一课堂,社会是人们生存发展的大环境,三方之间的协同合作直接影响大学生的培养成效,任何一个方面的缺失或不完善,都会使整个育人体系出现明显的漏洞。因此,引导大学生坚定文化自信,需要高校、家庭、社会群策群力。

（一）高校家庭社会协同育人

各级政府和教育部门应从国家战略高度认识高校、家庭、社会协同育人对于落实立德树人根本任务的重要性,推动建立完善高校、家庭、社会协同引导大学生坚定文化自信的体系机制。高校、家庭、社会应目标一致、责任共担、联系密切,汇聚起引导大学生坚定文化自信的合力。高校应发挥人才培养主阵地的应有作用,统筹利用好各种教育教学资源,筑牢大学生文化自信的根基。家庭应充分发挥人生第一课堂的重要作用,家长应发挥好作为孩子第一任老师的独特优势,切实履行家庭教育责任。社会应发挥成长实践大课堂的作用,营造有利于大学生成长的社会文化,提供高质量的公共文化产品和服务。在多方的协同努力下,以良好的学校环境、家庭氛围、社会风尚促进大学生文化自信的形成和坚定,助力每一名大学生健康成长、成为中国特色社会主义事业合格建设者和接班人。

（二）高校全员全程全方位育人

在高校内部,引导大学生坚定文化自信同样需要遵循多方协同的原则,而非仅仅依靠思想政治理论课。教育绝不仅仅局限于课堂、局限于"三尺讲台"。习近平总书记在学校思想政治理论课教师座谈会上指出,学校教育要"实现全员全程全方位育人"①。高校要努力构建"全员育人、全程育人、全方位育人"的协同育人格局,在补齐短板弱项上下功夫。在高校党委的统

---

① 习近平:《论党的宣传思想工作》,中央文献出版社,2020年,第387页。

一领导和顶层设计下,思想政治理论课教师、专业课教师、通识课教师、辅导员、管理干部等所有工作人员都应肩负起引导大学生坚定文化自信的责任,思想政治理论课、通识课、专业课、校园活动、网络育人、社会实践等各个教育教学环节都应具备引导大学生坚定文化自信的功能,教学院系、党群部门、行政机构、教辅机构等各个部门都应承担引导大学生坚定文化自信的职责。

二、显隐结合

显性教育和隐性教育,是教育的两种基本形态。显性教育的教育目的是外显的、教育方式是直接的,隐性教育的教育目的是内隐的、教育方式是间接的。有时,在同一个教育场景中,显性教育与隐性教育是无法截然分开的,只是可能某一种方式占据着主导地位,另一种相对不够明显,或者作为辅助存在。① 显性教育具有内容明确、效果直接的优点,但也有一定的局限性,其明显的目的性和直接的形式,可能会引起受教育者的心理排斥。隐性教育则可以弥补显性教育的不足,其形式更加灵活多样。在隐性教育过程中,教育内容会潜移默化地影响受教育者的思想观念、态度情感,发挥出持久稳定的教育作用。隐性教育如空气,日用而不觉;像春雨,润物细无声;似春风,著物物不知。隐性教育往往更容易契合青少年的思维方式、认知特点、精神需求,实现入芝兰之室久而自芳的效果。② 显性教育和隐性教育犹如人之双足,二者互为补充、相辅相成、不可偏废。只重视显性教育、不关注隐性教育,或者只关注隐性教育、不重视显性教育,都是不明智的。只有把显性教育和隐性教育结合起来,才能实现良好的教育效果。"既要有惊涛拍岸的声势,也要有润物无声的效果,这是教育之道。"③引导大学生坚定文化自信,同样需要把显性教育和隐性教育结合起来运用。

---

① 曹金龙:《关于新时代思想政治教育显性教育和隐性教育相统一的思考》,《思想理论教育》2019 年第 12 期,第 58-63 页。

② 辛士红:《多些潜移默化的隐性教育》,《人民日报》2019 年 3 月 29 日第 4 版。

③ 习近平:《论党的宣传思想工作》,中央文献出版社,2020 年,第 387 页。

高校的各门课程都承担着立德树人的职责,当然也就承担着培育文化自信的职责。在引导大学生坚定文化自信的过程中,思想政治理论课发挥着一马当先的作用。思想政治理论课是系统化对大学生进行马克思主义理论教育的专门课程。习近平总书记指出:"思政课要做思想政治教育的显性课程。"①文化自信教育从根本上说属于思想政治教育,在思想政治理论课教学中旗帜鲜明引导大学生坚定文化自信、清晰准确讲授中国特色社会主义文化、理直气壮教育大学生热爱中国特色社会主义文化,属于显性的文化自信教育。专门讲授中国文化的文化素质教育课程、通识课程,也可以归为显性的文化自信教育。对大部分大学生而言,关于中国特色社会主义文化的内涵,事实上并非十分清楚,只有通过教育者以直接的方式进行讲解,才能更好地掌握。大学生形成对中国特色社会主义文化的认知、理性认同、文化信仰,更多地需要通过显性教育的方式。而除了以显性方式进行文化自信教育之外,我们还有大量的时机以润物无声的方式对大学生进行文化自信引导。例如,大量的通识类、素质教育类课程既有广博的文化知识展示,又有丰富的人文情怀传递,是隐性文化自信教育的良好载体。又如,在重要时间节点举办中国经济社会发展成就的展览,也是隐性文化自信教育。隐性教育因素不只存在于学校内部,而且大量存在于家庭和社会环境中。学生成长过程的每一个环节和每一具体环境、事件等都具有价值并对学生产生潜移默化的影响。② 如盐入汤的课程思政、擦亮心灵的经典阅读、积极正面的身教示范、高雅文明的校园环境、喜闻乐见的校园活动、丰富多彩的社会实践、无私奉献的志愿服务、风清气正的网络空间、周到悉心的人文关怀、正气充盈的家风家教、健康向上的文艺作品……一切场合、一切载体、一切方式,都可以是文化自信教育融入、嵌入、渗入的地方。实现大学生对中国特色社会主义文化的情感认同、文化信心、文化内化等,更多地需要通过隐性教育的方式。

---

① 习近平:《论党的宣传思想工作》,中央文献出版社,2020 年,第 386 页。

② 胡大平:《坚持显性教育和隐性教育相统一 全面提升高校立德树人水平》,《思想理论教育导刊》2019 年第 7 期,第 79–83 页。

学校、家庭、社会等教育主体应具备综合运用显性教育、隐性教育的理念,并将这种理念贯彻于引导大学生坚定文化自信的实践。面对严峻复杂的思想文化交锋、意识形态斗争,必须坚定不移、理直气壮、大张旗鼓地强化显性文化自信教育。同时,也要适应大学生的认知特点、思维特点、心理特点,善于拓展利用多种多样的隐性教育载体,采取融入与渗透的方式引导大学生坚定文化自信,将文化自信教育内容融入大学生的学习、生活环境,让大学生浸润于先进文化的氛围中,潜移默化地受到陶冶、感染和教化。

三、立破并举

文化自信这一命题本身既包含着要对何种文化自信的问题,又包含着要摒弃何种文化的问题。引导大学生坚定文化自信的实践过程中,要善于运用辩证思维,坚持立破并举。"立",就是坚持目标导向,明确告诉大学生坚定文化自信的重要意义,向其传播中国特色社会主义文化,传导主流意识形态,唱响主旋律,弘扬正能量,通过正面宣传教育,培育文化自信。"破",就是坚持问题导向,明确告诉大学生文化不自信的危害,一方面切实消除破解大学生群体中存在的文化无知、文化自卑、文化他信等问题,另一方面着力批判破除与中国特色社会主义文化相抵触相对立相冲突的文化。引导大学生坚定文化自信的"立"与"破",是矛盾统一体不可分割的两个方面,彼此相辅相成。如果只在"立"上下功夫,只教导大学生什么是对的,不关注、不直面、不研究、不解决现存问题,自说自话地讲一套,虽然所讲内容貌似高大全,但如同在温室里培植花朵一样,可能经不起风吹雨打,也就无法令人信服。只"立"不"破",便不能很好地"立"。当天空中布满乌云,人们就无法沐浴阳光。正如毛泽东所说:"正确的东西总是在同错误的东西作斗争的过程中发展起来的。真的、善的、美的东西总是在同假的、恶的、丑的东西相比较而存在,相斗争而发展的。"①反之,如果只在"破"上下功夫,教导大学生什么是错的,虽把各种错误观点和不良思潮都一一驳倒,但大学生对

① 《毛泽东文集》(第七卷),人民出版社,1999年,第230页。

什么是正确的不甚了了,依然迷茫,也是失之片面的。只"破"不"立",不能真正实现"破"的目的。鲁迅曾说:"无破坏即无新建设,大致是的;但有破坏却未必即有新建设。"①拆除了旧楼,不等于建起了新楼;推翻了"三座大山",不等于建成了社会主义;错误的观念被否定,也不等于正确的观念随之建立。只有把"立"与"破"结合起来,有"立"有"破",才能收获理想的教育引导效果。

"立",是最终目的所在。高校、家庭、社会等各方要正面引导大学生认知、认同、内化、外化中华优秀传统文化、革命文化、社会主义先进文化,培养大学生对马克思主义的高度信仰、对社会主义先进文化发展的十足信心,教育大学生树立正确的世界观、人生观、价值观,坚守社会主义意识形态,自觉做社会主义核心价值观的坚定信仰者、积极传播者和模范践行者。习近平新时代中国特色社会主义思想是当代中国马克思主义、二十一世纪马克思主义,是中华文化和中国精神的时代精华,是新时代中国特色社会主义建设、中华民族伟大复兴的思想旗帜,要坚持用这一伟大思想武装大学生的头脑。

"破",凸显了问题导向。"坚持问题导向是马克思主义的鲜明特点。"②凡事不破不立。当代大学生在坚定文化自信方面存在一些问题,对大学生坚定文化自信的引导也存在一些短板弱项,我们不能只顾正面宣传,而对这些现实问题视而不见、置若罔闻。要善于通过调查,发现大学生在坚定文化自信方面存在的问题、在引导大学生坚定文化自信工作中存在的短板弱项,善于分析问题背后的原因,以问题为导向,有针对性地制定解决问题的任务、措施和办法,而不是全凭想当然地提出一些引导大学生坚定文化自信的措施。要发扬亮剑精神,对大学生的错误认识与消极心态开展批评引导。当今世界,在全球化、信息化和市场化浪潮的推动下,文化交流交融交锋日益频繁,我国思想文化领域呈现纷纭激荡的景象。正处于思维活跃状态、心智尚未完全成熟的大学生,其文化观点、价值取向极易受到影响。对于与中国特色社会主义文化相悖的各种腐朽文化、落后文化、庸俗文化和错

---

① 《鲁迅全集》(第一卷),人民文学出版社,2005年,第202页。
② 习近平:《论党的宣传思想工作》,中央文献出版社,2020年,第225页。

误思潮,包括西方文化优越论、"普世价值"论、新自由主义、宪政民主、历史虚无主义、拜金主义、享乐主义、极端个人主义等,我们要发扬斗争精神,善于发现对立面对我方的渗透攻击,从马克思主义的立场观点方法出发,进行科学的剖析、深刻的揭露、坚决的批判,采取有力措施抵制其对大学生群体的侵蚀,帮助大学生划清是非界限、澄清模糊认识,以"破"促"立"。唯有如此,中国特色社会主义文化才会被大学生真心接受,而错误的观点和思潮也才会逐渐失去生命力并被大学生所抛弃。

应当指出,立破并举并不是要在引导大学生坚定文化自信的实践过程中把"立"与"破"截然分开,事实上也无法截然分开,往往是"立"中有"破"、"破"中有"立",而是要求有协调"立"与"破"的意识,将二者辩证统一于引导大学生坚定文化自信的实践,避免失之偏颇。

四、知行统一

马克思说:"哲学家们只是用不同的方式解释世界,而问题在于改变世界。"①这昭示了马克思主义理论的实践性,也为我们思考一切问题、解决一切问题指明了方向,当然包括如何引导大学生坚定文化自信的问题。

坚定文化自信不能停留在口头上、止步于思想观念环节,而要落脚到人的行为举止上。就像是我们经常说的,评价一个人,不仅要看他说了什么,还要看他做了什么。所谓落脚到人的行为举止上,即是主观见之于客观,即是要在坚定文化自信上做到知行统一、言行一致,用中华优秀传统文化、革命文化、社会主义先进文化蕴含的思想观念、精神品质、道德规范指导自己的行为实践,在学习、工作、生活、处世等方方面面弘扬中国特色社会主义文化,做文化自信的践行者、行动派,不搞知行脱节、有知无行的"伪自信"。

知行统一是中华文化的内在要求。南宋大儒朱熹说:"苟徒知而不行,诚与不学无异。"②著名马克思主义哲学家陈先达说:"一个饱读传统文化

---

① 《马克思恩格斯文集》(第一卷),人民出版社,2009 年,第506 页。
② 语出《朱子大全·答曹元可》。

经典而个人行为极不文明的人，并不是一个真正有文化素养的中国人。"①习近平总书记在北京大学师生座谈会上强调："学到的东西，不能停留在书本上，不能只装在脑袋里，而应该落实到行动上。"②诚如以上所言，如果一个人经过教育引导，对中国特色社会主义文化有了一定的认知、认同、信心，也能够将其内化于心，但是行为表现却常常背离社会主义核心价值观、中华传统美德，例如不孝敬父母、不努力工作、不热爱劳动、不诚实守信、在他人遇到麻烦的时候袖手旁观、在家乡遇到困难的时候一走了之，只是空谈"自信""自豪"，能说这样的人真正树立了文化自信吗？再如，一个人把"锄禾日当午，汗滴禾下土。谁知盘中餐，粒粒皆辛苦"这首经典唐诗记得烂熟于心，但是吃饭的时候还是经常浪费食物，能说这样的人真正树立了文化自信吗？其实，这种情况叫"有知识没文化"，也就是把文化当成知识来学习，而没有与为人处事、待人接物结合起来。如同北宋大儒程子所说："如读《论语》，未读时是此等人，读了后又只是此等人，便是不曾读。"③因此，知行统一必然是引导大学生坚定文化自信所要遵循的重要原则之一。我们不仅要不遗余力地对大学生进行中国特色社会主义文化教育，还要引导大学生将中国特色社会主义文化的内在要求落实到自己的行为实践中，时时处处遵循中国特色社会主义文化的内在要求、不做与之相背离的事情。我们不仅要引导大学生"学马""信马"，而且要引导大学生"行马"。而且，人的实践活动不仅改造客观世界，也改造主观世界，即以行促知。通过践行文化自信，大学生会对文化自信、中国特色社会主义文化产生新的更加深入的认知，进而更好地指导自己的实践活动。

①　陈先达：《文化自信：做理想信念坚定的中国人》，吉林人民出版社，2017年，第64页。
②　习近平：《在北京大学师生座谈会上的讲话》，《人民日报》2018年5月3日第2版。
③　语出《四书集注·论语序说》。

第四章　大学生文化自信现状分析

　　深入探究大学生文化自信的现状，发现积极表现和所存问题，并分析问题产生的原因，对于引导大学生坚定文化自信是十分必要的现实课题。2021 年，笔者对 10 所不同类型高校的不同年级、不同专业、不同性别的共 2700 名大学生的文化自信状况开展了问卷调查，共发放问卷 2700 份，收回有效问卷 2640 份，有效回收率为 97.8%。2022 年，笔者再次对另 10 所不同类型高校的不同年级、不同专业、不同性别的共 3000 名大学生的文化自信状况开展了问卷调查，共发放问卷 3000 份，收回有效问卷 2911 份，有效回收率为 97%。两次问卷调查的结果整体上具有一致性，为了使研究更具时效性，本书对大学生文化自信现状的分析主要依据 2022 年笔者开展的问卷调查结果，并结合利用 2021 年的问卷调查结果。从问卷调查结果可以看出，大学生在文化自信方面的总体表现是较为积极的、值得肯定的，但也存在着这样那样的问题，有待我们着力解决。

第一节　大学生文化自信的积极表现

　　笔者实施的自编问卷调查结果显示，多数当代大学生在文化自信方面的状况是积极向好的，表现为自认具有较强的文化自信、对中国传统文化有较高学习兴趣与意愿、对社会主义核心价值观有较高认知认同度、对不同文化交流互鉴的看法较为理性等。

一、大部分大学生自认具有较强的文化自信

　　2021 年，对于笔者在自编调查问卷中设置的"您觉得自己有'文化自

信'吗?"这一问题,79.2%的受访大学生表示"有,且非常强烈",20.8%的受访大学生表示"有,但不够强烈";2022 年,对于笔者在自编调查问卷中设置的"您觉得自己有'文化自信'吗?"这一问题,72%的受访大学生选择了"有,且非常强烈",23.8%的受访大学生选择了"有,但不够强烈",仅有1.4%的受访大学生选择了"没有",还有 2.8%的受访大学生选择了"不确定"(如图 4-1 所示)。对于"您是否赞同'我为中华文化感到自豪'?"这一问题,83.1%的受访大学生选择了"非常赞同",15.5%的受访大学生选择了"比较赞同";对于"您是否赞同'中华优秀传统文化具有超越时空的永恒魅力'?"这一问题,77.5%的受访大学生表示非常赞同,19.7%的受访大学生表示比较赞同;对于"您是否赞同'中华文化有着光明的发展前景'?"这一问题,85.9%的受访大学生表示"非常赞同"。通过调查数据可以发现,大部分大学生自认具有较强的文化自信。

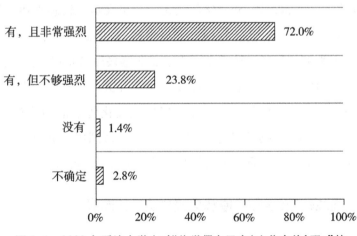

图 4-1　2022 年受访大学生对"您觉得自己有'文化自信'吗?"的
回答的频率分布

二、对中国传统文化有较高学习兴趣与意愿

中华优秀传统文化是中华民族的根和魂,是中国特色社会主义文化的重要组成部分。大学生的中华优秀传统文化传承意愿是其文化自信的重要

体现。笔者通过考察大学生对中国传统文化的学习兴趣与意愿、对开展中华优秀传统文化教学实践活动必要性的认识等,掌握大学生对中华优秀传统文化的传承意愿。

从整体来看,大多数大学生对中华优秀传统文化的兴趣和学习意愿较高。2021年,对于笔者在自编调查问卷中设置的"您觉得当代大学生是否还需要阅读中国文化经典?"这一问题,94.7%的受访大学生选择了"需要,阅读中国文化经典大有裨益";对于"您愿意学习中国传统绘画、书法、武术、乐器演奏吗?"这一问题,表示愿意的受访大学生高达99.2%。可见,受访大学生对传承中华优秀传统文化的意愿较为强烈。2022年,对于笔者在自编调查问卷中设置的"您觉得当代大学生是否还需要阅读中国文化经典?"这一问题,93%的受访大学生选择了"需要,阅读中国文化经典大有裨益";对于"您对所在高校开设的中国文化有关课程是否感兴趣?"这一问题,38%的受访大学生表示非常感兴趣,39.5%的受访大学生表示比较感兴趣;对于"您是否对我国的经史子集、诗词歌赋、琴棋书画、舞蹈武术等传统文化感兴趣?"这一问题,40.9%的受访大学生表示非常感兴趣,40.8%的受访大学生表示比较感兴趣;对于"您是否愿意参加学校组织开展的阅读中国古代经典、学习民族乐器、练习中国功夫等中华传统文化传承活动?"这一问题,39.4%的受访大学生表示非常愿意,43.7%的受访大学生表示比较愿意。可见,受访大学生对中华优秀传统文化的学习兴趣与意愿较高。

三、对社会主义核心价值观有较高认知认同度

文化的核心是价值观,文化自信说到底是价值观自信。因此,考察大学生对社会主义核心价值观的自信状况十分必要。笔者调研发现,多数受访大学生认可社会主义核心价值观建设的必要性,能够熟记核心价值观的基本内容,理解社会主义核心价值观的内涵,认同社会主义核心价值观,有践行社会主义核心价值观的意愿。

(一)普遍认为有必要提出社会主义核心价值观

大学生对社会主义核心价值观建设必要性的认识,反映其在多元思想

激荡中对社会主义核心价值观的认可和接受程度。调研发现,绝大多数大学生对社会主义核心价值观建设的必要性表示认同,表明大学生对社会主义核心价值观建设必要性的认可度较高。2021 年,对于笔者在自编调查问卷中设置的"您认为国家提出社会主义核心价值观是否有必要?"这一问题,100%的受访大学生表示有必要。2022 年,对于笔者在自编调查问卷中提出的"您认为国家提出社会主义核心价值观是否有必要?"这一问题,98.6%的受访大学生认为有必要。

(二)普遍熟记社会主义核心价值观的内容

考察文化自信状况,必须从"知"入手。通过调研,发现当代大学生对社会主义核心价值观基本内容的熟记情况较好。2021 年,对于笔者在自编调查问卷中设置的"您能否说出社会主义核心价值观的内容?"这一问题,90.2%的受访大学生表示能够完整地说出。2022 年,对于笔者在自编调查问卷中设置的"您对社会主义核心价值观的内容熟记情况如何?"这一问题,87.3%的受访大学生表示已经熟记,12.7%的受访大学生表示尚未熟记(如图 4-2 所示)。

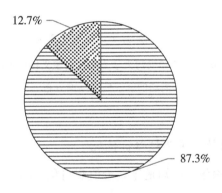

12.7%

87.3%

☰ 已经熟记　⊠ 尚未熟记

图 4-2　2022 年受访大学生对社会主义核心价值观的
熟记情况频率分布

（三）对社会主义核心价值观内涵理解情况较好

仅仅记住或者背会了社会主义核心价值观的十二个词还不够，对社会主义核心价值观内涵的准确理解是真正树立起价值观自信、文化自信的基础和前提。通过调查，发现大学生对社会主义核心价值观的理解情况较好。2022年，对于笔者在自编调查问卷中提出的"您是否理解社会主义核心价值观的内涵？"这一问题，47.9%的受访大学生表示完全理解，46.5%的受访大学生表示较为理解，只有5.6%的受访大学生表示不大理解（如图4-3所示）。

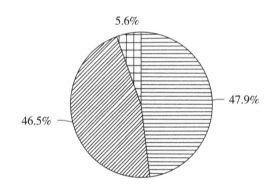

⊟ 完全理解　⊠ 较为理解　⊡ 不大理解

图4-3　2022年受访大学生对社会主义核心价值观
内涵的理解情况频率分布

（四）普遍认同社会主义核心价值观

认同是认知的深化。认知是建立价值观自信、文化自信的先决条件，认同则是建立价值观自信、文化自信的重要环节。大学生对社会主义核心价值观认同的程度既反映大学生在多大程度上自觉将社会主义核心价值观作为自己的价值追求和价值引领，又反映大学生将社会主义核心价值观外化为自觉行动的意愿。调查显示，大学生对社会主义核心价值观有着较高的认同度。2021年，对于笔者在自编调查问卷中设置的"您是否认同社会主义核心价值观？"这一问题，95.2%的受访大学生表示完全认同，4.8%的受访大学生表示基本认同。2022 年,对于笔者在自编调查问卷中设置的"您是否认同社会主义核心价值观?"这一问题,90.1% 的受访大学生表示完全认同,9.9% 的受访大学生表示基本认同,没有受访大学生选择"不认同"(如图4-4 所示)。

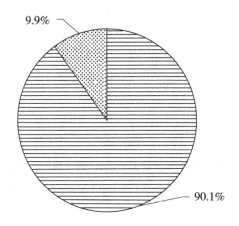

9.9%

90.1%

☰ 完全认同 ⊠ 基本认同

图4-4 2022 年受访大学生对社会主义核心价值观的
认同情况频率分布

(五)普遍认为培育和践行社会主义核心价值观人人有责

看大学生是否真正形成了对社会主义核心价值观的自信,要考察认知认同状况,更要看其是否能够践行社会主义核心价值观,是否以社会主义核心价值观指导自己的一言一行,是否愿意身体力行地宣传社会主义核心价值观。2022 年,对于笔者在问卷中提出的"您是否赞同'培育和践行社会主义核心价值观,每个人都有责任'?"这一问题,64.8% 的受访大学生表示非常赞同,32.4% 的受访大学生表示比较赞同,只有 2.8% 的受访大学生表示不太赞同(如图4-5 所示)。

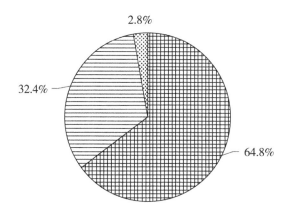

2.8%

32.4%

64.8%

⊞ 非常赞同　　目 比较赞同　　⊠ 不太赞同

图 4-5　2022 年受访大学生对"培育践行社会主义
核心价值观人人有责"看法的频率分布

四、对不同文化交流互鉴的看法较为理性

文化自信并非唯我独尊、故步自封,中华文化的发展进步始终伴随着与外来文化的交流融合、对外来文化的吸收借鉴。习近平总书记指出:"中华文明是在同其他文明不断交流互鉴中形成的开放体系。"①在信息化、全球化深入发展的背景下,不同文化之间的交流、交会、交锋变得日益频繁。在这一情况下,能够理性客观地看待外来文化、以开放包容的态度博采众长,是正确文化观和良好文化素养的重要体现。考察大学生对不同文化交流互鉴的看法,是把握其文化自信状况的维度之一。

问卷调查结果表明,当代大学生总体上能够理性、客观地看待外来文化,对待外来文化持开放包容的态度。2021 年,对于笔者在自编调查问卷中设置的"您如何看待中国文化与世界其他文化的关系?"这一问题,92% 的受访大学生选择了"中国文化与世界其他文化各有所长,应该互相学习借鉴";

---

① 习近平:《习近平谈治国理政》(第三卷),外文出版社,2020 年,第 471 页。

而对于"您觉得我们应该如何看待西方文化?"这一问题,91%的受访大学生选择了"我们应该有鉴别、有选择地学习西方文化"。2022年,对于笔者在自编调查问卷中设置的"您是否赞同'我们应当以开放包容的态度吸收其他文化的优点和长处'?"这一问题,69%的受访大学生表示非常赞同,26.8%的受访大学生表示比较赞同,分别只有2.8%的受访大学生表示不太赞同、1.4%的受访大学生表示不赞同(如图4-6所示);对于"您觉得我们应该如何看待西方文化?"这一问题,83.1%的受访大学生选择了"我们应该有鉴别、有选择地学习西方文化"(如图4-7所示)。

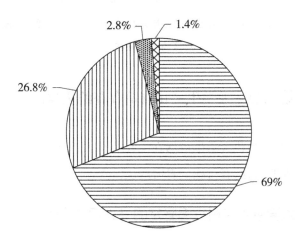

⊟ 非常赞同　⊞ 比较赞同　▨ 不太赞同　⊠ 不赞同

图4-6　2022年受访大学生对文化交流互鉴所持

态度的频率分布

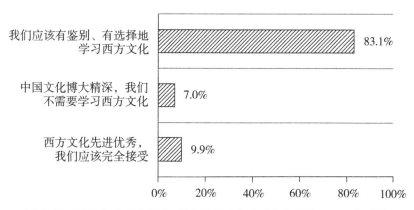

图 4-7　2022 年受访大学生对"您觉得我们应该如何看待西方文化?"的

回答的频率分布

第二节　大学生文化自信存在的主要问题

问卷调查发现,当代大学生虽然在文化自信状况上整体是积极的,但仍有一些不容忽视的问题,有待我们着力解决。

一、部分大学生尚未树立起坚定的马克思主义信仰

因为有对马克思主义的信仰,大学生才能被称为社会主义建设者和接班人,而不是别的什么主义的建设者和接班人。树立起对马克思主义的信仰,是大学生坚定文化自信的题中应有之义。有了坚定的马克思主义信仰,才能说形成了坚定的中国特色社会主义文化自信。而现实中,由于种种因素的影响,部分大学生尚未树立起坚定的马克思主义信仰。2022 年,笔者在自编调查问卷中设置了一道单项选择题"您是否信仰马克思主义?",70.7% 的受访大学生选择了"是",4.8% 的受访大学生选择了"否",24.5%的受访大学生选择了"不确定"(如图 4-8 所示)。大学生在不记名的问卷上作出的回答,是能够在很大程度上说明问题的。虽然多数大学生认为自己信仰马克思主义,但是另外 29.3% 的受访大学生对这一问题的回答显然让我们不能视而不见。

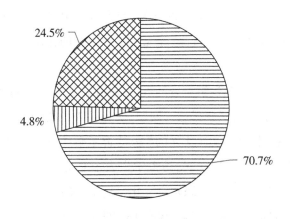

24.5%

4.8%

70.7%

〔〓〕是　〔〓〕否　〔〓〕不确定

图 4-8　2022 年受访大学生对"您是否信仰马克思主义?"的
回答的频率分布

　　2022 年,笔者在自编调查问卷中设置了一道问答题"您如何看待马克思主义信仰,您觉得当代大学生有必要树立马克思主义信仰吗?"大部分学生的回答都是积极正面的,但也有个别同学给出了负面的回答,一位学生是这样写的:说实在的,我觉得马克思主义信仰有点空、共产主义社会有点虚无缥缈,不知道马克思主义信仰到底是个什么、信仰它有什么用,我只要好好学习、爱党、爱国、爱人民、遵纪守法就可以了,不明白为什么要信仰马克思主义。[①] 可见,个别大学生对树立马克思主义信仰的认识是比较淡薄的,提醒我们引导大学生信仰马克思主义仍然任重而道远。

二、部分大学生对中国特色社会主义文化缺乏认知

　　文化认知是文化自信的基础。如果对中国特色社会主义文化缺乏充分的了解而空谈自信,这种"文化自信"就像是浮萍。认知中国特色社会主义文化,是大学生坚定文化自信的重要前提。部分大学生对中华文化的关注

---

　　①　根据一位受访大学生对笔者 2022 年开展的问卷调查中问答题第 2 题的回答,整理而得。

不够,缺乏对中华优秀传统文化的认知,导致蕴含在中华文化中的思想观念、精神品格、价值取向、经验智慧等无法发挥应有的作用,进而影响自身文化自信的生成。

2021年,对于笔者在自编调查问卷中提出的"您知道我们文化自信的对象吗? 它包括几个组成部分?"这一问题,仅有17%的受访大学生完全答对;对于笔者在自编调查问卷中设置的"您是否了解中华文化的发展演进历程?"这一问题,仅有19.3%的受访大学生表示非常了解。2022年,对于笔者在自编调查问卷中提出的"您知道文化自信中'文化'指的是什么文化吗?您能说出它的名称吗?"这一问题,仅有18.3%的受访大学生写出了"中国特色社会主义文化"这一正确回答;对于"您是否了解中华文化的发展演进历程?"这一问题,仅有25.4%的受访大学生表示非常了解,29.6%的受访大学生表示不太了解或不了解;对于"您了解中华优秀传统文化的内涵吗?"这一问题,32.8%的受访大学生表示不太了解;对于"您了解社会主义先进文化的内涵吗?"这一问题,32.4%的受访大学生表示不太了解或不了解。

对于和平年代成长起来的大学生来说,"革命"二字是较为生疏的。调查发现,当前大学生对革命文化的了解情况不容乐观。2021年,对于笔者在自编调查问卷中设置的"您对我国新民主主义革命历史了解如何?"这一问题,17.8%的受访大学生表示不太了解,1.2%的受访大学生表示完全不了解。2022年,对于笔者在自编调查问卷中设置的"您对我国新民主主义革命历史了解如何?"这一问题,18.3%的受访大学生表示不太了解,2.8%的受访大学生表示不了解;而对于"您认为革命文化是在什么时期创造的?"这一问题,45.1%的受访大学生选择了"新民主主义革命时期",5.6%的受访大学生选择了"不知道",说明相当一部分大学生不了解革命文化的全貌,不了解党的十九大报告所指出的——革命文化是"党领导人民在革命、建设、改革中创造的";对于"您了解革命文化的基本内涵吗?"这一问题,29.6%的受访大学生表示不太了解,4.2%的受访大学生表示不了解;对于"您了解中国共产党人的精神谱系吗?"这一问题,18.9%的受访大学生表示不太了解,6.6%的受访大学生表示不了解。可见,相比于其他,大学生对革命文化的认知了解更为欠缺。

三、大学生经典著作阅读状况亟待改观

经典著作是在长期的历史发展过程中积淀和凝练出的文化精华,是古圣先贤思想和智慧的结晶。经典著作的阅读情况往往能反映出一个人或一个群体文化素养的高低。对大学生来说,阅读经典著作是认知中国文化的重要途径之一。

调查结果显示,当代大学生对经典著作的阅读情况堪忧。2021 年,针对笔者在自编调查问卷中提出的"您读过《论语》吗?"这一问题,仅有7.1%的受访大学生表示完整读过。在笔者2022 年开展的问卷调查中,完整阅读过《共产党宣言》《毛泽东选集》《邓小平文选》《习近平的七年知青岁月》《论语》《孟子》《大学》《中庸》《道德经》的受访大学生人数比率分别为23.9%、11.5%、9.6%、21.1%、17.4%、16.9%、18.3%、17.3%、21.1%,而从未阅读过这九部经典著作的受访大学生人数比率分别为22.5%、28.2%、38%、39.4%、2.4%、25.4%、29.6%、33.8%、31%(如图4-9所示)。由此可见,大学生对经典著作的阅读状况亟待改观。

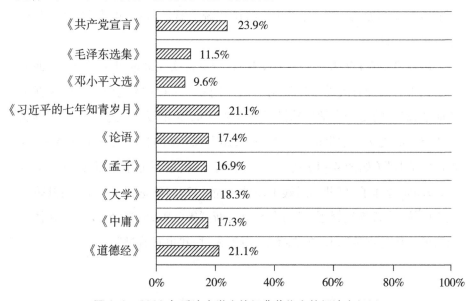

图4-9　2022 年受访大学生的经典著作完整阅读率(%)

四、部分大学生盲目亲近喜爱西方文化

在全球化进程不断深入、互联网发展突飞猛进、我国开放的大门越开越大的背景下,西方文化不断涌入我国,强烈冲击着我国的文化生态环境。当代大学生受西方文化的影响较深,部分大学生对西方文化有着十分浓厚的兴趣,盲目追捧在他们看来新鲜多彩的西方文化,热衷于西方的节日、影视等,而对这些文化表现形式背后的价值渗透认识不足、警惕不够。我们需采取措施,有效应对以节日文化、影视文化为代表的西方强势文化给大学生文化观、价值观带来的影响。

(一)部分大学生偏爱西方节日文化

对外来文化所代表的生活方式的追求是大学生的文化行为在全球化冲击下的直接表现,对西方节日的青睐与推崇便是其中之一。节日文化是一种重要的文化符号,对节日文化的认可在一定程度上意味着对其所代表的文化的认可。当前,一些大学生热衷于过情人节、圣诞节、感恩节、万圣节、愚人节等"洋节"。他们能清楚地记得 2 月 14 日是情人节、12 月 25 日是圣诞节、4 月 1 日是愚人节,却说不出我国传统节日的日期、由来和内涵,甚至觉得传统节日"土"。

2022 年,对于笔者在问卷中设置的"您最喜欢或最希望在下列哪个西方节日到来时参加有关的节庆活动?"这一问题,35.6%的受访大学生选择了圣诞节,22%的受访大学生选择了情人节,10.2%的受访大学生选择了感恩节,9.3%的受访大学生选择了万圣节,还有 6.8%的受访大学生选择了"其他西方节日"(如图 4-10 所示)。在表示喜欢过西方节日的受访大学生中,53.5%选择了"借此消遣娱乐,放松心情",25.4%选择了"出于对其蕴含意义的认可",7%选择了"西方节日具有新鲜感",9.9%选择了"一些媒体和商家的炒作与宣传",4.2%选择了"看别人过,我也跟着过"。

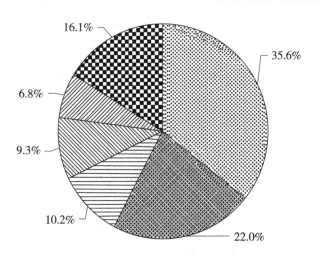

圖圖 圣诞节　圖圖 情人节　目 感恩节　冂 万圣节　囜 其他西方节日　图 都不

图 4-10　2022 年受访大学生对"您最喜欢或最希望在哪个西方节日
到来时参加有关的节庆活动?"的回答的频率分布

上述调查结果表明,相当比例的大学生可能并不了解某个西方节日的
风俗和内涵,而是出于休闲娱乐、放松心情、追求新鲜刺激,随波逐流地选择
与周围的人一起庆祝;也有相当比例的大学生清楚并认可西方节日背后的
意义。不管是哪种情况,在节庆活动中,这些大学生接受着西方文化的熏
染,潜移默化、不知不觉地强化着对西方文化的认知认同,这一现象需要引
起足够的重视。

(二)部分大学生青睐西方影视文化

大学生思维活跃、精力充沛、文化娱乐需求旺盛、使用互联网的能力强、
对外来文化新鲜好奇,喜爱观看各种影视剧。近年来,乘着网络的便利,西
方影视文化来势汹汹,好莱坞大片、美国电视剧、日韩电视剧、日本动漫等让
一些大学生欲罢不能,影响着他们的思维方式、价值观念和审美情趣,成为
不容忽视的文化现象。

2021 年,在笔者开展的问卷调查中,44% 的受访大学生表示喜欢美国的
音乐和影视剧,36% 的受访大学生表示喜欢韩国的音乐和影视剧,36% 的受

访大学生表示喜欢日本的动漫和音乐,22%的受访大学生表示喜欢英国的音乐。调查结果反映了西方流行文化对我国大学生的文化观念有较大影响,对我国文化生态的冲击不容忽视。2022年,对于笔者在自编调查问卷中提出的"您最喜欢下列哪种文化产品?"这一问题,38.7%的受访大学生选择了美国的音乐和影视剧,26.5%的受访大学生选择了韩国的音乐和影视剧,19.6%的受访大学生选择了日本的动漫和音乐,15.2%的受访大学生选择了英国的音乐;对于笔者在问卷中设置的"您是否赞同'西方影视作品比国产的更好看'?"这一问题,16.9%的受访大学生表示非常赞同,31%的受访大学生表示比较赞同,合计接近一半的大学生认为西方影视作品更好看。

(三)部分大学生对西方文化的价值渗透警惕性不足

部分当代大学生对于西方文化渗透问题缺乏正确的认识,在盲目追捧西方文化的过程中,文化价值判断和选择上面临着"西化"和"他塑"的危险。

2022年,对于笔者在自编调查问卷中提出的"您是否赞同'我们应该警惕西方文化的价值渗透'?"29.6%的受访大学生表示不太赞同或不赞同,10%的受访大学生态度模糊,两类共计为39.6%;对于问卷中的问答题"您是如何看待'普世价值'的?",经笔者查阅,发现一位学生是这样写的:"普世价值"是普遍适用的价值准则,谁会不希望生活在民主、自由、平等的社会里呢? 每个人都有权享有民主、自由、平等和人权,这是天经地义的、理所当然的。我感觉某些人对"普世价值"的态度是不是有问题或者有点过于敏感了。① 还有一位同学是这样写的:"普世价值"里有"民主""自由""平等",我们的社会主义核心价值观里也有"民主""自由""平等",我觉得这是相通的。②

由此可见,部分大学生受西方文化尤其是西方节日文化、影视文化影响颇深,随着各种文化价值、文化符号和文化商品的输入,一些大学生表现出

---

① 根据一位受访大学生对笔者2022年开展的问卷调查中问答题第3题的回答,整理而得。

② 根据一位受访大学生对笔者2022年开展的问卷调查中问答题第3题的回答,整理而得。

了对西方文化及其蕴含价值的认可和赞同,而对其背后的意图了解不深不透,这需要引起教育者的重视和警惕。西方文化样式往往包裹着华丽诱人的外衣,但实质是宣扬西方的价值观,而宣扬西方价值观的目的则是实现文化霸权、经济霸权、政治霸权。部分大学生只是从表面认识社会主义核心价值观,不了解社会主义核心价值观与"普世价值"的本质区别,没有认识到"社会主义核心价值观中的每个概念都包含着以马克思主义为指导、以社会主义制度为实质和内容的判断"①。大学生对西方文化价值渗透的警惕性有待增强,我们对西方错误思潮和观点的揭露批判有待加强,对西方文化价值渗透存在模糊认识的大学生必须及时加以正确的引导。

五、部分大学生在文化自信上知行不一

文化自信重在践行。习近平总书记指出:"要坚持不懈培育和弘扬社会主义核心价值观,引导广大师生做社会主义核心价值观的坚定信仰者、积极传播者、模范践行者。"②如前所述,大学生对社会主义核心价值观有较高的认知认同度。然而,思想或口头上的认同支持与现实表现不一定能够画上等号,一些大学生存在知行不一的现象,未能成为社会主义核心价值观的积极传播者、模范践行者。

笔者通过对大学生践行社会主义核心价值观的实际行动意愿进行调查,发现大学生对社会主义核心价值观的知行一致性有待提升。2021年,面对"您是否愿意参加学校组织的大学生下基层开展的社会主义核心价值观教育宣讲活动?"这一问卷调查题目,28.6%的受访大学生表示意愿一般,8.5%的受访大学生表示不太愿意,2.8%的受访大学生表示"不愿意"。总体看,60.1%的受访大学生较为愿意身体力行地参加此类活动,但远不及前述2021年受访大学生对社会主义核心价值观基本内容95.2%的完全认同度。2022年,对于笔者在问卷调查中提出的"您是否愿意参加学校组织的

---

① 陈先达:《文化自信中的传统与当代》,北京师范大学出版社,2017年,第251–252页。
② 习近平:《论党的宣传思想工作》,中央文献出版社,2020年,第276页。

大学生下基层宣讲社会主义核心价值观活动?"这一问题,27%的受访大学生表示意愿一般,8%的受访大学生表示不太愿意,4.8%的受访大学生表示不愿意。总体来看,60.2%的受访大学生较为愿意身体力行地参加此类活动,但远不及前述 2022 年受访大学生对社会主义核心价值观基本内容 90.1%的完全认同度;对于"在过去的一年中,您参加过几次志愿服务活动或公益活动?"这一问题,22.4%的受访大学生表示没参加过,约半数的受访大学生在过去一年仅参与公益活动 1~2 次;对于"放假在家时,您是否会主动帮父母做家务?"这一问题,22.5%的受访大学生选择了"很少"。

调查结果反映出部分大学生的文化认知认同与实际行动选择之间存在一定程度的脱节,在需要付诸实际行动时可能会退缩不前,这一问题需引起关注。

六、部分大学生价值取向消极

部分大学生推崇拜金主义、利己主义、享乐主义、宿命论等,将金钱和物质利益视为衡量一切事物的价值标准,把物欲和感官享受当作人生追求,缺乏远大的理想志向,将根植于中华优秀传统文化、革命文化、社会主义先进文化中的集体主义、重义轻利、奉献精神、奋斗精神等优良传统抛在一边,影响其对中国特色社会主义文化的自信。

笔者调查了大学生对拜金主义、利己主义、享乐主义、宿命论的看法。2021 年,在笔者开展的问卷调查中,29.8%的受访大学生表示认同"人为财死,鸟为食亡""有钱能使鬼推磨",45.2%的受访大学生表示认同"人生苦短,应及时行乐",15.5%的受访大学生表示认同"人不为己,天诛地灭",同样有 15.5%的受访大学生表示认同"生死有命,富贵在天"的宿命论观点。2022 年,在笔者开展的问卷调查中,40.8%的受访大学生表示认同"人为财死,鸟为食亡""有钱能使鬼推磨",53.2%的受访大学生表示认同"人生苦短,应及时行乐",32.1%的受访大学生表示认同"人不为己,天诛地灭",27.9%的受访大学生表示认同"生死有命,富贵在天""人生应顺其自然"的宿命论观点,42.3%的受访大学生表示认同"一朝成锦鲤,奋斗少十年"的享乐主义观点(如图4-11所示)。可见,有相当数量的大学生受到了拜金主义、利己主义、享乐主义、宿命论等消极价值取向的影响。

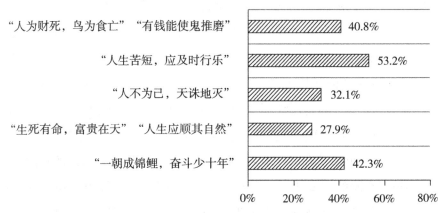

图4-11　2022年受访大学生对一些消极价值取向认同情况的频率分布

第三节　大学生坚定文化自信的不利影响因素

找准引发问题的原因,是有效解决问题的前提。大学生坚定文化自信的不利影响因素是多方面的,既有来自大学生自身的因素,也有来自外部的诸多因素,归结起来,主要包括以下几个方面。

一、大学生的心智行为特点

大学生一般是20岁左右的青年人,这个年龄段相应的心智行为特点决定了其中的一部分人在文化自信上表现欠佳,而这恰恰凸显了我们加强大学生文化自信引导的必要性。

(一)年纪轻阅历浅

古语云:"三十而立,四十而不惑"①。人的知识储备和对事物的认识是

———————————

① 语出《论语·为政》。

需要积累沉淀的,在不同年龄阶段对同一事物的认识往往会发生很大改变。大学生处在人生的"拔节孕穗期",可以用青涩、懵懂来形容。所处的年龄阶段决定了大学生很难对博大精深的中国特色社会主义文化有广泛深入的了解和认识,决定了他们的文化观尚未完全确立,不具备足够的定力,在一定因素的影响下会出现波动或偏离。同时,多数大学生从小在父母、长辈、学校、社会的关怀爱护下长大,从当下来说,他们没有经历过复杂的社会生活,没有经历过多少捶打历练、失败挫折;从历史来说,他们没有经历过中华民族为实现自立自强而苦苦求索、拼搏奋斗的艰难岁月,对于中华民族曾经遭受过的苦难、欺侮没有切身体会,因而缺乏对安定的生活、团结的氛围、民族共同精神家园的重要性和来之不易的深刻认识,缺乏忧患意识、危机意识、责任意识,认为眼前的太平盛世、衣食无忧的生活是理所当然的。因此,在面对主流文化与多元文化的交锋时,一些大学生容易莫衷一是。

(二)以自我为中心

马克思和恩格斯指出:"只有在共同体中,个人才能获得全面发展其才能的手段,也就是说,只有在共同体中才可能有个人自由。"[①]然而,我国当代大学生很多是独生子女,一人独得父母全部的爱,在呵护中容易形成以自我为中心的思维和行为习惯。一些大学生信奉"我就是我,是颜色不一样的烟火",个体意识较强,以自我为中心,注重自我感受,主张自主选择、自主发展,在人生目标上追求自我实现,在生活方式上尽情释放个性,有着很强的自我优越感。在看待个人与集体之间的关系上,一些大学生更看重个人利益,把集体利益、社会利益和国家利益置于次要位置,把集体、社会和国家看作外在于个人甚至与个人相对立的一种存在,认为如果服从于集体利益、集体安排,个人利益就会受损。在他们看来,集体就应该包容、拓展个体的个性,帮助个体实现价值。在遇到正确教育引导的时候,他们的潜意识里经常会说:"凭什么我要听你的? 凭什么我要相信你说的? 凭什么我要按你说的做?"这种较强的个体意识和个人主义倾向,不利于大学生树立对强调集

---

① 《马克思恩格斯选集》(第一卷),人民出版社,2012 年,第 199 页。

体主义的中国文化的自信。

（三）易于接受新事物

大学生是朝气蓬勃、思维活跃的青年人，好奇心、求知欲普遍较强，乐于涉猎新事物，易于接受新思想，求新求变，为异域文化的渗透创造了便利。在高校的几乎任何一台联欢晚会上，都可以看到炫酷的街舞、听到节奏感十足的摇滚乐和嘻哈音乐，而这些深受大学生追捧喜爱的表演形式都是美国的"舶来品"。客观上，大学生在校园里一定程度上脱离了家长的监管，拥有一些可以自由支配的资金和时间，这就给娱乐性的文化消费提供了更大的可能。外国的电影、电视剧、流行音乐、体育比赛、娱乐节目、网络视频等文化产品为大学生提供了许多新鲜好玩的生活元素，让他们能够在轻松惬意的感觉中打发时间，从而受到欢迎。大学生更加易于接受新事物而厌恶旧事物这一"喜新厌旧"的特点，既是一种优点，有利于他们开阔眼界、扩充知识储备，某种程度上也成为一种弱点，在对本民族文化缺乏认知、对异域文化缺乏必要的甄别力和判断力、对历史虚无主义和"普世价值"等西方文化思潮缺少分析批判、"饭圈文化"的影响下，容易"三观跟着五官跑"，不同程度地存在"颜值即正义"的错误认知，导致文化选择的盲从、文化自信的弱化。

（四）生活方式网络化

当代大学生是"互联网原住民"，从他们的生活方式到学习方式、娱乐方式、思维方式，都与互联网密不可分。特别是当今已进入移动互联网时代，大学生使用、接触网络的频率极高，网络成为他们了解外部世界的最主要渠道。在笔者 2022 年开展的问卷调查中，57% 的受访大学生表示每天要花 4 个小时以上的时间通过电脑或手机上网（如图 4-12 所示）。大学生普遍具有较强的网络学习、网络社交、网络购物、网络娱乐能力，微博、B 站、淘宝、抖音、快手、QQ、小红书、知乎、各种网游等，都是他们喜欢并扎堆的网络空间。网络为大学生提供了海量的、来自不同方面的信息资源，他们从中可以获取信息、丰富知识，通过一个小小的屏幕就可以了解世界，实现不出门便知天下事。网络双向或多向的信息传递方式，使大学生可以参与讨论，表达自己的观点。然而,网络不仅是沟通交流的工具,也是一个文化的载体,各式各样的文化在网络上激荡碰撞。因此,网络上鱼龙混杂的信息也可能会对大学生群体的文化自信产生不良影响。

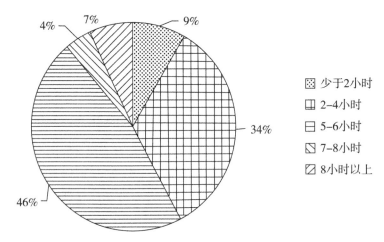

图 4-12　2022 年受访大学生平均每日上网时长的频率分布

二、教育引导不足

除了大学生自身的原因外,各方教育引导的不足也不利于大学生树立坚定的文化自信。

(一)高校文化育人有待加强

高校是引导大学生坚定文化自信的首要力量,它的文化育人状况直接影响大学生文化自信状况。2021 年,针对笔者在自编调查问卷中提出的"您认为自己所在高校是否重视引导大学生坚定文化自信?"这一问题,28.7%的受访大学生选择了"重视程度一般",12.5%的受访大学生选择了"不重视"。2022 年,针对笔者在自编调查问卷中提出的"您认为自己所在高校是否重视引导大学生坚定文化自信?"这一问题,32.4%的受访大学生表示重视程度一般,9.4%的受访大学生表示不重视。

1. 对引导大学生坚定文化自信重视不够,课程设置功利化

具备较高的文化素养、坚定的文化自信、正确的文化观,是一名大学生全面发展的重要标志。高校要培养的是全面发展的人,而不是片面发展的人、工具人、单向度的人。对大学生而言,学校教育是提高其文化素养、引导其坚定文化自信的主渠道和主阵地。然而现实情况是,教育的工具性往往凌驾于教育的本体性之上,许多高校在人才培养上功利主义和实用主义倾向严重,表现为较多考虑就业、升学因素,偏重专业课教学,对培养学生的文化素养、引导学生坚定文化自信、促进学生全面发展则重视不够,在人才培养目标确立、课程设置、实践性教学环节安排、考核方式规定、教学效果评价等方面没能很好地融入和体现以文化人、以文育人的要求。

首先,一些高校的大多数专业课程体系缺乏文化教育类课程。在相当数量的高校,多数专业的课程体系很少涉及中国文化尤其是中华优秀传统文化的教育内容。以我国北方某所公办全日制普通本科院校为例,该校有全日制本专科在校生近 3 万人,笔者查阅了该校所有专业的人才培养方案,发现除了文学、历史类几个专业设置有《中国文化通论》《中国文化史》这样的必修课、考试课之外,其他专业(包括理工农医类专业、大部分人文社会科学类专业)都很少开设中国文化相关课程,这些专业的人才培养方案中包含的仅仅是一个《文化传承与经典解读模块》,该模块为选修性质,考核方式为考查,且仅有 16 学时、1 学分,而这种学时、学分很少的选修课程,基本上属于学生能够轻松通过考核的"水课",学生对课程学习往往抱着"混学分"的态度,难以真正产生教育效果。对于革命文化,该校大多数专业也没有开设专门的课程,仅仅是将一些革命文化元素有限地融合在了"中国近现代史纲要"等思想政治理论课中。在这种"顶层设计"下,许多大学生也只重视专业课学习,对中国文化类知识提不起多少兴趣,他们对中国文化的认知水平可想而知。其次,已有的文化教育类课程几乎都没有设置实践教学环节,而采用课堂灌输式教学模式,教学形式单一,缺乏互动性、创新性,亲和力、感染力不足,学生对于丰富多彩的中国文化没有实践体验,难以充分激发学习的积极性和主动性,更遑论入脑、入心。在文化教育类课程实践教学环节不足的情况下,大学生也缺乏将文化自信的知与行结合起来的机会和训练。

2021年,对于笔者在自编调查问卷中提出的"您对所在高校开设的中国文化有关课程是否感兴趣?"这一问题,4.2%的受访大学生表示没有兴趣,51.9%的受访大学生表示兴趣一般。2022年,对于笔者在自编调查问卷中提出的"您所在高校的中国文化有关课程存在的最突出问题是什么?"这一问题,受访大学生中26.5%选择了"内容枯燥乏味,脱离生活实际",20.6%选择了"学校不重视,教学流于形式",7.8%选择了"教师水平有限",23.5%选择了"课时太少"。要真正树立起文化自信,需要大学生具有较为全面的中国特色社会主义文化知识。没有认知就不可能理解,不理解就不可能感受到其中的博大精深,没有切身感受就不可能发自内心地认同,没有认同就不会有自信。这样,一些大学生出现文化自信缺失的问题就在所难免。

2.引导队伍建设有待加强

在学校里,对学生影响最为直接和最大的莫过于传道授业解惑的教师。大学生文化观念的形成和文化自信的树立,在很大程度上是通过教师的言传身教得以实现的。关于教师的重要作用,习近平总书记曾指出:"古人说:'师者,人之模范也。'在学生眼里,老师是'吐辞为经、举足为法',一言一行都给学生以极大影响。"①只有教师自身对中国特色社会主义文化有了深刻认识、树立起高度的文化自信,并且在平时的一言一行中都体现了文化自信,能够自觉践行社会主义核心价值观,才具备教育引导学生坚定文化自信的前提条件。然而,当前我国一些高校教师的文化素养并不高,文化自信教育能力迫切需要提升。一些高校教师自身就对中国特色社会主义文化不自信,自身就处在文化自卑、文化迷茫状态中,失去了主体意识,以洋为尊、唯洋是从、食洋不化、崇洋媚外,言必称希腊、美国,奉西方理论、西方话语为金科玉律,向往西方的生活方式,文化自信自然不会在他们的课堂上和言行中呈现,引导大学生坚定文化自信也就更无法奢望了。更有甚者,在教学过程中贬低民族文化、宣扬西方文化,或者在网络上公开发表违背四项基本原则的错误言论,对学生及社会造成恶劣影响。个别教师在网上侮辱中国历史,否定中国革命的正当性,为侵略者唱赞歌。个别教师只知学术自由、不

① 习近平:《在北京大学师生座谈会上的讲话》,《人民日报》2018年5月3日第2版。

知学术规范,著述内容没有边界。个别教师在性别议题的社会舆论事件中公然带节奏,在网络社交平台公开发表涉及性别歧视、侮辱女性的言论。还有个别教师与迷信结缘,在课堂等教学场合和朋友圈、微信群等发表宣传封建迷信的言论或图片。有的通识课、专业课教师没有引导大学生坚定文化自信的意识,不重视从中央到地方都在推动的课程思政建设,错误地认为通识课、专业课教学的任务只是知识传授和能力培养,片面地以为思想引领只是思想政治理论课教师、辅导员的事,忘记了立德树人的根本任务,以文化人、以文育人的意识淡薄,使马克思主义在一些课程中"失语"、中国特色社会主义文化在一些课程中"失声",对学生的文化意识养成、文化品格塑造、文化精神传承造成了不利影响。

高校辅导员是专职思想政治工作人员,对学生有很大影响,但有的专职辅导员仅仅专注于各种事务性工作,满足于完成学校和领导布置的具体工作任务,不关心学生的思想状况、心理状况,忽略了对大学生进行思想政治教育的首要职责,没有能够做到有效引导大学生坚定文化自信。

3. 思想政治理论课教学的批判性不足

一段时间以来,高校思想政治理论课存在建设性强、批判性弱的缺陷。实践中,能够将马克思主义理论的讲授与对错误思潮和观点的批判结合起来的教学努力并不多见。一部分思想政治理论课教师对意识形态领域斗争的严峻性复杂性认识不够充分,对用好批判武器不够重视,不想批判、不会批判,在课堂上基本采用的是正面灌输的教学方式,不涉及社会问题,不涉及学生的思想实际,缺少针对性。有些思想政治理论课教师对错误思潮和观点缺乏应有的敏锐性,对影响大学生的各种错误思潮和观点视而不见,对活生生的现实问题缺乏关心关注。此外,"有的教师怵于思政课的意识形态属性,担心祸从口出,总是绕开问题讲、避开难点讲"[1]。2022 年,对于笔者在自编调查问卷中提出的"您学过的思想政治理论课,教师在教学中是否专门对错误思潮和观点进行过批判?"这一问题,32%的受访大学生选择"没有",13%的受访大学生选择"几乎没有",26%的受访大学生选择"偶尔",

---

① 习近平:《论党的宣传思想工作》,中央文献出版社,2020 年,第 382 页。

18%的受访大学生选择"经常",还有11%的受访大学生选择"记不清楚"。可见,思想政治理论课教学缺乏批判性是一个真实存在的问题。

思想政治理论课教学批判性不足导致学生难以通过课堂教学获得面对错误思潮和观点时应有的正确立场、应采取的辨别方法,从而减弱了教学的针对性。对于某些错误思潮或观点,学生可能会认为,思想政治理论课教师都没有讲过,可能就不是个问题,不值得大惊小怪。批判性不足导致思想政治理论课教学与学生的实际生活和体验结合不紧密,学生难以解决心中的困惑,讲授内容流于空洞,降低了教学的亲和力。提出问题并加以剖析批判,能够让教学过程富于变化、跌宕起伏,抓住学生的注意力,吸引学生深入思考。平铺直叙、缺乏曲折的教学方式,则会让学生认为宣教的成分大于说理的成分,觉得课程平淡无奇、枯燥无味,甚至在内心产生一定的抵触情绪,难以在思想上认识到主流意识形态的正确性,削弱了教学的实效性。这种情况是危险的,必须有所改观。

(二)引导大学生坚定文化自信的合力有待加强

引导大学生坚定文化自信,是全社会应共同担负起的责任。除高校这一培育主体以外,家庭与社会对引导大学生坚定文化自信同样发挥重要作用。2022年,对于笔者在自编调查问卷中提出的"您认为目前高校、家庭、社会引导大学生坚定文化自信的合力是否已经形成?"这一问题,39.4%的受访大学生认为尚未形成。

1.家庭中的文化熏陶需要加强

父母的文化素养、教育熏陶直接影响到子女文化观念的养成。习近平总书记曾说:"家庭是人生的第一个课堂,父母是孩子的第一任老师。孩子们从牙牙学语起就开始接受家教,有什么样的家教,就有什么样的人。"[1]然而,受应试教育模式的影响,相当多家长对子女的培养具有明显的功利化、实用化倾向。从小学、中学一直到大学,家长们更多关注的是子女的考试分数,以分数论成败、论英雄,更多关注的是孩子能不能升入一个好学校、能不

---

① 习近平:《论党的宣传思想工作》,中央文献出版社,2020年,第282页。

能找到一份好工作,而在不同程度上忽视了子女的文化素养、道德修养培育,使学生在家庭环境中从小缺乏文化的熏陶。一些家长对子女提出的要求百依百顺,缺乏在日常生活中引导子女树立正确人生观、价值观的意识。此外,一些大学生家长有这种想法或做法,就是子女一旦离开家乡、上了大学,就基本上把教育责任推给学校、推给老师,认为自己只管给孩子资金上的支持就可以了,逐渐放松了家庭教育。2022 年,对于笔者在自编调查问卷中提出的"您的父母重视您文化品格的形成吗?"这一问题,有 23.7% 的受访大学生表示重视程度一般,9.2% 的受访大学生表示不重视;对于"您觉得自己的家庭文化氛围如何?"这一问题,18.9% 的受访大学生表示自己家庭的文化氛围一般。

2. 社会的良好文化氛围有待进一步营造

一是我们的一些媒体缺乏斗争精神和本领,在我国的历史和文化遇到攻击歪曲时,在社会上发出噪声杂音时,主动发声亮剑不够,阐释说理技巧不足,回应的针对性、可读性、时效性、传播力、引导力需要提升。二是一段时间以来,文艺界存在一种错误倾向,就是习近平总书记在文艺工作座谈会上批评的"'以洋为尊'、'以洋为美'、'唯洋是从',把作品在国外获奖作为最高追求,跟在别人后面亦步亦趋、东施效颦,热衷于'去思想化'、'去价值化'、'去历史化'、'去中国化'、'去主流化'"[1]的倾向。在这种错误倾向下,创作出的文艺作品会对受众的文化自信产生不良影响。三是与我国各地方的公共文化服务与满足人民日益增长的美好生活需要、建设社会主义文化强国的要求相比还有一定差距,存在保障责任未完全落实到位、服务效能发挥不够充分、资源配置需要进一步优化、社会力量参与不够广泛深入、专业人才紧缺等问题,尤其是有的地方将公共文化服务简单视为提供娱乐活动,未将其同增强文化自信、弘扬社会主义核心价值观、提高人民文明素质紧密结合起来。[2]

---

①　中共中央文献研究室:《习近平关于社会主义文化建设论述摘编》,中央文献出版社,2017 年,第 9 页。

②　史一棋:《保障责任未完全落实到位》,《人民日报》2020 年 12 月 24 日第 2 版。

三、西方文化渗透

随着全球化浪潮的冲击和我国改革开放的深入,我国与西方世界的交流交往日益频繁,西方文化通过多种渠道和方式不断传入我国。西方文化对大学生的腐蚀渗透从未间断,而且方式越来越多样、途径越来越隐蔽。西方文化渗透不单单是自然而然的,往往也是有意为之的。美国学者宁柯维奇指出:"文化手段和政治、经济、军事手段一样,不但都是美国外交政策的组成部分,在大国间军事作用有限的条件下特别是在现代核战争无法严密保护本国不受报复的情况下,文化手段尤其成为美国穿越障碍的一种更加重要的强大渗透工具。"[1]2021 年,对于笔者在自编调查问卷中提出的"您认为西方文化对中国文化的冲击程度如何?"这一问题,8%的受访大学生认为非常严重,60.2%的受访大学生表示比较严重。2022 年,在笔者开展的问卷调查中,15.5%的受访大学生认为西方文化对中国文化的冲击非常严重,59.1%的受访大学生表示比较严重。在光怪陆离的文化表现形式的渗透和影响下,一些涉世不深的大学生盲从、推崇西方文化,失却了对中国特色社会主义文化的自信。

(一)西方社会思潮频频兴风作浪

由于意识形态的根本对立和我国经济实力、综合国力的不断上升,西方敌对势力始终没有放弃西化、遏制我国,习近平总书记指出:"国际上,西方敌对势力一直把我国发展壮大视为对西方价值观和制度模式的威胁,一刻也没有停止对我国进行意识形态渗透。"[2]近年来,一些源自西方的社会思潮频频在我国兴风作浪,其中影响较大的有"普世价值"、新自由主义、宪政民主、历史虚无主义等。大学作为文化高地,是社会思潮纷纭激荡之地,源自西方的社会思潮在大学生中产生了一定的影响,造成了一定的思想混乱,不

---

① 方立:《美国对外文化交流中的政治因素(一)——美国"文化外交"的历史面目》,《高校理论战线》1994 年第 3 期,第 69-71 页。

② 中共中央文献研究室:《习近平关于社会主义文化建设论述摘编》,中央文献出版社,2017 年,第 53 页。

利于形成正确的思想观念、价值判断和信仰选择。

"普世价值"思潮将西方资产阶级的一些极具迷惑性的价值观念标榜为适用于任何时间、所有国家、一切民族的价值,认为人类的前进道路都必将归于"普世价值",其他的发展道路都是违背历史潮流的。项庄舞剑,意在沛公。"普世价值"作为西方资本主义意识形态的话语,有其特定内涵和政治用意。"普世价值"思潮的实质是否定中国特色社会主义道路、否定社会主义核心价值体系,意图动摇中国共产党的领导、将我国的发展引向资本主义轨道。新自由主义思潮在经济领域主张私有化,反对公有制,认为私有制能够保证市场机制充分发挥作用、效率高,主张完全市场化,反对国家干预经济。新自由主义思潮的本质是否定中国特色社会主义制度,消解人们对中国特色社会主义的认同。宪政民主思潮鼓吹多党制、议会民主、三权分立,称这种制度安排是"历史的终结",主张只有一人一票选举、多党轮流执政才是真民主,否则就是独裁、专制。历史虚无主义思潮否定中国历史和中国文化,无视其中的优秀、积极因素,放大历史中的某些小节点,以偏概全地将之描述为历史的全貌;历史虚无主义分子深谙"灭人之国,必先去其史",打着"学术研究""拨开历史迷雾,还原历史真相"等旗号,恶意歪曲历史、篡改历史、编造历史,丑化、矮化我国各个历史时期的领袖人物和英雄模范,抽掉中华民族精神大厦的一根根顶梁柱,诋毁我国新民主主义革命、社会主义革命和建设、改革开放所取得的历史性成就,以此消解人们对中国特色社会主义文化的认同和自信,否定中国共产党的执政合法性。

各种源自西方的社会思潮虽然表现形式不一,但其实质都是资产阶级自由化思潮的一种表现,其主要目标是维护资产阶级统治、消解社会主义意识形态、动摇共产党的领导。西方社会思潮的传播力、渗透力较强,早在20世纪初,列宁就指出:"资产阶级意识形态的渊源比社会主义意识形态久远得多,它经过了更加全面的加工,它拥有的传播工具也多得不能相比。"[1]在思想多元多样多变的今天,标新立异的西方社会思潮对价值观念尚未成熟的大学生有较大迷惑性,一些大学生认识不到这些社会思潮的实质和深远

---

[1] 《列宁选集》(第一卷),人民出版社,2012年,第328页。

影响,容易受其裹挟,思想产生混乱,弱化对中国特色社会主义文化的自信,进而质疑我国的社会主义政治制度、经济制度。

(二)西方文艺作品充斥文化空间

开放的中国在引进西方发达资本主义国家资本、技术和管理经验的同时,也迎来了如潮水般涌入的西方文艺作品。乘着互联网的便利,好莱坞大片、美剧、韩剧、日剧、日本动漫、西方流行音乐、西方网络游戏等文化产品充斥我国的文化空间,形成广泛深刻的文化渗透。

塞缪尔·亨廷顿直言:"美国对全球电影、电视和录像业的控制甚至超过了它对飞机制造业的控制。"[①]近年来,《越狱》《生活大爆炸》《破产姐妹》《权力的游戏》《纸牌屋》等美国电视剧在我国频频引发热议,《007》《碟中谍》《谍影重重》《速度与激情》《漫威电影宇宙》《哈利·波特》等美欧系列电影引来粉丝无数,年轻人聚集的文化社区和视频平台提供大量日本漫画、日本电视剧资源,看韩剧则有专门的 APP。如今,尤其对于年轻人来说,仿佛不看或不知道西方国家的文艺作品,就是与时代脱节了。近年来,西方国家利用自身在文化市场上的强势地位,对我国大量输出图书版权、影视作品、音乐作品等文化产品。反观我国,在文化贸易上处于相对弱势地位。根据国家新闻出版署发布的《2019 年全国新闻出版业基本情况》,2019 年,我国共引进录像制品 204 项,输出录像制品仅 8 项;我国引进美国、英国、德国、法国、日本的图书版权分别为 4234 项、3409 项、1225 项、1046 项、2162 项,而对相应国家输出图书版权分别为 614 项、493 项、381 项、170 项、357 项。文化产品贸易方面的严重不对等状况,意味着我国正在受到外来文化的强烈冲击。西方国家意图通过对我国大量输出文化产品,实现对我国文化领域的渗透侵蚀,输出传播资本主义意识形态和价值观念,潜移默化地影响我国民众的思想。

西方国家的文艺作品不同于普通的商品,它们展示着西方的生活方式,传递着西方的价值观念,蕴含着西方的意识形态。很多受到追捧的美国

---

① 塞缪尔·亨廷顿:《文明的冲突与世界秩序的重建》,周琪、刘绯、张立平等译,新华出版社,2010 年,第 37 页。

电视剧、电影,要么展现西方国家军事、经济、科技实力的强大先进,将某个角色塑造为"救世主",为西方的霸权主义、强权政治、个人英雄主义、个人至上发声;要么存在大量对色情、暴力、恐怖、权术、怪诞的描写,容易引起不健康的思想和心理。在观赏西方文艺作品、丰富精神生活的同时,大学生也在受到西方文化潜移默化的影响,可能会向往西方的生活方式、依从西方的价值观念,而鄙弃本国文化。

(三)各行各业"洋风"劲吹

与我国相比,西方国家的经济、科技、军事等较早实现了现代化。过去200多年的时间里,西方国家处于世界领先行列。如今,尽管我国已经发展成为世界第二大经济体,一些人仍然沉浸在西方构建的物质和精神世界中,甘当"精神美国人""精神日本人""精神英国人""精神法国人",认为"西方"等同于"先进""时髦""幸福",各行各业"洋风"劲吹就是一种表现。

1.一些行业洋名泛滥

"温莎大道""比华利山庄""曼哈顿广场""香榭丽舍""维多利亚城""维也纳酒店""威尼斯小镇""塞纳春天""拉菲特城堡""枫丹白露""挪威森林",看到这些,会让人联想起国外的某个地方。然而,它们都是国内一些地产项目所取的名字。自上个世纪末开始,国内一些楼盘、商圈为了自抬身价、吸引客户,纷纷起洋名,或者干脆直接用英文或英文缩写做名字。尽管如今国家和各地已经有了一些法律法规对新建地产项目起名进行规范,但是多年来遗留下来的"存量"和一些起名时的"打擦边球"现象,还是让很多城镇中冠以洋名的地产项目比比皆是。

除了地产项目,起洋名现象在服装、家居建材、珠宝首饰、食品、乐器等消费品领域也非常常见。高档商场里,洋名扎堆,明明是本土品牌、国产产品,门头也要采用英文标识,用汉语的寥寥无几。这种做法,说到底是文化不自信的表现,也会助长公众崇洋媚外的心理。

2.产品营销以洋为美

尽管我国已经成为世界第二大经济体、第一制造业大国,国货也越来越受到消费者认可,但是,仍然有一些厂商在产品营销时以洋为美。2021

年,国内知名床垫企业慕思被曝出,作为一家成立于2004年的本土床垫生产商,却起了一个外国名 De Rucci,虚假宣称自己创始于1868年、生产基地在欧洲。① 这家企业在品牌宣传时,使用一个有着深眼窝、高鼻梁的"洋老头"形象,并一度称其为法国设计师。而事实上,这位"洋老头"与企业没有任何关系,仅仅是花钱雇来的模特。2020年,知名饮料品牌元气森林被曝出,虽然产地和销售市场都在中国,却在日本注册公司和商标,在包装瓶上使用日文,并标称"日本国株式会社元气森林监制"(用自己在日本注册的公司监制自己),摇身一变成了一款日系饮料。② 多年来,这样的例子层出不穷,曾被央视曝光的就有香武仕音响、欧典地板、达芬奇家具等。一些国内企业认为,只要和外国、沾上了边,就可以抬高身价、收割消费者,因而在营销时,想尽办法包装成洋品牌、洋产品。这些厂商通过一些外表光鲜的营销宣传,营造洋品牌"高大上"的公众印象。而相当数量受到蒙蔽的消费者趋之若鹜地买账,一时间推高了这些厂商的销售额和市场占有率。这种由失信厂商主导、消费者被误导而形成的不良风气,助长了国人的文化不自信。

四、大众文化影响

在我们的文化生活中,除了主流文化——中国特色社会主义文化之外,还有存在于市井生活空间的大众文化。大众文化从社会大众中来且直接面向社会大众,采取大众化的思维模式,满足大众的世俗欲望,具有现代性、世俗性等特征。大众文化中既有积极有益的成分,也有一些消极成分,当大学生被大众文化中的消极成分占据了头脑,则会疏离主流文化,弱化文化自信。

(一)资本介入文娱产业催生的大众文化消极成分

进入新世纪以来,资本大规模宽领域介入我国文化娱乐产业,其中包括民间资本和外资,这对于增加文化资金来源、激发全社会文化创新创造活

① 刘敏:《慕思股份会不会是又一个"达芬奇"?》,《金融投资报》2021年12月2日第1版。
② 梁伟、石丹:《元气森林 元气不足?》,《商学院》2020年第8期,第42-44页。

力、丰富文化产品和服务供给起到了积极作用。然而,逐利的本性使得资本在进入某一行业时更多关注的是经济利益的回报。正如《资本论》第一卷脚注中所引托·约·邓宁在《工联和罢工》中的一段话:"资本害怕没有利润或利润太少,就像自然界害怕真空一样。一旦有适当的利润,资本就胆大起来。如果有10%的利润,它就保证到处被使用;有20%的利润,它就活跃起来;有50%的利润,它就铤而走险;为了100%的利润,它就敢践踏一切人间法律;有300%的利润,它就敢犯任何罪行,甚至冒绞首的危险。"[①]进入文化娱乐产业的资本所有者和经营者,往往更在意产品在文化市场上的销售状况和受关注度,看重的是"有观众看、观众喜欢",从而尽力迎合大众或特定受众的趣味甚或不健康的趣味,在作品创作中追求时尚炫酷、火爆刺激、诙谐幽默、情感宣泄等,使受众获得感官愉悦,在一定程度上忽视或弱化文化娱乐产品应有的价值引领和陶冶情操功能。2014年10月15日,习近平总书记在文艺工作座谈会上指出:"在有些作品中,有的调侃崇高、扭曲经典、颠覆历史,丑化人民群众和英雄人物;有的是非不分、善恶不辨、以丑为美,过度渲染社会阴暗面;有的搜奇猎艳、一味媚俗、低级趣味,把作品当作追逐利益的'摇钱树',当作感官刺激的'摇头丸';有的胡编乱写、粗制滥造、牵强附会,制造了一些文化'垃圾';有的追求奢华、过度包装、炫富摆阔,形式大于内容"。[②]一段时间以来,泛娱乐主义蔓延,泛娱乐化现象泛滥,一些大众文化作品表现出低俗、庸俗、媚俗的倾向,"饭圈"文化、"娘炮"文化、耽美文化等不良文化冲击主流文化,根本上源于资本对大众文化的深刻影响。娱乐行业被"流量至上"的商业运作逻辑主导,流量被视为评判艺人影响力大小和作品质量好坏的最主要标准。明星的流量越大,商业价值则越大。一些创作团队为了利益最大化,没有把主要精力放在提高作品质量上,挑选演员时不顾艺德、演技、角色匹配度,一味依赖"流量明星",将大众审美带入歧途;宣传发行阶段则热衷于操控社交媒体和炮制热点话题,吸引公众眼

---

① 《马克思恩格斯文集》(第五卷),人民出版社,2009年,第871页。

② 中共中央文献研究室:《习近平关于社会主义文化建设论述摘编》,中央文献出版社,2017年,第154−155页。

球。但是,流量与价值并非正相关,流量大不等于正能量大。"流量明星"一般都是青春靓丽的"小鲜肉",其中的个别人修养不高、作品欠佳,以攀比炫富、奢靡享乐为荣,甚至做出道德沦丧、触犯法律的事情,造成极坏的社会影响。在资本的推波助澜下,"流量明星"、粉丝、平台、明星经纪公司、营销公司等共同组成了一个畸形生态圈——"饭圈"。大量青少年粉丝在"饭圈"的裹挟下,"三观跟着五官走",失去了对是非美丑的判断力,无节制、无底线地追星,以集资应援、购买代言商品等方式支持明星,为力挺偶像而互撕谩骂、造谣攻击。2021年,网络综艺节目《青春有你》(第三季)被爆出粉丝为偶像投票打榜而大量倒掉牛奶的恶劣事件,就是不良"饭圈"文化的典型例证。

(二)市场经济条件下滋生的大众文化消极成分

改革开放以后,我国逐步建立起社会主义市场经济体制,这是一个伟大的创举。市场经济具有二重性:一方面,市场经济有利于实现资源高效配置,推动了我国社会生产力持续快速发展,创造了举世瞩目的中国经济奇迹,极大地提高了我国人民的物质生活水平;另一方面,市场经济实行等价交换的原则,企业、个人以自身经济利益最大化为目标。

市场经济的固有特点,使人们对获得财富和物质更加热衷,给拜金主义、享乐主义、极端个人主义等错误价值观念提供了滋生土壤。于是我们看到,一些非劳动产品也被当作商品进行交换。马克思就曾指出:"有些东西本身并不是商品,例如良心、名誉等,但是也可以被它们的占有者出卖以换取金钱,并通过它们的价格,取得商品形式。"[①]当今社会,相当一部分人经常把"有钱能使鬼推磨""人为财死,鸟为食亡"挂在嘴边,认为钱能够摆平一切,而为了得到钱,他们什么都可以做得出来。这种思想一旦进入身居高位、责任重大的领导干部头脑,往往会产生严重的后果。正是因为搞权钱交易、钱色交易、权色交易,信奉关系学、厚黑学、官场术、"潜规则"等庸俗腐朽文化[②],把当干部作为一种谋取私利、巧取豪夺的手段,一些领导干部失足落

---

① 《马克思恩格斯选集》(第二卷),人民出版社,2012年,第136页。
② 中共中央文献研究室:《习近平关于社会主义文化建设论述摘编》,中央文献出版社,2017年,第147页。

马。我们看到，现在生活好起来了，"及时行乐"的论调甚嚣尘上，"佛系""躺平"等贬损奋斗、褒扬平庸的词汇先后风行一时。一些人安于现状、贪图安逸，缺乏危机意识、忧患意识和创新精神；一些人为了追求个人享乐或博取关注，肆意挥霍金钱、炫富消费、超前消费、过度消费，尤其是一些明星、网红热衷于在互联网上炫耀奢靡的生活方式，带偏了公众的价值取向。我们还看到，在市场经济条件下，社会公众的个体意识不断增强，主张尊重个体差异、个体诉求。在集体主义宏大叙事之外，更多的个体希望被关注、被尊重。但是，个人主义的发展可能走向极端，导致产生"人不为己，天诛地灭"这种极其自私有害的思想和行为。拜金主义、享乐主义和极端个人主义，实质上是三位一体的。拜金主义、享乐主义的深层次根源是极端个人主义，极端个人主义的具体表现则是拜金主义、享乐主义。一个人无限度地满足私欲，往往会崇拜金钱、贪图享乐。

五、互联网的冲击

1994 年，我国全功能接入国际互联网。此后，互联网在我国迎来了飞速发展。据中国互联网络信息中心发布的统计数据，截至 2021 年年底，我国上网人数超过十亿，互联网普及率达 73%[1]。所谓"新四大发明"，其中有三项与互联网相关——移动支付、网络购物、共享单车，显示出我国目前在互联网发展方面处于领先地位。快速发展的网络媒体在不断增强大学生网络黏度的同时，也在持续深刻地影响、塑造着大学生的文化观念。当代大学生基本都是"00 后"，是与互联网共生共长的一代。进入移动互联网时代，大学生们更是"机不离手"，随时随地上网冲浪。尤其是新冠疫情暴发以来，大学生学习知识、获取资讯、休闲娱乐等更多地转入网络场域。习近平总书记指出，很多人特别是年轻人基本不看主流媒体，大部分信息都从网上获取。[2] 大学生几乎可以在互联网上找到想要的所有资讯，而且很容易接受新

---

① 李政葳：《我国网络基础设施全面建成》，《光明日报》2022 年 2 月 26 日第 2 版。
② 中共中央文献研究室：《习近平关于社会主义文化建设论述摘编》，中央文献出版社，2017 年，第 29 页。

鲜事物,因此产生了极高的网络黏性。互联网在丰富大学生精神文化生活、拓宽大学生视野的同时,也给大学生坚定文化自信带来一些问题与挑战。据相关研究,上网时长与大学生文化自信呈负相关关系,即每天平均上网时间越长的大学生文化自信心整体越弱。总体上看,互联网给大学生文化自信带来了一些消极影响。[①]

（一）互联网信息鱼龙混杂

互联网具有开放性特征,它彻底打破了传统的国家、民族和地区之间在思想文化上的相对独立和封闭的状态,使得世界范围内各个地域和各种类型的文化能够在网络空间互动和交流。网络在为文化传播与文化交流提供便利的同时,也给有害文化滋生蔓延提供了温床。有些西方国家利用互联网的开放性和便捷性,将其作为开展对外文化扩张的渠道,大肆输出自己的价值观念、意识形态,使得互联网成为"意识形态斗争的主阵地、主战场、最前沿"[②]。2013年,习近平总书记在全国宣传思想工作会议上说:"西方反华势力一直妄图利用互联网'扳倒中国',多年前有西方政要就声称'有了互联网,对付中国就有了办法','社会主义国家投入西方怀抱,将从互联网开始'。"[③]同时,互联网还具有去中心化的特征。在互联网上,信息传播主体变得多元化,任何人都可以发声,弱化了主流文化在文化体系中原有的权威性,加大了信息传播的不可控性。

因此,我们看到,互联网信息鱼龙混杂、泥沙俱下,其中既有为工作、学习、生活带来巨大便利的成分,也夹杂着负面的东西。一方面,网上不乏大众文化中的消极成分,包括宣扬色情、暴力、迷信的内容,表现拜金主义、享乐主义、极端个人主义、"颜值即正义"的内容,以及八卦消息、花边新闻、谣言等。一些热点事件发生时,网络成了沸沸扬扬的舆论场,形形色色的信息

---

① 沈壮海、刘晓亮、司文超:《中国大学生思想政治教育发展报告(2020)》,北京师范大学出版社,2022年,第143页。

② 《中共中央关于党的百年奋斗重大成就和历史经验的决议》,《人民日报》2021年11月17日第1版。

③ 中共中央文献研究室:《习近平关于社会主义文化建设论述摘编》,中央文献出版社,2017年,第28—29页。

满天飞,真善美的表达与假恶丑的观点同在。大学生常用的手机 APP 上的信息就鱼龙混杂,可谓是一个大杂烩、大染缸,有些信息明显与党和政府的宣传口径不统一、与社会主义核心价值观相违背。有些博主为了规避网络监管,还故意使用谐音字、变体字发布传播包藏祸心的不良信息。一些短视频内容粗俗,打色情擦边球现象十分常见,带坏社会风气,拉低人们的审美趣味。另一方面,西方文化也以显而易见或较为隐蔽的方式在互联网上传播。例如,作为大学生使用频率颇高的 APP,抖音、快手平台上有大量的西方国家影视剧剪辑、西方国家人士制作的短视频和直播内容,其中不少属于有意无意宣传西方文化、赞美西方国家的生活方式。

大学生的文化判断力尚欠缺,形形色色、良莠不齐的互联网信息会对其价值观念和行为选择产生潜移默化的影响,使其逐渐失去对主流文化的自信。2018 年,"中国大学生思想政治教育发展报告"课题组调研发现,使用互联网在一定程度上消解了大学生对社会主义核心价值观的认同,弱化了大学生爱国价值观的践行意愿。随着上网时长增加,大学生践行爱国价值观的意愿逐渐降低。[①] 2020 年,"中国大学生思想政治教育发展报告"课题组调研发现,在每天平均上网时长 1 小时以下的受访大学生中,有 78% 的人非常赞同"我们应当警惕西方文化的价值渗透";而在每天平均上网时长 5 小时以上的受访大学生中,这一比例下降为 59.9% 。随着每天平均上网时长的增加,大学生对西方文化价值渗透的警惕度会降低。[②] 2022 年,对于笔者在自编调查问卷中提出的"您觉得当前的网络文化环境如何?"这一问题,14.7% 的受访大学生表示当前的网络文化环境可以用乌烟瘴气来形容,16.1% 的受访大学生认为"乌烟瘴气相对多一些,天朗气清相对少一些"。

(二)互联网的海量信息引致文化认知碎片化、肤浅化

互联网为我们提供了获取知识的便利、沟通交流的便利、消遣娱乐的便

---

① 沈壮海、刘晓亮、司文超:《中国大学生思想政治教育发展报告(2018—2019)》,北京师范大学出版社,2020 年,第 102 页。
② 沈壮海、刘晓亮、司文超:《中国大学生思想政治教育发展报告(2020)》,北京师范大学出版社,2022 年,第 163 页。

利,微信、微博、QQ、B 站、小红书、短视频、直播、音乐、游戏、小说、影视剧、综艺节目……网上有太多让大学生迷恋的东西。然而,一入网络深似海,上网冲浪的时间多了,读书学习的时间自然就少了。同时,面对互联网提供的海量信息和便捷性,一些大学生不是通过细嚼慢咽的深度阅读书籍获取知识、了解文化,而是越来越依赖计算机、手机、平板电脑,利用互联网进行搜索式、浏览式、跳跃式、暴走式的阅读,这种阅读缺乏整体性、连贯性、深刻性,对阅读内容走马观花、不求甚解,由此带来的后果必然是文化认知的碎片化、肤浅化。阅读是有重量的。阅读意味着专注、深度和付出。[①] 有研究表明,在人们阅读相同的内容时,如果采用的是纸质阅读的方式,往往会更加深入细致,甚至会加以反复品味;而如果采用的是电子阅读的方式,更容易一目十行、浅尝辄止,导致对阅读内容的理解和记忆程度不够理想,整体效果不如纸质阅读。[②] 近几年,随着短视频的流行,一些大学生上网的很多时间被刷短视频占据,甚至达到成瘾的程度。观看单个短视频虽然耗费时间不长,但是由于 APP 的精准推送和海量内容,大学生容易沉迷其中,课后睡前的大量空余时间往往会在不经意间消逝。而当前短视频存在泛娱乐化、缺乏深刻思想内涵的问题,这进一步加剧了大学生文化认知的碎片化、肤浅化程度。文化自身有着深厚基础和发展脉络,在对中华文化缺乏深入认知和理解的情况下,大学生难以真正树立起文化自信。

① 铁凝:《中国人的读书——民族精神的接续传承》,《人民政协报》2022 年 8 月 29 日第 11 版。
② 吴楠:《网络时代防止阅读走向"碎片化"》,《中国社会科学报》2016 年 12 月 5 日第 2 版。

第五章　引导大学生坚定文化自信的着力点

作为中国特色社会主义的未来建设者和接班人，大学生的文化自信状况既关系其自身的健康成长，也关系国家和民族的前途命运。引导大学生坚定文化自信，应遵循多方协同、显隐结合、立破并举、知行统一的原则，树立"大教育观""大思政观"，充分体现教育在空间上充注于个体所处各种场所的事实，推动高校、家庭、社会等各有关方面协同发力、综合施策，并坚持目标导向与问题导向相结合，一方面锚定培育目标，一方面致力于有效化解大学生文化自信存在的问题、不利影响因素。笔者认为，引导大学生坚定文化自信的着力点可以概括为"六个好"，即用好课堂教学主渠道、守好日常教育广阵地、打好网络育人主动仗、建好教育引导主力军、把好体制机制方向标、育好文化自信践行者。

第一节　用好课堂教学主渠道

我国高校应贯彻习近平新时代中国特色社会主义思想，自觉地将文化自信培育融入人才培养全过程，回答好"培养什么人、怎样培养人、为谁培养人"这一根本问题，落实好立德树人根本任务。三寸粉笔、三尺讲台系国运。课堂教学是高校人才培养的主渠道，也必然是引导大学生坚定文化自信的主渠道。高校应构建起思想政治理论课、课程思政、文化素质教育课"三位一体"的文化自信培育课程体系，通过课堂教学引导大学生坚定文化自信。

一、推动文化自信培育融入高校思想政治理论课

高校思想政治理论课作为落实立德树人根本任务的关键课程,肩负着引导大学生坚定文化自信的使命,承担着帮助大学生树立马克思主义信仰的任务。在 2019 年召开的学校思想政治理论课教师座谈会上,习近平总书记指出:"中华民族几千年来形成了博大精深的优秀传统文化,我们党带领人民在革命、建设、改革过程中锻造的革命文化和社会主义先进文化,为思政课建设提供了深厚力量。"[①]高校思想政治理论课教师应向大学生阐明文化对国运兴衰、民族独立的重要性,将中华优秀传统文化、革命文化、社会主义先进文化融入教学,引导大学生深刻理解中国特色社会主义文化自信生成的四重逻辑,并对错误思潮和观点予以坚决批判,为大学生坚定文化自信提供有力支撑。各门思想政治理论课应各有侧重,形成一个有机结合的文化自信教学体系。

（一）将中华优秀传统文化融入思想政治理论课

教育部 2014 年制定的《完善中华优秀传统文化教育指导纲要》要求,促进思想政治教育与中华优秀传统文化教育的紧密结合,以爱国主义教育为核心,深入挖掘中华优秀传统文化中蕴含的丰富思想政治教育资源,进一步丰富思想政治理论课的教学内容。[②] 中华优秀传统文化是我们取之不尽、用之不竭的思想道德教育资源宝库,高校思想政治理论课教师应将中华优秀传统文化融入教学,增强课程的文化底蕴,促进大学生坚定文化自信。

1. 将中华优秀传统文化融入"思想道德与法治"课

"思想道德与法治"课是高校思想政治理论课中关涉中华优秀传统文化最多的一门课程,在 2021 年版教材的第三章"继承优良传统 弘扬中国精神"中,论述了"崇尚精神是中华民族的优秀传统""尊重和传承中华民族历史文化",第五章"遵守道德规范 锤炼道德品格"中包括"传承中华传统美德"。

---

① 习近平:《论党的宣传思想工作》,中央文献出版社,2020 年,第 377 页。
② 《完善中华优秀传统文化教育指导纲要》,《中国教育报》2014 年 4 月 2 日第 3 版。

思想政治理论课教师应从中华优秀传统文化蕴含的思想观念、人文精神、道德规范中选取精华,有效融入"思想道德与法治"课程教学。

例如,在进行第一章"领悟人生真谛 把握人生方向"第二节"正确的人生观"教学时,可以讲述司马迁忍辱负重、历经14年完成史学巨著《史记》的故事,还可以诠释《周易》中"天行健,君子以自强不息"的内涵,向学生传递积极向上的人生态度。我国历史上有数不胜数的优秀人物,他们的人格魅力万古流芳。榜样的力量是无穷的,思想政治理论课教师可以在教学中广泛列举我国历史上的优秀人物及其事迹。在讲第二章"追求远大理想 坚定崇高信念"第一节"理想信念的内涵及重要性"时,可以引用班超投笔从戎、出使西域建功立业的故事,还可以引用孔子所说的"三军可夺帅也,匹夫不可夺志也",教育大学生志存高远。在讲第三章"继承优良传统 弘扬中国精神"中的以爱国主义为核心的民族精神时,可以讲述屈原、岳飞、文天祥、戚继光、林则徐、邓世昌等爱国人物的事迹,还可以引用"捐躯赴国难,视死忽如归""王师北定中原日,家祭无忘告乃翁""人生自古谁无死? 留取丹心照汗青""苟利国家生死以,岂因祸福避趋之""只解沙场为国死,何须马革裹尸还""先天下之忧而忧,后天下之乐而乐""天下兴亡,匹夫有责"等爱国名句。在讲第三章第三节"让改革创新成为青春远航的动力"时,可以向学生指出《梦溪笔谈》《天工开物》《本草纲目》等我国古代科学技术著作为人类文明进步做出了巨大贡献。讲第五章"遵守道德规范 锤炼道德品格"第二节"吸收借鉴优秀道德成果"时,可以采用"程门立雪"的历史典故,展现尊师重教的传统美德。讲第五章中"恪守职业道德"的内容时,可以引用《管子》中的"非诚贾不得食于贾,非诚工不得食于工,非诚农不得食于农,非信士不得立于朝",阐扬我国自古以来就讲求的诚信至上、恪尽职守的观念。

2.将中华优秀传统文化融入"中国近现代史纲要"课

"中国近现代史纲要"课程主要讲授我国近代以来争取民族独立、人民解放和实现国家富强、人民幸福的历史。在跌宕起伏、波澜壮阔的中国近现代史中,无数仁人志士投身民族复兴大业,中华优秀传统文化为他们提供了深厚的思想底蕴、强大的精神动力。思想政治理论课教师应挖掘"中国近现代史纲要"课蕴含的中华优秀传统文化因子,揭示近代以来中华优秀传统文化的传承与发展,让学生在学习历史时体悟中华优秀传统文化的源远流长、一脉相承。

爱国主义是中华民族精神的核心。从"睁眼看世界"到戊戌维新运动,从辛亥革命到五四运动,从创建中国共产党到红军长征,从抗日战争到推翻国民党反动派,从成立新中国到抗美援朝,从改革开放到开启中国特色社会主义新时代,热爱祖国并为之献身的优良传统是贯穿始终的一条红线,也应是贯穿"中国近现代史纲要"课程教学的一条红线。思想政治理论课教师在讲述民族英雄林则徐、夏明翰的事迹时,可以将他们的诗句"苟利国家生死以,岂因祸福避趋之""砍头不要紧,只要主义真"与文天祥的"人生自古谁无死? 留取丹心照汗青"、陆游的"位卑未敢忘忧国"、范仲淹的"先天下之忧而忧,后天下之乐而乐"联系起来,展现中华民族贯穿古今的爱国主义传统,加深学生对民族精神的认识。

思想政治理论课教师要善于运用中华优秀传统文化对中国近现代史中的事件加以诠释,例如,中华优秀传统文化中以民为本的思想与毛泽东在抗日战争时期提出的"兵民是胜利之本",天下为公、大同社会的思想与中国共产党领导的革命与建设事业,知行合一的思想与"师夷长技以制夷",实事求是的思想与农村包围城市、武装夺取政权的革命道路,革故鼎新的思想与戊戌维新运动、辛亥革命、新文化运动、改革开放等。事实上,勤奋、诚信、廉洁等美德,自强不息的奋斗精神,同舟共济的团结精神,杀身成仁、舍生取义的英雄气概等中华优秀传统文化中的闪光点,在近现代的中国都被赋予了新的生命力。

3.将中华优秀传统文化融入"马克思主义基本原理"课

习近平总书记在庆祝中国共产党成立 100 周年大会上强调:"坚持把马克思主义基本原理同中国具体实际相结合、同中华优秀传统文化相结合。"①将中华优秀传统文化融入"马克思主义基本原理"课程教学,首先是贯彻习近平总书记重要指示精神的体现。中华优秀传统文化中的许多思想与

---

① 习近平:《在庆祝中国共产党成立 100 周年大会上的讲话》,《人民日报》2021 年 7 月 2 日第 2 版。

马克思主义相融相通,将其融入"马克思主义基本原理"课程教学,可以促进学生更好地理解马克思主义,同时领略中华优秀传统文化的魅力,进而坚定文化自信。思想政治理论课教师要自觉学习中华优秀传统文化,深入认识中华优秀传统文化的丰富内涵,准确提炼其中与"马克思主义基本原理"课相契合的育人资源。

在讲授"世界的物质统一性"知识点时,可以会通传统文化中的"气本论",说明唯物主义思想在我国古已有之。北宋思想家张载在《正蒙·乾称》中说:"凡可状,皆有也;凡有,皆象也;凡象,皆气也。"在讲授马克思主义唯物辩证法时,可以在博大精深的传统文化中寻找素材,如运用"城门失火,殃及池鱼""唇亡齿寒"等成语典故,说明事物的普遍联系性;引用"沉舟侧畔千帆过,病树前头万木春""芳林新叶催陈叶,流水前波让后波"等古诗词,说明事物发展的必然规律;运用"塞翁失马,焉知非福"的典故,《周易》中提出的"一阴一阳之谓道",《道德经》中的"祸兮,福之所倚;福兮,祸之所伏""有无相生,难易相成,长短相较,高下相倾,音声相和,前后相随"等,展现我国古人对于对立统一规律的认识;运用"不积跬步,无以至千里;不积小流,无以成江海""千里之堤,溃于蚁穴""为山九仞,功亏一篑"等,帮助学生理解"量变质变规律";运用"天将降大任于是人也,必先苦其心志,劳其筋骨,饿其体肤,空乏其身,行拂乱其所为""山重水复疑无路,柳暗花明又一村"等古文,解释"否定之否定规律"。讲授第二章"实践与认识及其发展规律"时,可以运用"纸上得来终觉浅,绝知此事要躬行""知行合一"等传统文化中的有关思想做出更加有文化底蕴的讲解。讲授"人民群众是历史的创造者"时,可以联系我国历史悠久的民本思想,二者有相似相通之处。讲授共产主义理想时,可以联系我国古代对大同社会的向往。马克思主义认为,共产主义社会是人类最进步、最美好的社会形态,是人类最崇高的社会理想。而在2000多年前的儒家经典《礼记》中,就曾赞颂过一个同样无比美好的大同社会。可以说,共产主义理想与大同社会理想在本质上是相通的,也说明了为什么中国人民选择了马克思主义、选择了中国共产党、选择了社会主义道路。在教育大学生坚定"共产主义远大理想与中国特色社会主义共同理想"的过程中,可以将其与我国自古以来提倡的"修身、齐家、治国、平天下"的人生追求结合起来。

4. 将中华优秀传统文化融入"毛泽东思想和中国特色社会主义理论体系概论"课和"习近平新时代中国特色社会主义思想概论"课

毛泽东思想和中国特色社会主义理论体系，都是马克思主义基本原理同中国具体实际相结合、同中华优秀传统文化相结合的产物。众所周知，毛泽东有着极其深厚的中华优秀传统文化修养。在毛泽东的著作、文章和讲话中，随处可见他对中华优秀传统文化的灵活运用。此外，毛泽东的诗词、书法造诣极高。可以说，中华优秀传统文化是毛泽东思想智慧的源头活水。习近平总书记亦积极倡导传承和弘扬中华优秀传统文化，从诸子百家到唐诗宋词，从孔夫子到孙中山，取精用宏、画龙点睛，是习近平总书记重要讲话、文章的一大特色。习近平总书记不仅对中华优秀传统文化的精髓有准确的阐释，而且赋予其新的时代内涵，闪烁着新时代的思想光芒。

毛泽东思想的传统文化渊源，习近平总书记对中华优秀传统文化的弘扬，以人民为中心的发展思想对传统民本思想的继承和发展，全面建成小康社会中"小康"一词的来源，建设美丽中国对"天人合一"的转化和创新，全面从严治党与古代廉政文化的关系，实现祖国完全统一与中华民族维护团结统一、反对分裂割据的传统根基，坚持独立自主和平外交政策与"自强不息""兼爱非攻"等思想的联系，推动建设新型国际关系、构建人类命运共同体与"协和万邦""天下为公""和而不同""己所不欲，勿施于人""己欲立而立人，己欲达而达人""德不孤，必有邻"等思想的关系等，都可以成为中华优秀传统文化融入"毛泽东思想和中国特色社会主义理论体系概论""习近平新时代中国特色社会主义思想概论"课程教学的着力点。思想政治理论课教师应找准融合点，将优秀传统文化熏陶适时有机融入"毛泽东思想和中国特色社会主义理论体系概论""习近平新时代中国特色社会主义思想概论"课程教学。

(二)将革命文化融入思想政治理论课

革命文化作为马克思主义基本原理中国化的文化成果、中国近现代史实践历程的精神凝结、毛泽东思想和中国特色社会主义理论体系的精神基因以及培育当代大学生思想道德的重要源泉,是高校思想政治理论课的重要内容。

1.将革命事迹融入"中国近现代史纲要""思想道德与法治"等课程教学

习近平总书记强调:"革命传统教育要从娃娃抓起,既注重知识灌输,又加强情感培育,使红色基因渗进血液、浸入心扉。"[①]在一百多年的非凡奋斗历程中,一代代中国共产党人笃行不怠,涌现出一大批舍生取义的革命烈士、踔厉奋发的英雄人物、公而忘私的先进模范,书写了一件件感人至深的事迹。讲革命故事、英模事迹是革命文化教育的有效方法,能够让抽象的教学内容具象化,起到感染受众、触发情感的效果。基于叙事性教学策略,思想政治理论课教师通过用心用情介绍革命人物及其事迹,可以让学生在形象生动的讲述中产生情感共鸣,接受精神洗礼,实现革命文化的有效获得。

革命文化的形成贯穿于中国近现代史的实践历程,"中国近现代史纲要"课为述说革命文化提供了历史载体。革命文化蕴含了丰富的思想道德教育资源,"思想道德与法治"课中的人生观教育、理想信念教育、中国精神、中国价值、中华美德教育需要革命文化提供有力支撑。我国革命、建设、改革时期涌现出的英雄模范及其事迹是革命文化的外显形式,思想政治理论课教师在教学中,要把革命烈士、英雄人物、先进模范的光辉形象树立起来,把他们的感人事迹和崇高精神讲述出来,把他们的光荣传统和优良作风呈现出来。2009年,中央宣传部、中央组织部、中央统战部等11个部门联合组织评选出了"100位为新中国成立作出突出贡献的英雄模范人物"和"100位新中国成立以来感动中国人物",包括血染湘江的红军将领陈树湘、隐蔽战线上的无名英雄钱壮飞、中国的保尔·柯察金——吴运铎、东山岛上的"愚公"谷文昌、"宁可把心血熬干,也要让油田稳产再高产"的王启民、锐意创新的码头工人孔祥瑞等,他们的事迹都是革命文化教育的极好素材。2021年,在中国共产党成立100周年之际,中共中央为29名功勋卓著的党员颁授"七一勋章",他们的事迹也应该成为思想政治理论课的教学资源。

---

① 习近平:《用好红色资源,传承好红色基因 把红色江山世世代代传下去》,《求是》2021年第10期,第4—18页。

此外,抗击疫情一线的众志成城、抗洪救灾人员的无畏逆行、科研人员的勇攀高峰等都是新时代的革命文化,这些精神离我们更近,更能去触动当代大学生的内心。

思想政治理论课教师选取的革命事迹如果是公众耳熟能详的,可能会较难引起大学生的兴趣。思想政治理论课教师应充分挖掘革命文化资源,选取一些不为公众熟知、但同样具有典型意义的革命事迹,以新鲜感增强大学生的学习兴趣,增强思想政治理论课教学的吸引力和感染力。思想政治理论课教师还可以着力开发地域性革命事迹,把本地革命文化教育资源融入课堂教学,发挥本地革命文化资源的独特优势。

2. 将改革开放铸就的革命文化、中国共产党的自我革命精神融入"中国近现代史纲要""毛泽东思想和中国特色社会主义理论体系概论""习近平新时代中国特色社会主义思想概论"等课程教学

改革是"中国的第二次革命",改革开放铸就了伟大改革开放精神。中国特色社会主义进入新时代后,中国共产党人的自我革命精神得到发扬光大。改革开放精神、中国共产党人的自我革命精神都是革命文化的重要组成部分。

事实胜于雄辩。经过新中国成立以来特别是改革开放四十多年的不懈奋斗,我国经济实力、科技实力、综合国力和人民生活水平均获得了极大提升,我国成为世界第二大经济体,工业总产值、货物贸易额、外汇储备额均居全球第一。2021 年,我国的国内生产总值超过 114 万亿元人民币,而 1978 年还不到 1 万亿元人民币。当代中国正日益走近世界舞台的中央,比历史上任何时期都发挥着更大的作用、产生着更大的影响。改革发展带来的巨大成就,离不开中国特色社会主义文化给予的精神动力。以习近平同志为核心的党中央以零容忍态度惩治腐败,从党的十八大召开到 2021 年 5 月底,纪检监察机关共立案审查调查省部级以上领导干部近四百人、厅局级干部两万余人、县处级干部十七万余人、乡科级干部六十一万余人;查处落实中央八项规定精神不力问题、"四风"问题六十二万余起。① 2014 年"天网行动"

---

① 本报评论员:《党在革命性锻造中更加坚强》,《人民日报》2021 年 11 月 8 日第 1 版。

以来到 2021 年 5 月底，从 120 个国家和地区追回外逃人员 9165 人，"百名红通人员"中有 60 名归案。可以说，我国的反腐败斗争取得了压倒性胜利。"中国近现代史纲要""毛泽东思想和中国特色社会主义理论体系概论""习近平新时代中国特色社会主义思想概论"等课程教师应通过摆事实、讲道理，激发大学生对革命文化的自信。

3. 将革命文化融入思想政治理论课实践教学

波澜壮阔的中国革命在祖国大地各处都留下了历史的印记，包括星罗棋布的革命纪念馆、革命旧址、烈士陵园、名人故居、党史馆等，承载着党和人民英勇奋斗的光荣历史，记载着中国革命的伟大历程和感人事迹，是弘扬革命传统和革命文化的生动教材。据国家发展和改革委员会等十四个部门2016 年联合发布的《全国红色旅游经典景区名录》，全国 31 个省（自治区、直辖市）和新疆生产建设兵团共有 300 处红色旅游经典景区，包括位于上海的中国共产党第一次全国代表大会会址纪念馆、位于浙江的嘉兴市南湖风景名胜区、位于湖南的毛泽东故居和纪念馆、位于重庆的红岩革命纪念馆、位于北京的双清别墅、位于天津的平津战役纪念馆、位于安徽的新四军红色旅游系列景区、位于福建的谷文昌纪念馆、位于四川的广安市红色旅游系列景区、位于新疆的红军西路军进疆纪念园、位于河北的西柏坡红色旅游系列景区、位于山西的刘胡兰纪念馆、位于辽宁的抗美援朝纪念馆、位于吉林的杨靖宇烈士陵园、位于黑龙江的大庆油田历史陈列馆及铁人王进喜纪念馆、位于江西的井冈山红色旅游系列景区、位于山东的孔繁森同志纪念馆、位于湖北的荆州市'98 抗洪及荆江分洪工程、位于陕西的八路军西安办事处纪念馆、位于甘肃的会宁县红军长征会师旧址、位于江苏的雨花台烈士陵园、位于广东的叶剑英元帅纪念馆、位于广西的红七军军部旧址、位于河南的红旗渠等。思想政治理论课教师应利用好当地或周边的红色资源，设计好思想政治理论课实践教学环节，组织学生寻访革命历史遗迹、重走革命道路，通过现场教学、聆听讲解，引导学生重温历史、缅怀往事，于实情实景中感受硝烟弥漫的革命岁月，感悟中国共产党领导人民轰轰烈烈的奋斗历程，牢记那些为了党和人民的事业而光荣牺牲的英烈，从而深切感知革命文化，体悟革命精神，珍惜革命成果，树立马克思主义信仰。

（三）在思想政治理论课教学中牢牢把握社会主义先进文化前进方向

社会主义先进文化是中国特色社会主义文化的重要组成部分，是文化自信的重要对象。因此，思想政治理论课教学要牢牢把握社会主义先进文化前进方向，培养大学生的文化信心。

1. 讲好社会主义先进文化

在各门思想政治理论课尤其是"马克思主义基本原理""毛泽东思想和中国特色社会主义理论体系概论""习近平新时代中国特色社会主义思想概论""思想道德与法治"课程上，教师应讲好社会主义先进文化的基本内容，用马克思主义、毛泽东思想、邓小平理论、"三个代表"重要思想、科学发展观、习近平新时代中国特色社会主义思想武装大学生头脑。马克思主义是中国特色社会主义文化的指导思想，引导大学生坚定文化自信要高度重视、切实做好高校的马克思主义理论教育，将马克思主义理论教育贯穿思想政治理论课教学始终，对大学生讲深讲透马克思主义基本原理，让大学生充分认识到马克思主义的真理性和道义性，从而在内心信服马克思主义、热爱马克思主义、树立起坚定的马克思主义信仰。党的十八大以来，以习近平同志为核心的党中央顺应时代发展，集中全党智慧，大力推进理论创新，创立了习近平新时代中国特色社会主义思想。习近平新时代中国特色社会主义思想是当代中国马克思主义、二十一世纪马克思主义，是中华文化和中国精神的时代精华，实现了马克思主义中国化新的飞跃①，思想政治理论课教师要将其讲透彻、讲明白，让大学生准确把握这一重要思想的理论逻辑、历史逻辑、实践逻辑，深入领会这一重要思想的历史地位和重大意义。同时，文化自信的关键在于核心价值观自信，思想政治理论课教师应在教学中广泛深入地融入社会主义核心价值观教育。

2. 讲好党的理论创新成果

恩格斯指出："一个民族要想站在科学的最高峰，就一刻也不能没有理

---

① 《中共中央关于党的百年奋斗重大成就和历史经验的决议》，《海峡通讯》2021 年第 12 期，第 14—29 页。

论思维。"①坚持理论创新是中国共产党百年奋斗的历史经验之一。中国共产党是一个勇于并善于进行理论创新的政党,始终不忘初心使命、走在时代前列,不断推进建设中国特色社会主义新的伟大实践,并通过对实践的科学总结、概括,提出新理论,解决新问题,指导新实践。党的十八大以来,以习近平同志为核心的党中央开创了中国特色社会主义新时代,党的理论创新也进入了快车道。中国特色社会主义事业不断发展前进,党的创新理论不断推陈出新,党的重要文件和文献不断颁布面世,都给思想政治理论课教师不断提出新的要求。党的理论创新每前进一步,理论创新成果进思想政治理论课堂、进大学生头脑的任务就要跟进一步。将党的创新理论融入思想政治理论课教学,对于大学生提升理论素养、增强文化自信,具有十分重要的作用。高校思想政治理论课教师,尤其是"习近平新时代中国特色社会主义思想概论"课程教师,要紧跟党的理论创新,把握其核心要义、精神实质,及时将党的创新理论引入教学,探索政治话语和教学话语的融通转化,讲明白党的理论创新成果的科学内涵和重要价值,增强课程的时代性、实效性、吸引力、感召力,坚定大学生对中国特色社会主义道路、理论、制度、文化的自信。

3. 引导大学生树立正确的文化观

社会主义先进文化,是面向现代化、面向世界、面向未来的文化。全面地说,文化自信不仅包括对中国特色社会主义文化的自信,还应包括树立正确的文化观,即对中华传统文化持去粗取精、转化发展的态度,对人类优秀文化成果持开放包容、兼收并蓄的态度,并坚决抵制违背马克思主义立场的思想文化。思想政治理论课教师不仅要向学生大力传播中国特色社会主义文化,还应引导学生形成正确的文化观。一是对中华传统文化取其精华、去其糟粕。中华传统文化既有跨越时空、需要发扬光大的内容,又存在一些不符合时代要求的糟粕,必须予以抛弃;二是对吸收借鉴外来文化的有益成分持积极态度。开放带来进步,封闭必然落后。习近平总书记指出:"各国各民族都应该虚心学习、积极借鉴别国别民族思想文化的长处和精华,这是增

---

① 《马克思恩格斯文集》(第九卷),人民出版社,2009 年,第 437 页。

强本国本民族思想文化自尊、自信、自立的重要条件。"①我国今天的发展成就离不开与外部世界的交流,离不开吸收借鉴人类优秀文化成果。应教育大学生认识到文化的多样性,对外来文化辩证取舍、批判吸收,抵制其中不符合社会主义先进文化前进方向的成分,吸收其中能够为我所用的成分。

4. 用社会主义现代化建设伟大成就鼓舞大学生

在中国共产党的领导下,中国迎来了实现伟大复兴的光明前景。特别是改革开放四十多年来,我国取得了有目共睹的成就,经济总量跃居世界第二,人民生活水平获得极大提高,在国际舞台上发挥越来越重要的作用。可以说,经济硬实力的发展支撑着一个负责任东方大国的崛起,同时也是中国人文化自信的底气。② 宣讲我国社会主义现代化建设的伟大成就及其背后的文化优势,对于引导大学生坚定文化自信具有重要意义。

新中国的成立,标志着中国走上了独立自主的发展道路,中国人民摆脱了"三座大山"的重压,迎来了扬眉吐气的时代。新中国的成立,是马克思主义同中国实际相结合的伟大胜利。在从新民主主义向社会主义过渡的过程中,以毛泽东同志为核心的中央领导集体团结带领全国各族人民完成了我国有史以来最为深刻而且意义广泛的社会变革。中国从开始全面建设社会主义以来,尽管历经严重的挫折,但依然取得了巨大的成就。基本建立了工业体系和国民经济体系,实现了经济上的独立发展。人民生活水平逐渐提高,相应的文化教育等也在逐渐完善。人民的生活有了基本保障,文化素质和健康水平得到了明显的提升,取得了以"两弹一星"为代表的一批具有突破性的科技成果。党的十一届三中全会上,以邓小平同志为核心的党中央做出了实行改革开放的历史性决策。实行改革开放以后,中国在诸多领域都取得了长足进步,党和国家的各项事业都取得了巨大成就。市场经济体制得以建立和完善,经济实现了快速发展。自 2010 年以来,我国的国内生产总值稳居世界第二位。人民生活总体上实现了由温饱到小康的历史性跨

① 习近平:《在纪念孔子诞辰 2565 周年国际学术研讨会暨国际儒学联合会第五届会员大会开幕会上的讲话》,《人民日报》2014 年 9 月 25 日第 2 版。
② 沈壮海:《文化何以自信》,中国人民大学出版社,2020 年,第 37 页。

越,现代化建设事业稳步推进,综合国力和国际竞争力显著提高。发生新冠疫情以来,在党中央的坚强领导下,全国人民团结一心,相对于其他国家率先基本控制住了疫情,并率先恢复了经济增长,展现了中华文化在面对风险挑战时的强大凝聚力和生命力。思想政治理论课教师应把我国在经济发展、社会进步、科技创新、疫情防控等方面取得的伟大成就与教学内容紧密联系起来,让学生体会到,我们已经成为世界舞台的主角,正在引领着世界进步的方向,推动着人类社会朝着更美好的未来发展,以此增强学生的自信心和自豪感。

5.用中华民族伟大复兴历史使命激励大学生

每有重大场合,习近平总书记总是不忘寄语青年,他在党的十九大上指出:"广大青年要坚定理想信念,志存高远,脚踏实地,勇做时代的弄潮儿,在实现中国梦的生动实践中放飞青春梦想,在为人民利益的不懈奋斗中书写人生华章!"①在庆祝中国共产党成立100周年大会上,习近平总书记再次发出号召:"新时代的中国青年要以实现中华民族伟大复兴为己任,增强做中国人的志气、骨气、底气,不负时代,不负韶华,不负党和人民的殷切期望!"②

2035年,我国的目标是基本实现社会主义现代化;本世纪中叶,我国将建成富强民主文明和谐美丽的社会主义现代化强国。当代大学生生活在一个伟大的时代、一个有足够多机会建功立业的时代,能够亲身参与中华民族伟大复兴事业,能够亲眼见证中华民族伟大复兴奇迹,实乃人生之大幸。从历史上来看,这样的际遇和机缘亘古未有。思想政治理论课教师不仅要用我国辉煌的历史成就激励大学生、用革命先烈的流血牺牲感染大学生,更要用中华民族伟大复兴的光明前景鼓舞大学生、用建设社会主义现代化强国的目标鞭策大学生,使其自觉把个人的理想追求、奋斗拼搏融入国家和民族的事业中,努力成为担当民族复兴大任的时代新人。

---

① 习近平:《习近平谈治国理政》(第三卷),外文出版社,2020年,第55页。
② 习近平:《在庆祝中国共产党成立100周年大会上的讲话》,《人民日报》2021年7月2日第2版。

（四）在思想政治理论课教学中对错误思潮和观点予以坚决批判

如前所述，一些不良的西方文化思潮、大众文化成分等对大学生坚定文化自信构成了较大威胁。引导大学生坚定文化自信，就必须同错误思潮、消极价值取向进行坚决斗争，培养其对马克思主义的信仰。在学校思想政治理论课教师座谈会上，习近平总书记指出，思想政治理论课"要在传播马克思主义立场、观点、方法的基础上用好批判的武器，直面各种错误观点和思潮，旗帜鲜明进行剖析和批判。"①

1.思想政治理论课教师应发扬批判精神

批判是人类接近真理和发现真理的重要方法和基本路径，也是坚持真理和遵循真理的重要表现和基本要求。批判精神是马克思主义最可贵的精神品质。② 从马克思青年时期世界观形成到晚年对东方社会理论的研究，批判精神一以贯之。批判是马克思建构自己理论的方式，正是在批判和超越德国古典哲学、英国古典政治经济学、空想社会主义以及资本主义的基础上，他创立了科学的理论体系。马克思的许多经典著作是以"批判"命名的，比如《黑格尔法哲学批判》《神圣家族，或对批判的批判所做的批判》《政治经济学批判》《资本论——政治经济学批判》《哥达纲领批判》。即使没有以"批判"命名的著作，其中也充满了批判的意识和智慧，比如《关于费尔巴哈的提纲》《德意志意识形态》《哲学的贫困》《共产党宣言》等。在《〈黑格尔法哲学批判〉导言》中，马克思言辞犀利："批判不是头脑的激情，它是激情的头脑。它不是解剖刀，它是武器。它的对象是自己的敌人，它不是要驳倒这个敌人，而是要消灭这个敌人。"③对于马克思彻底的批判精神，列宁给予这样的评价："凡是人类社会所创造的一切，他都有批判地重新加以探讨，任何一点也没有忽略过去。凡是人类思想所建树的一切，他都放在工人运动中检验过，重新加以探讨，加以批判，从而得出了那些被资产阶级狭隘性所限

---

① 习近平：《论党的宣传思想工作》，中央文献出版社，2020年，第384页。
② 习近平：《论党的宣传思想工作》，中央文献出版社，2020年，第229页。
③ 《马克思恩格斯选集》（第一卷），人民出版社，2012年，第4页。

制或被资产阶级偏见束缚住的人所不能得出的结论。"①

当前,西方文化优越论暗中掀起崇洋媚外的波澜,"普世价值"论暗中挑动意识形态对立,新自由主义暗中瓦解社会主义的经济基础,宪政民主思潮暗中否定中国特色社会主义制度,历史虚无主义暗中破坏中华民族历史文化脉络,拜金主义、享乐主义、极端个人主义、宿命论等消极价值取向以及泛娱乐主义暗中消磨中国人民意志品质,低俗、庸俗、媚俗文化暗中扰乱健康向上的文化氛围。如此等等,需要我们提高警惕、有力应对、激浊扬清。"学校是意识形态工作的前沿阵地,可不是一个象牙之塔,也不是一个桃花源。"②课程性质决定,在抵制形形色色错误思潮和观点侵蚀大学生的斗争中,思想政治理论课首当其冲,思想政治理论课教师责无旁贷。思想政治理论课必须坚持和增强批判性,只有通过批判,才能让学生不被错误思潮和观点蒙蔽。思想政治理论课教师应学习和继承马克思的批判精神,在教学工作中注意发扬批判精神,使之成为自身重要的精神特质。

首先,思想政治理论课教师应加深对课程性质的认识,自觉担负起批判腐朽落后文化和错误思想观点的责任,坚定不移维护马克思主义在我国意识形态领域的指导地位。应走出思想政治理论课重"建设性"、轻"批判性"的误区,"坚持建设性和批判性相统一"③,把保持批判意识、增强批判能力、力行批判实践、提高批判实效作为课程改革创新的重要任务。应直面各种错误思潮和观点,不回避问题,旗帜鲜明地进行否定和批判。应从批判性角度进行教学设计,在教材的正面教育内容中有机融入对不同模糊认识或错误观点的辨析批判,实现从教材体系到教学体系的转化,达成由照本宣科向关注现实、关注问题的改变。如果思想政治理论课教师在需要亮剑的时候都不愿亮剑、不会亮剑,还要由谁来扛起引领大学生思想的旗帜?

其次,思想政治理论课教师应增强敏锐性和鉴别力,善于察觉意识形态对立面发起的侵袭,善于发现容易造成大学生思想混乱、影响大学生健康成

---

①　《列宁选集》(第四卷),人民出版社,2012 年,第 284-285 页。
②　习近平:《论党的宣传思想工作》,中央文献出版社,2020 年,第 375-376 页。
③　习近平:《论党的宣传思想工作》,中央文献出版社,2020 年,第 384 页。

长的错误思潮和观点,有时效性、有针对性地予以回击批判。思想政治理论课教师可以通过网络等媒体观察社会发展中不断出现的新现象、新问题,发现层出不穷的新观点、新思潮;也可以加强与学生的交流,通过学生提出的问题,了解其思想动态、发现错误思潮的踪迹。通过有时效性、有针对性的批判,更好地帮助大学生明辨是非、澄清认识,带动大学生批判精神和批判思维的形成。

2.用透彻的理论分析开展批判

思想政治理论课,从名称上即可看出,应该具有理论性。习近平总书记指出,思想政治理论课不是"简单的政治宣传,而要以透彻的学理分析回应学生,以彻底的思想理论说服学生,用真理的强大力量引导学生"①,其"学术深度广度和学术含金量不亚于任何一门哲学社会科学!"②

错误思潮和观点、消极价值取向都有其存在的基础,总是以一定的方式证明自身合理性,有些错误思潮和观点、消极价值取向还是根深蒂固、影响广泛的。对错误观点和思潮、消极价值取向的批判如果只是简单机械地否定,不能够真正扫清迷雾。毛泽东曾说:"要人家服,只能说服,不能压服。压服的结果总是压而不服。……我们一定要学会通过辩论的方法、说理的方法,来克服各种错误思想。"③理论是批判武器的重要支撑。思想政治理论课教师不能只是简单地告诉学生对错误思潮和观点、消极价值取向应持有的正确立场,还应该通过透彻的理论分析,正本清源,使学生认清错误思潮和观点、消极价值取向的本质和危害,让学生知其然更知其所以然,培养学生的理性思考能力、判断力和辨别力,筑起抵御错误思潮和观点、消极价值取向的牢固思想防线,在与错误思想的斗争中展现理论的魅力。

首先,思想政治理论课教师应夯实自身的专业学术理论功底,系统掌握马克思主义及其中国化理论成果,加强对马克思主义经典著作的学习,重视对党史、新中国史、改革开放史、社会主义发展史的学习。如果教师理论功

① 习近平:《论党的宣传思想工作》,中央文献出版社,2020年,第383页。
② 习近平:《论党的宣传思想工作》,中央文献出版社,2020年,第388页。
③ 《毛泽东文集》(第七卷),人民出版社,1999年,第279页。

底不扎实、理论储备不充足,就无法对问题做出有说服力的解释,就不会具有进行批判的底气。

其次,思想政治理论课教师应加强对各种错误思潮和观点、消极价值取向的研究。科学的批判建立在理性判断基础之上,需要有严密的逻辑。不研究错误思潮和观点、消极价值取向,就无法进行深入透彻的批判,就只会做出主观臆断和片面结论。研究越深入,对错误思潮和观点、消极价值取向的实质认识就越准确,就越能进行切中要害的批判。思想政治理论课教师应善于运用马克思主义科学理论辩证分析错误思潮和观点、消极价值取向,为批判提供学理支撑。

最后,在进行批判时,教师应给学生讲清楚马克思主义的立场、观点、方法,亮明政治立场,从学理分析和政治引导相结合的角度解析错误思潮和观点、消极价值取向并揭露其理论基础、政治图谋和社会危害,用马克思主义意识形态引领社会思潮。譬如,针对极端个人主义及由其衍生出的拜金主义、享乐主义,运用马克思的社会有机体理论,强调个人与集体的辩证统一性,明确个人价值不能脱离集体而存在;针对"普世价值",引用并解释马克思、恩格斯的经典表述"'思想'一旦离开'利益',就一定会使自己出丑"①,揭露"普世价值"背后资本主义国家妄图通过成为价值准则制定者继而成为国际政治经济秩序宰制者的真实利益追求。

3. 用深入的纵横比较开展批判

比较是一种认识事物的科学方法,马克思称之为"理解现象的钥匙"②。思想政治理论课教师应学会并经常运用比较这一教学方法,培养自己广阔的历史视野和世界视野,"通过生动、深入、具体的纵横比较,把一些道理讲明白、讲清楚"③。具体到社会思潮方面,应善于在纵横比较中批判错误思潮和观点。如果说"用透彻的理论分析批判错误思潮和观点"体现了"理论"的重要意义,"用深入的纵横比较批判错误思潮和观点"则体现了"实际"的说

---

① 《马克思恩格斯全集》(第二卷),人民出版社,1957年,第103页。
② 冯契:《哲学大辞典》,上海辞书出版社,1992年,第184页。
③ 习近平:《论党的宣传思想工作》,中央文献出版社,2020年,第381–382页。

理作用。

纵横比较可以分为纵向比较和横向比较。所谓纵向比较，就是历时性的比较，就是挖掘历史事实，将不同时段进行比较。越是关注现实问题，就越是要到历史中寻找答案。思想政治理论课教师可以详细了解苏联解体的原因，拿我国目前流行的错误社会思潮和苏联解体前在当地流行的错误社会思潮相对比，以苏联解体的惨痛教训说明错误社会思潮的严重危害。苏联放弃马克思主义指导地位、抛弃社会主义意识形态、放任错误思潮流布，最终导致亡党亡国。而目前俄罗斯的综合国力已远不如苏联，还在受到西方的步步紧逼，处境较为艰难。通过以历史上的反面教训为镜鉴的比较方式，将历史经验教训直观呈现，帮助学生澄清认识，提高抵御错误思潮和观点的能力。又如，可以拿新中国取得的伟大成就，与旧中国的情况进行对比，否定资本主义意识形态，阐明"没有共产党就没有新中国，只有社会主义才能救中国，只有社会主义才能发展中国，不能搞别的什么主义"，引导学生坚定跟党走社会主义道路的决心和信心。

横向比较也就是共时性比较。"现实的成功是最好的理论，没有一种抽象的教条能够和它辩论。"[①]思想政治理论课教师可以拿中国的发展现实与西方资本主义国家的现状比较，引导学生看清资本主义制度不可克服的社会矛盾，更加深切地体悟到社会主义制度的优越性，增强对错误思潮和观点的"免疫力"。新中国成立特别是改革开放以来，在中国共产党的正确领导下，中国人民创造了经济快速发展奇迹和社会长期稳定奇迹，成就世所共睹。反观那些信奉"普世价值"、新自由主义、宪政民主的资本主义国家，经济动荡、政治失序时有发生，贫富分化、社会撕裂日益严重。具体的实例有很多，需要思想政治理论课教师用心发掘、有效利用。思想政治理论课教师应加强对西方国家、第三世界国家以及之前的苏联和东欧国家发展现状的比较研究，深入分析不同社会制度下意识形态和文化价值观的差异性，从中得出有价值的教学素材。

---

① 陈晋：《中国共产党与理论创新》，《毛泽东邓小平理论研究》2013 年第 5 期，第 1—6 页。

二、将引导大学生坚定文化自信作为课程思政建设的主要目标

2016 年，习近平总书记在全国高校思想政治工作会议上强调，各类课程要守好一段渠、种好责任田，与思想政治理论课同向同行，形成协同效应。① 2020 年，教育部印发了《高等学校课程思政建设指导纲要》，要求将课程思政建设落实到各个方面、各个环节。高校所有课程都应实现知识传授、能力培养和价值塑造的统一，高校所有教师都应成为学生智慧与心灵的双重引路人。思想政治教育的主旨之一是增强学生的"四个自信"，而"坚定中国特色社会主义道路自信、理论自信、制度自信，说到底是要坚定文化自信"②。因此，引导大学生坚定文化自信应是课程思政建设的主要目标。根据历年《中国大学生思想政治教育发展报告》，不同学科的大学生文化自信状况存在显著差异，理工类专业大学生的文化自信状况较不理想。建设好课程思政，也可以在一定程度上解决不同学科的大学生文化自信状况存在显著差异这一现实问题。各类课程教师都应探索将思政之"盐"溶于课程之"汤"的方式方法，让学生在潜移默化中提升文化自信、形成对马克思主义的信仰。

（一）增强通识课程的文化自信培育功能

在各门通识课程中，大学英语的授课对象较为广泛，涵盖了英语专业之外几乎所有专业的学生。大学英语的授课周期长，一般包括大学一年级、二年级，达两年时间。同时，英语教学容易产生的一个不良倾向是为西方意识形态、价值观念的渗透提供便利。因此，在各门通识课程中，高校尤其应加强大学英语课程思政建设，引导大学生坚守中华文化立场，使得学习英语知识技能与坚定文化自信齐头并进，而非相互掣肘。大学英语教师在教学时，应聚焦于讲授英语知识、技能，避免宣扬西方文明优越论、吹捧西方生活方式，遇到中西文化对比问题时保持不卑不亢的态度。大学英语教师应努

---

① 习近平：《论党的宣传思想工作》，中央文献出版社，2020 年，第 277 页。
② 习近平：《论党的宣传思想工作》，中央文献出版社，2020 年，第 228 页。

力发掘培养文化自信的切入点,抓住适当时机将中华文化有机融入教学过程。在造例句、布置阅读材料、安排写作任务时,优先选择与中华优秀传统文化、革命文化、社会主义先进文化有关的内容,通过英语和中国文化的结合,既讲授了英语知识,又传播了本国文化,以润物无声的方式影响人、教育人。例如,在课堂上讲解单词和语法的时候,往往会通过造例句讲解用法,此时可以将中国文化元素糅合进句子中。针对不同专业的学生,可以经常考虑把我国在相应学科专业领域做出过杰出贡献的人物、我国历史上该学科理论与实践取得的重要进展作为例句的取材来源。自 2013 年 12 月大学英语四六级考试改革后,汉译英考试题发生了明显变化,基本都是与我国的历史、文化、经济、社会发展有关的文本。2021 年 12 月的大学英语四级考试三套卷翻译题分别涉及都江堰、大运河、坎儿井,六级考试三套卷翻译题分别涉及延安革命旧址、井冈山革命根据地、中国共产党第一次全国代表大会会址。由此可见,导向是非常明显的。大学英语教师应尽其所能融中国文化于教学中,多讲解与中国文化有关的翻译题,包括中国传统节日、风景名胜、风俗习惯、科技成就、革命纪念地等。

除了大学英语,高校开设的主要通识课程还有大学语文、大学美育、大学体育、创新创业教育课程。在大学语文课程教学中,教师应着力融入中华优秀传统文化,提升学生的汉语水平、传承中华优秀传统文化。在大学美育课程教学中,教师应弘扬中华美育精神,立足于博大精深的中华文化,带领学生发现中华文化之美、感受中华文化之美、鉴赏中华文化之美,让大学生在接受美育的过程中了解中华文化变迁、触摸中华文化脉络、汲取中华文化精华。在大学体育教学中,教师应有机融入中华传统体育文化,讲好中国体育故事,引领学生学习弘扬中华体育精神、女排精神、北京奥运精神。在创新创业教育课程中,教师可以将儒家创新创业思想融入教学,引导学生从中华文化中寻找创新创业的启发或灵感。

(二)发挥专业课程的文化自信培育作用

文化自信培育,应树立"大教育观"和"大思政观",真正做到"三全育人",克服思想政治教育只是宣传部、马克思主义学院和思想政治理论课教师的责任的片面认识。对学生的思想政治教育,高校的每一个部门、每一位教职员工都有责任。毛泽东说过:"一个人只要他对别人讲话,他就是在做宣传工作。"①大学生在校期间,上专业课的时间长,受专业课教师的影响很大。因此,我们应大力推动专业课的课程思政建设,充分发挥专业课的育人功能。

要充分发挥专业课的育人职能,教师就应认真梳理教学内容,锐意创新教学形式,根据实际情况,有机融入文化自信教育,让大学生在学习专业知识的同时,感受中华优秀传统文化的源远流长、革命文化的昂扬激越和社会主义先进文化的生机勃勃。不同的专业课,有一些共性的内容,譬如爱国主义、实事求是、刻苦钻研、团结协作等这些爱国情怀和科学精神是带有普遍意义的,立大志、明大德、成大才、担大任的教育是一致的。引导青年学生心怀国之大者,为国分忧、为国解难、为国尽责,刻苦学习、钻研科学、锻炼意志等都是积极的正能量。只要专业课教师细心,在做人、做事、做学问上寻找最大的公约数,就是在传递社会主义核心价值观,都是在进行文化自信教育。实际上,这样的教育只要融化在课堂中,就能在不经意间起到良好的教育效果。好的教育和好的宣传,都不是说教式的,大都发生在潜移默化的过程中。

不同学科专业有不同的特点,在文化自信培育融入专业课教学的过程中应各有侧重。比如,在经济学、管理学类专业课程的教学过程中,可以向学生传递马克思主义政治经济学思想、习近平经济思想,也可以让学生充分了解改革开放以来我国经济发展的巨大成就。因为,发展的事实是思想观念引导、精神动力构建的最有力的根据。② 哲学、文学、历史学类专业课程,应帮助学生掌握马克思主义世界观和方法论,从历史和现实、理论和实践等维度深刻理解习近平新时代中国特色社会主义思想。法学类专业课程教学,应引入习近平法治思想有关内容。教育学类专业课程,应带领学生学习习近平关于教育的重要论述。艺术类专业课程,应在教学中引导学生传

---

① 《毛泽东选集》(第三卷),人民出版社,1991年,第838页。
② 沈壮海:《论文化自信》,湖北人民出版社,2019年,第56页。

承和弘扬中华优秀传统文化、革命文化,例如组织音乐专业的学生学习红色歌曲、组织广播电视编导专业的学生拍摄反映我国非物质文化遗产的微电影等。农学类专业课程,应重点融入习近平生态文明思想。医学类专业课程,可以注重加强中华传统医德教育、仁爱教育、我国古代的医学成就教育以及抗击新冠疫情过程中体现出的我国文化优势的宣讲。理工类专业的课程思政建设应特别受到重视,可以在专业课教学中加强马克思主义观点的教育,注重辩证唯物主义和科学精神的教育,大力宣讲我国古代科技文明对世界的贡献、新中国成立以来在科技方面取得的成就。通过宣传我国现代工业体系建设、科学技术发展、基础设施建设、交通工程规划和建设等方面的丰硕成果,例如"天宫"载人空间站、"蛟龙"号载人潜水器、"中国天眼"、"墨子号"量子科学实验卫星、C919大飞机、北斗卫星导航系统、港珠澳大桥、北京大兴国际机场、我国制造业规模居世界首位、我国是全球唯一拥有所有工业门类的国家等,激发学生的民族自信心和自豪感。

高校应加强顶层设计,大力组织教师申报各级课程思政示范课程,为校级课程思政示范课程提供资金支持,积极选树课程思政优秀案例并为获奖者颁发校级荣誉证书,开展课程思政教学比赛并将比赛结果与职称评审等挂钩,推动专业课教师开展课程思政建设,发挥课堂教学主阵地作用,使立德树人融入大学生专业学习的各环节。专业课教师应主动承担思想政治教育职责,树立引导大学生坚定文化自信的主动性和自觉性,深入挖掘各类课程的思想政治教育资源,把拥护中国共产党的教育、爱国主义教育、社会主义核心价值观的基本要求、实现民族伟大复兴的青年责任等融入到各类专业课程教学之中,形成协同育人效应。

三、加大文化素质教育课程开设力度

高校在素质教育课程的设置中,应提升文化教育课程的比例。可以开设中国文化概论、中华优秀传统文化经典导读、中国古代诗词赏析、毛泽东诗词鉴赏、中国通史、"四史"教育、中华礼仪、优秀文学作品赏析、中外文化比较等素质教育必修课,提升学生的中华文化素养,培育其民族文化情感。

还可以开设汉服文化体验、中华茶道体验、中华传统音乐鉴赏、中华传统书法、中国的世界文化遗产、中国非物质文化遗产概论等素质教育选修课,满足学生的兴趣爱好和成长需要,使学生广泛领略传统文化的魅力。譬如,截至 2022 年 5 月,我国有世界文化遗产 38 项、世界自然与文化双遗产 4 项、世界非物质文化遗产 42 项、全球重要农业文化遗产 18 项、世界记忆遗产 13 项,数量居世界前列,高校完全可以组织相关学科教师搜集整理相关资料,开设向学生介绍我国著名文化遗产的课程,充分挖掘利用我国文化遗产蕴含的德育、美育、智育价值,增强大学生对中华文化的认知认同,提升其文化自信。高校还可以结合所在地的地域文化特色,开设地域文化课程,此类课程极具地方特色、生动亲切,能够拉近与学生的距离,加深学生对中华文化的理解和把握。在文化素质教育课程教学过程中,教师应充分考虑大学生的认知特点、思维方式、接受习惯,将教学内容制作成集文字、图片、音频、视频于一体的课件,以生动的形式呈现给学生,并运用富有生活气息的话语表达,增强教学的亲和力、吸引力,调动学生的学习热情。

四、提升课堂教学效果

要使得通过课堂教学培育大学生文化自信起到良好效果,也需要有方式方法上的设计。课堂教学的话语表达应该是接地气的,应该是生动灵活的,也应该有创新性。高校教师可以学习研究习近平总书记讲述过的中国故事、引用过的中国典故,从领袖的话语艺术中获得智慧启迪,以讲好中国故事、引用中国典故两种手段提升课堂教学的亲和力和感染力。

（一）以讲好中国故事提升课堂教学效果

"文化离开诚实而强有力的故事便无从发展。"[①]故事是文化的载体,爱听故事是人类的天性。从牙牙学语起,我们便醉心于各种生动的故事。讲故事能够让抽象、枯燥的理论具体化、形象化,或启迪智慧,或润泽心灵。正

---

① ［美］罗伯特·麦基:《故事:材质、结构、风格和银幕剧作的原理》,周铁东译,中国电影出版社,2001 年,第 16 页。

如习近平总书记所列举的,高校教师应能够给大学生讲好中华民族的故事、中国共产党的故事、中华人民共和国的故事、中国特色社会主义的故事、改革开放的故事以及新时代的故事①。譬如,在引导大学生勤学时,讲毛泽东看一百遍《共产党宣言》、习近平走三十里路借书的故事可以起到良好的效果;在教育大学生坚持实事求是、善于调查研究时,可以讲毛泽东深入开展寻乌调查、二十世纪六十年代全党进行大调研的故事;在讲中国特色社会主义制度优势时,可以讲我国脱贫攻坚取得全面胜利、疫情防控取得积极成效的故事。习近平总书记是讲故事的高手,他讲过的"真理的味道非常甜""半条被子""陈树湘断肠明志"等故事让人印象十分深刻。2017 年,人民出版社出版了《习近平讲故事》一书,收录习近平总书记讲过的 109 个故事,涵盖廉政、品格、励志、治理、对外交往、文化融通、历史情感等方面。2021 年,人民出版社出版了《习近平讲党史故事》一书,收录习近平总书记讲过的 84 个发生于不同时期的党史故事。2022 年,人民出版社又出版了《习近平讲故事》(第二辑),收录了 2017 年以来习近平总书记在各种场合讲述的 105 则生动精彩的故事,分为"管党治党故事""国家治理故事""社会发展故事""文化自信故事""道德品格故事""命运与共故事"六个部分,从一个侧面呈现习近平新时代中国特色社会主义思想的博大精深和无穷魅力。在《习近平讲故事》(第二辑)的"文化自信故事"中,第一则故事就有习近平总书记在文艺工作座谈会上讲过的"外国人也跑到我们这里寻找素材、寻找灵感,好莱坞拍摄的《功夫熊猫》、《花木兰》等影片不就是取材于我们的文化资源吗"②,富有说服力和感染力。高校教师可以从《习近平讲故事》和《习近平讲党史故事》中获取丰富的故事资源,并加以灵活运用。同时,高校教师应善于挖掘和提炼我国历史上的故事,挖掘古今中外科学家们发奋学习和教书育人的故事,譬如杨振宁讲他父亲请清华大学的历史教师用两个暑假为他辅导《孟子》的故事,华中科技大学的杨叔子院士要求他的博士生在毕业论文答辩前背诵《道德经》的故事,鲁迅弃医从文的故事,"两弹一星"元勋

---

① 习近平:《论党的宣传思想工作》,中央文献出版社,2020 年,第 386 页。
② 习近平:《论党的宣传思想工作》,中央文献出版社,2020 年,第 114 页。

钱伟长弃文从理的故事(钱伟长有位著名的四叔,就是后来成为著名国学大师的钱穆。家庭的耳濡目染,让钱伟长成为一个文科尖子生,在十八岁那年的高考中,以中文和历史两个100分的成绩进入清华大学历史系学习。令人惊讶的是,这位后来著名的力学家,竟然在这次高考中,物理只考了5分。就在钱伟长进入历史系的第二天,日本发动了"九一八事变",侵占了中国的东北三省。钱伟长当天也从收音机里听到了这个消息,他感叹中国军人武器落后,毅然决定弃文从理),钱学森克服重重困难毅然回国的故事,参与"两弹一星"设计与制造的科学家们的奋斗故事等。将这些感人的故事纳入教学,能够激励学生立志成才。

(二)以引用中国典故提升课堂教学效果

经典语句是智慧的结晶、文化的精粹,具有跨越时空、直抵人心的力量。常用典故、广引典故,可以说是习近平总书记讲话的一个鲜明标识和突出风格。[①] 从孔子、孟子到毛泽东,从《尚书》《诗经》到《格言联璧》,习近平总书记在中国文化宝库中取精用宏,总是给人以思想启迪、精神激荡,也展现了高度的文化自信。习近平总书记引用"石可破也,而不可夺坚;丹可磨也,而不可夺赤"传递信仰的力量,引用"少年辛苦终身事,莫向光阴惰寸功"勉励少年勤学,引用"万物并育而不相害,道并行而不相悖"阐明相处之道,引用"不谋全局者,不足谋一域"强调大局意识,引用"敢教日月换新天"呼唤奋斗精神,引用"不闻不若闻之,闻之不若见之,见之不若知之,知之不若行之"揭示实践意义,等等,可谓画龙点睛、恰到好处。关于习近平总书记引用过的典故,截至2022年,已有五本书籍出版,分别是:人民出版社出版的《平"语"近人:习近平总书记用典》和《平"语"近人:习近平喜欢的典故》,人民日报出版社出版的《习近平用典》第一辑、第二辑、第三辑。中央广播电视总台也已推出两季特别节目,生动宣传解读习近平总书记所引用的中国典故。高校教师可以学习习近平总书记的用典艺术,提升自己的话语能力,提升课堂教学效果。经典语句的魅力在于文字凝练、底蕴厚重、思想精深、意味隽

---

① 胡艺华、杜敏:《论习近平用典艺术对思想政治教育方法的拓新》,《理论月刊》2020年第9期,第5-14页。

永,是以文化人、以文育人的绝好素材。在教学中适时穿插使用精挑细选出来的经典语句,能够使教学语言更加响亮、更有文化意蕴、更有层次性、更有说服力,比波澜不惊、平铺直叙式的教学语言更能调动起学生的兴趣和关注。当然,这需要教师首先加强自身的文化修养,广泛阅读中华优秀传统文化、革命文化、社会主义先进文化经典著作,深入学习习近平总书记引用过的经典语句,领会经典语句的历史由来、文化内涵和精神实质,并准确把握经典语句和时代环境、教学内容之间的契合度,从而加以恰当地运用。

第二节　守好日常教育广阵地

全面地来看,大学生的存在空间包括高校、家庭、社会。在课堂教学之外,大学生还有大量的时间在校园里活动、在家庭中生活、在社会上见识。大学生的成长成才,不仅与高校有关,而且与家庭、社会有关。因此,引导大学生坚定文化自信,需要高校、家庭、社会在日常教育的广阔阵地上一同贡献力量,形成协同育人的良好局面。

一、精心打造文化校园

校园是大学生日常学习、生活的主要空间,良好的校园文化环境会起到春风化雨、润物无声的隐性育人效果。习近平总书记在全国高校思想政治工作会议上指出:"要更加注重以文化人以文育人,广泛开展文明校园创建,开展形式多样、健康向上、格调高雅的校园文化活动。"[1]高校要重视校园文化环境的营造,结合自身特点开展丰富多彩的校园文化活动,精心打造文化校园,积极参加教育主管部门组织的文明校园创建、校园文化建设优秀成果评选,形成有利于培育大学生文化自信的氛围。

(一)开展经典阅读活动

朱自清曾说:"在中等以上的教育里,经典训练应该是一个必要的项目。

---

① 习近平:《论党的宣传思想工作》,中央文献出版社,2020年,第278页。

经典训练的价值不在实用,而在文化。"①优秀书籍是承载、传播文化的重要载体,阅读则是了解文化的主要途径。大学生通过阅读文化经典,可以与伟大心灵对话、与先哲前贤互动,可以提高人文素养和文化品位、增强文化自信。高校应定期组织开展读书节、诗词吟诵会、"读书达人"评比等形式多样的活动,开列推荐书单,鼓励学生阅读《共产党宣言》《毛泽东选集》《论中国共产党历史》《习近平讲党史故事》《习近平讲故事》《习近平用典》《习近平的七年知青岁月》《习近平与大学生朋友们》《红岩》《苦难辉煌》《论语》《道德经》《孟子》《大学》《中庸》等体现中华优秀传统文化、革命文化、社会主义先进文化的名著,引导学生深思细悟,感受经典的力量。在开展经典阅读活动时,高校应做好顶层设计、完善组织构架,由宣传、图书馆、教务、学工、团委等部门负责具体组织实施,积极统筹、调动校内相关资源,为办好活动提供支持。高校可以为学生推荐网上免费阅读的有声书资源,例如学习强国APP 上的"听原著"版块、京东读书 APP 上的免费电子书资源等,方便学生学习,降低阅读门槛。在读书活动方面,中国矿业大学的经验值得学习借鉴,该校已经连续举办二十届"书香校园 悦读人生"主题读书节,包含"共读一本书"、名师名家专题报告会、"五月诗会"、读书心得分享、图书漂流等活动,形成了品牌效应,起到了良好的育人效果。

(二)开展传统节日、重要纪念日活动

传统节日、纪念日是一个民族文化的重要组成部分,承载着宝贵的民族精神、深厚的民族情感,蕴藏着丰富的教育资源。在我国悠久的历史进程中,产生了春节、元宵节、清明节、端午节、七夕节、中秋节、重阳节、冬至等传统节日。为了纪念中华民族近代以来抗争奋斗历程中产生的英雄模范、重大事件,不断教育后人,我国设立了学雷锋纪念日(3 月 5 日)、中国共产党建党日(7 月 1 日)、中国人民解放军建军纪念日(8 月 1 日)、中国人民抗日战争胜利纪念日(9 月 3 日)、烈士纪念日(9 月 30 日)、长征胜利纪念日(10 月22 日)、抗美援朝纪念日(10 月 25 日)等重要纪念日。近年来,传统节日、纪

---

① 朱自清:《经典常谈·序》,中华书局,2009 年,第 1 页。

念日越来越受到重视,过属于我们自己的节日越来越成为全社会的共识。高校应利用好传统节日、重要纪念日等契机,组织开展形式多样、内涵丰富的活动,例如征文、讲座、书法展示、国画展览、红歌会、优秀电影展播、游园会、诗歌朗诵会、民俗展示、非物质文化遗产展示、体育健身、参观革命历史类纪念设施、考察爱国主义教育基地、祭扫烈士墓、瞻仰烈士遗物等,在活动中传播中华优秀传统文化、革命文化、社会主义先进文化,弘扬党和人民在各个历史时期奋斗中铸就的伟大精神,加强爱国主义、集体主义、社会主义教育,营造浓厚的节日文化氛围,广泛吸引学生参与,促使学生了解传统节日、重要纪念日的文化内涵,给学生以情感滋养、思想陶冶和价值引领,增进其对中华文化的情感认同。

(三)开展文化竞赛活动

近年来,央视推出的《中国汉字听写大会》《中国成语大会》《中国谜语大会》《中国地名大会》《中国诗词大会》等一系列传统文化知识竞赛类节目的热播和广泛影响,让我们认识到知识竞赛是推广中华文化的一种有效途径。高校可以学习借鉴已有的成功经验,组织开展丰富多彩的融思想性、知识性、学术性、趣味性于一体的文化知识竞赛,精心设计竞赛内容,有效利用线下或线上竞赛形式,通过马克思主义知识大赛、成语知识竞赛、诗词知识竞赛、党史知识竞赛、汉字大赛、书法比赛、篆刻比赛、绘画比赛、经典诵读比赛、红色歌曲合唱比赛、演讲比赛、剪纸比赛等竞赛活动,广泛发动学生参与到竞赛中来,扩大参与面、受众面和影响面,提升大学生对中华文化的认知程度和学习兴趣,还可以满足大学生展示自我、发挥特长的需要。在开展文化竞赛活动的过程中,需要注意的是,大学生文化自信的形成不会一蹴而就,因此这类活动要长期开展、定期举办,努力打造竞赛品牌,形成品牌效应。

(四)开展讲座活动

讲座是就某一方面的专题所作的讲授。效果良好的讲座能够使人开阔视野、增长见识、拓宽思路,跳出课堂小天地,增强教育感染力,为大学生喜闻乐见。高校可以广泛邀请时代楷模、道德模范、劳动模范、红色旅游"五好"讲解员、红色旅游金牌讲解员、专家学者等进校园,通过报告、座谈等形式,开展中华优秀传统文化、革命文化、社会主义先进文化宣讲,或者就某一方面的错误观点和思潮进行专题剖析批驳,提升学生的文化素养。此外,马克思主义学院教师是高校重要的思想政治教育、文化自信培育师资力量,在党中央推进党史学习教育常态化长效化的背景下,高校可以常态化组织马克思主义学院优秀教师以讲座形式,分专题为学生宣讲党史、新中国史、改革开放史、社会主义发展史以及习近平总书记关于"四史"的重要论述,旗帜鲜明批判历史虚无主义,把内容讲活,让学生喜欢听、听得懂、听得进,增强大学生的文化自信、历史自信,厚植爱党爱国爱社会主义的情感。

（五）推动文化社团建设

社团是大学生依据共同的兴趣爱好而自愿组成,按照章程自主开展活动的群众性组织。[①] 社团能够让大学生发展兴趣爱好、交流思想情感、丰富课余生活,从而活跃学校的文化氛围。在引导大学生坚定文化自信方面,许多相关社团能够发挥积极作用,如读书、网络、诗歌、书法、武术、太极、曲艺、汉服、篆刻、红色文化、演讲、非物质文化遗产社团等。高校应大力支持学生社团的建立、发展和活动,坚持"学校搭台、学生唱戏",促进大学生的自我教育、自我管理、自我服务,让健康向上的社团文化活动在校园竞相绽放。一是加大对优秀社团的投入。高校应划拨专项资金,加大对优秀社团的投入力度,支持社团开展传承弘扬中华优秀传统文化、革命文化、社会主义先进文化的活动,并为活动提供场地、设施和宣传渠道等,保障活动的顺利开展。二是在政策上为学生参加社团提供支持,将学生参加社团活动纳入量化积分考核体系,激发学生组织社团活动、参加社团活动的内生动力。三是建强理论社团,加强大学生对马克思主义理论、习近平新时代中国特色社会主义思想的学习和研讨。理论社团可以用"青马社""研习社"等简单上口的名称命名,注重将学习和研讨紧密结合起来,在学习中相互研讨,在研讨中促进学习。四是定期举办学生社团成果展示节,集中展示社团建设成效,促进社

①　张文学:《高校学生社团发展现状及其指导》,《中国青年研究》2006 年第 6 期,第 84-86 页。

团健康发展,繁荣校园文化,彰显大学生青春风采。五是加强社团指导教师队伍的建设。要想真正办好社团,指导教师的引领作用不可或缺。应选配政治觉悟高、责任心强、文化素质过硬的教师担任社团指导教师,提升社团的文化品位,保证社团的发展始终走在正确的道路上。为提升教师参与社团建设的积极性,可以依据工作成效将教师指导学生社团有关工作纳入教学工作量。

（六）营造校园文化景观

《德意志意识形态》中有一句名言:"人创造环境,同样,环境也创造人。"①高校校园作为大学生学习生活的微观场域,其景观承担着育人的特殊使命。校园景观不仅要注重美观实用,还要承载文化功能和教育功能。文化性、教育性是校园景观不可缺少的重要属性。校园景观潜移默化影响着浸润其中的学生的精神风貌。在良好的校园文化环境中,学生能够获得文化的熏染、情操的陶冶、心灵的滋养和境界的提升。

高校应将校园景观建设纳入立德树人工作全局,营造春风化雨、润物无声的文化氛围和育人环境,发挥校园文化景观的隐性育人功能。校园山水、园林、道路、廊亭、楼宇、场馆等的设计建造以至命名,应将中华优秀传统文化、革命文化、社会主义先进文化融贯其中,在文化资源和历史底蕴的挖掘、中国特色中国风格中国气派的彰显方面多做尝试探索,实现使用、美化、教育功能的和谐统一。"一个有希望的民族不能没有英雄,一个有前途的国家不能没有先锋。"②高校可以结合自身历史和地域特点,选择若干恰当的场所,摆放我国历史名人的雕塑,例如孔子、杜甫、鲁迅、雷锋等的雕塑,增加校园人文气息。名人雕塑寓人文于景观,可以引导学生见贤思齐、崇德修身,可以激发学生的民族自豪感、文化自信心。悬挂名言警句、画作、图片也是营造校园文化景观的一种重要方式。苏联教育家苏霍姆林斯基曾说:"努

---

① 《马克思恩格斯选集》(第一卷),人民出版社,2012 年,第 172-173 页。
② 习近平:《在颁发"中国人民抗日战争胜利 70 周年"纪念章仪式上的讲话》,《人民日报》2015 年 9 月 3 日第 2 版。

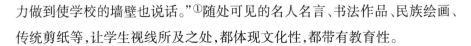

力做到使学校的墙壁也说话。"①随处可见的名人名言、书法作品、民族绘画、传统剪纸等,让学生视线所及之处,都体现文化性,都带有教育性。

二、强化家庭教育功能

在中华大地,孟母三迁其家、断机教子的故事已被传诵了两千年。习近平总书记指出:"家庭是孩子的第一个课堂,父母是孩子的第一个老师。家长要时时处处给孩子做榜样,用正确行动、正确思想、正确方法教育引导孩子。"②家庭教育十分重要,引导大学生坚定文化自信离不开家庭教育。

（一）家长应切实肩负起教育大学生的责任

一些家长可能有这种想法或做法,就是子女一旦离开家乡、上了大学,就基本上把教育责任推给学校,逐渐放松了家庭教育,认为自己只管给孩子资金上的支持就可以了。其实,这种想法和做法是极其有害的。大部分大学生虽然已经成年,但是心智尚未完全成熟,思想和行为很容易偏离正轨,一些大学生沉迷网络游戏、深陷网络贷款、遭受电信诈骗、多门考试挂科的例子就是明证。因此,大学生仍然十分需要来自家庭的关心和教育。同时,虽然大学生可能在异地上学,远离了家庭,但家长仍然可以通过网络、电话等多种方式与其保持联系,而且大学生每年大概有三个月的寒暑假时间与家长生活在一起,所以家长要切实肩负起家庭教育的责任,而不是放手不管。

（二）家长应为大学生坚定文化自信树立榜样

家长要改变家庭教育重智育、轻德育的错误做法,认识到德育对学生健康成长的长期作用。家长要先树立起文化自信,为大学生做好榜样示范。常言道,有其父必有其子。从家庭教育的影响途径和方式上看,家庭教育主要是在日常生活中使孩子受到潜移默化的影响,不是那种正规的、有严密计

---

①　[苏]Ｂ.Ａ.苏霍姆林斯基:《帕夫雷什中学》,赵玮等译,教育科学出版社,1983年,第149页。

②　习近平:《习近平谈治国理政》,外文出版社,2014年,第184页。

划性和系统性的教育。家长的文化自信状况会通过言谈举止在无意识中不知不觉地表现出来,久而久之,对大学生的文化观念和文化行为产生潜移默化、深刻长远的影响。因而,家长要积极提高自身对中国特色社会主义文化的认知和理解水平,在日常生活中弘扬和践行社会主义核心价值观、中华民族传统美德,培育健康向上的家庭文化,树立优良家风,通过言传身教对大学生进行正确引导,不能把"人不为己,天诛地灭""人为财死,鸟为食亡""有钱能使鬼推磨""人生苦短,及时行乐""生死有命,富贵在天"这些价值取向消极的俗语挂在嘴边,不做坏的示范,为引导大学生坚定文化自信营造良好的家庭环境。

（三）家长应帮助大学生学习中国特色社会主义文化

家长应当树立家庭是第一个课堂、自己是第一任老师的责任意识,承担起实施家庭教育的主体责任,除了给大学生资金支持、生活关怀以外,还要对其进行价值观念、人生道路的正确指引。家长要鼓励大学生学习了解中国历史、文化经典以及传统书法、绘画等,从中感悟中华文化的精髓和魅力;支持大学生参加各种文化学习、实践和交流活动,例如参观爱国主义教育示范基地、开展学雷锋志愿服务活动、赴基层宣传社会主义核心价值观等,做中华文化的传承者、践行者和传播者。由于受教育程度存在差异,相当一部分家长可能无法直接给予大学生精深的文化教育,但是给大学生传递热爱祖国、热爱人民、尊老爱幼、尊师重道、艰苦奋斗、扶危济困、勤俭持家、诚实守信、与人为善等中华民族传统美德是每名家长都可以做到的。

（四）家长应及时纠正大学生的错误价值观念

常言道,知子莫如父。作为家长,在教育子女时要立破并举,既要讲什么是对的,也要讲什么是错的,及时纠正子女的错误倾向。高校要架设起家校沟通的桥梁,建立向家长通报学生在校情况的工作机制,促进家庭教育的开展。家长也应当经常与子女沟通、主动与辅导员联系,了解大学生在校期间的学习表现、生活状况和思想动态,帮助其消除思想困惑,及时纠正大学生可能产生的以洋为尊、以洋为美、拜金主义、享乐主义、利己主义、极端个人主义、宿命论等错误思想,引导大学生自觉抵制不良文化、丑恶现象的影响。曾有媒体报道这样的咄咄怪事:一个在外地上学的大学生说想吃妈妈亲手包的馄饨,结果他母亲不远千里坐飞机送来馄饨;有些大学生衣服脏了自己不洗,积攒一段时间,寄回家或者带回家让家长洗。当代大学生很多是独生子女,从小娇生惯养,过着饭来张口的日子。有些家长对子女溺爱有加,对子女提出的要求百依百顺,甚至会为自己没有完全满足这些要求而内疚。有些家长对子女的个人事务大包大揽,除了学习,什么事都不让子女自己做。这样的现象,都反映出家庭教育存在问题,都对大学生的成长成才极为不利。家长应该调整自己的观念,及时纠正大学生过分依赖他人的言行,重视培养大学生自立自强的人生观、价值观,教育大学生热爱劳动、自食其力。

三、发挥社会教育作用

大学生除了接受学校教育、家庭教育之外,还有大量的时间处于社会生活中,与社会的方方面面接触。因此,社会所能带来的积极影响、正面引导对大学生来说也十分重要。社会教育把教育同社会生活、休闲娱乐等联系起来,具有极大的丰富性和灵活性,影剧院、图书馆、博物馆、纪念馆、展览馆、美术馆等都是社会教育的重要场所,网络、电视、广播、报纸、杂志等都是社会教育的重要平台。

(一)营造积极健康向上的社会文化环境

健康向上的社会文化环境对培育大学生文化自信能够起到积极促进作用。习近平总书记指出:"各种社会管理要承担起倡导社会主义核心价值观的责任,注重在日常管理中体现价值导向,使符合核心价值观的行为得到鼓励、违背核心价值观的行为受到制约。"①社会有关方面要使社会主义核心价值观贯穿于社会治理全过程,以是否符合社会主义核心价值观作为社会成员行为的评判标准。对于黄赌毒黑拐骗等违背社会主义核心价值观的行为

---

① 中共中央文献研究室:《习近平关于社会主义文化建设论述摘编》,中央文献出版社,2017年,第111页。

要施以制度化的惩戒、整治,对于见义勇为、扶危济困、诚实守信、无私奉献、孝老爱亲等行为要予以奖励、宣扬。各级党政部门单位要加强大众文化、大众传媒、文化市场和文化产业管理。各类网站、电台、电视台、报刊等大众传媒要自觉承担起传播中华优秀传统文化、革命文化、社会主义先进文化的责任使命,并大力宣传党的理论和路线方针政策,坚持正确舆论导向,占据意识形态高地,让主旋律更加响亮、正能量更加充沛;广泛宣传时代楷模、全国道德模范、感动中国人物等先进典型的事迹,用榜样的力量化育人心;坚决抵制不良思想文化的渗透蔓延,与背离社会主义核心价值观的错误言行和丑陋现象划清界限,"形成有利于培育和弘扬社会主义核心价值观的生活情景和社会氛围,使核心价值观的影响像空气一样无所不在、无时不有"①。

(二)创作提振文化自信的优秀文艺作品

"文艺是铸造灵魂的工程,文艺工作者是灵魂的工程师。"②优秀的文艺作品和群众喜闻乐见的文艺形式,总是能以"润物细无声"的方式让群众受到感染教育,这种潜移默化的影响方式的效果往往不逊色于正面教育。③ 近年来,央视推出的《典籍里的中国》《故事里的中国》《中国汉字听写大会》《中国诗词大会》《中国成语大会》《经典咏流传》《朗读者》《国家宝藏》《如果国宝会说话》《中国考古大会》《诗画中国》等文化类综艺节目在社会上引起热烈反响,党史题材影视剧《觉醒年代》《1921》《革命者》《大决战》《功勋》掀起观剧热潮,电影《长津湖》《我和我的祖国》屡创票房新高,《唐宫夜宴》《只此青绿》《洛神水赋》等节目奉上传统文化视听盛宴,河南卫视推出的"中国节日"系列节目频频出圈、广受好评,这些都极大地激发了国人的文化自信,越来越多的人折服于中国文化的魅力,成为中国文化的忠实"粉丝",显示出优秀文艺作品成风化人的重要作用。

优秀的影视作品不仅能够反映社会生活,而且能够通过满足人们的情感需求和审美需求引发人们的价值认同感。正如习近平总书记所言:"文艺

① 习近平:《论党的宣传思想工作》,中央文献出版社,2020年,第59页。
② 习近平:《论党的宣传思想工作》,中央文献出版社,2020年,第112页。
③ 邱柏生、董雅华:《思想政治教育学新论》,复旦大学出版社,2012年,第282页。

深深融入人民生活……人类生活的一切方面,都可以在文艺作品中找到启迪。文艺对年轻人吸引力最大,影响也最大。"①我国文艺工作者要以习近平新时代中国特色社会主义思想为指导,坚持社会主义先进文化前进方向,坚持以人民为中心的创作导向,高扬社会主义核心价值观旗帜,把社会效益放在首位,从中华文化宝库中萃取精华,从人民伟大实践中汲取营养,形象地呈现中国共产党带领人民进行革命、建设和改革的伟大奋斗历程,讲述好中国故事,传播好中国声音,弘扬以爱国主义为核心的民族精神和以改革创新为核心的时代精神。"像戚继光抗倭、冯子材抗法、鸦片战争、甲午海战、抗日战争、抗美援朝战争这些历史,都要深入挖掘其中的爱国主义精神"②,创作出更多提振文化自信、人民喜闻乐见、文质兼美的优秀文艺作品,让受众看得进、听得懂、记得住、有收获,让大学生在良好的社会文化氛围熏陶中受到正向引领。

大学生是影视传播的主要受众,他们通过网络、电视、课堂观赏等多种渠道,观看影视作品。在笔者 2022 年开展的问卷调查中,有这样一道问答题:"您最近在追什么剧或者看什么节目,您追它的原因是什么?"笔者查阅了受访大学生的回答,发现其中一位学生是这样写的:"我最近在追《典籍里的中国》,真的是太好看太好看了,不愧是央视出品,它让我更加了解中华民族这么深厚的文化积淀,让我身临其境般感知历史人物和故事,每一集都能让我感动落泪,感动于古人的智慧,感动于文化的传承,看到伏生一家以命守护《尚书》的故事更让我泪崩。现在,我就像是葫芦娃里的三娃,拥有铜皮铁骨,任何外来文化都无法入侵,领会先贤的思想就是我的人生目标。我为身为一个中国人骄傲,为伟大的中华文化骄傲!"③另有一位学生回答的是:"最近在追《觉醒年代》这部剧,它展现的青年为祖国事业努力奋斗的决心很吸引人。其中有一段是南陈北李在海河边看到流离失所的难民悲痛欲绝、

---

① 习近平:《在文艺工作座谈会上的讲话》,《人民日报》2015 年 10 月 15 日第 2 版。

② 中共中央党史和文献研究院:《习近平关于总体国家安全观论述摘编》,中央文献出版社,2018 年,第 108 页。

③ 根据一位受访大学生对笔者 2022 年开展的问卷调查中问答题第 5 题的回答整理而得。

相约建党,陈独秀说建党'不为什么,我为了他们,我为了他们能够像人一样地活着,为了他们能够拥有人的权利、人的快乐、人的尊严',我看哭了。只求我们不负先烈!"①这就是文化的力量,这就是优秀文艺作品的隐性育人力量。

(三)发挥公共文化机构的社会教育功能

遍布城乡的公共文化机构是有助于增强文化自信、弘扬社会主义核心价值观、推动文化强国建设的重要场所。各个地区、有关部门应当按照《中华人民共和国公共文化服务保障法》的规定,加强公共图书馆、公共博物馆、公共美术馆、文化馆(站)、纪念馆等公共文化设施的建设,落实经费保障、设施设备保障,加大免费开放力度,不断提升公共文化服务水平。应当正视相当一部分大学生来自农村的现实、农村公共文化服务水平低于城市的现实,特别重视农村的公共文化设施建设,促进城乡公共文化服务均等化,解决公共文化服务不平衡的突出问题。各类公共文化设施应当开展丰富多彩的公共文化活动,例如全民阅读、公益讲座、征文比赛、书法展、国画展、音乐会、摄影比赛、中华优秀传统文化传承活动等,提升人民群众的参与度。学校寒暑假和国家法定节假日期间,公共文化设施应当适当延长开放时间。通过充分发挥公共文化设施的社会教育职能,使得假期返家的大学生也能够在公共图书馆、公共博物馆等文化殿堂获得熏陶。同时,各级各类公共文化机构、文艺院团应按照文化和旅游部办公厅、教育部办公厅、国家文物局办公室联合发布的《关于利用文化和旅游资源、文物资源提升青少年精神素养的通知》②要求,加强与教育行政部门合作,做好"戏曲进校园""非遗进校园""博物馆进校园""高雅艺术进校园"等品牌活动,积极服务学校教育教学工作和文化素养培育,增强大学生在文化意义上的获得感。

---

① 根据一位受访大学生对笔者 2022 年开展的问卷调查中问答题第 5 题的回答整理而得。

② 王彬:《利用文化和旅游资源、文物资源提升青少年精神素养》,《中国文化报》2022 年 2 月 22 日第 1 版。

（四）高校积极组织大学生参加社会实践

2019 年 3 月 18 日，习近平总书记在学校思想政治理论课教师座谈会上强调，要"扎根中国大地办教育，同生产劳动和社会实践相结合"①。社会实践育人，是贯彻落实习近平总书记关于教育工作的重要指示精神、落实立德树人根本任务、培养社会主义事业建设者和接班人的重要工程。

列宁指出："训练、培养和教育要是只限于学校以内，而与沸腾的实际生活脱离，那我们是不会信赖的。"②一个人既要读万卷书，又要行万里路。当我们站在壶口瀑布旁，可能会不自觉地吟诵起李白的千古名句"黄河之水天上来，奔流到海不复回"；登临泰山，会看到"只有天在上，更无山与齐"的石刻；走在西湖之滨，又会想起"欲把西湖比西子，淡妆浓抹总相宜"。习近平总书记指出："革命文物承载党和人民英勇奋斗的光荣历史，记载中国革命的伟大历程和感人事迹，是党和国家的宝贵财富，是弘扬革命传统和革命文化、加强社会主义精神文明建设、激发爱国热情、振奋民族精神的生动教材。"③祖国的大好河山、文化遗产，是我们坚定文化自信的有力支撑。引导大学生坚定文化自信，离不开校园内的教育熏陶，也离不开大学生在社会上的耳闻目见。社会是最好的大学，它为培养文化自信提供了丰富、生动的素材。社会实践是大学生扎根中国大地了解社情民意的主要途径，是隐性教育的一种重要方式，能够促使学生获得感性认识与理性升华，产生根基牢固的、发自内心的文化自信，作用不可替代。我们应引导大学生用脚步丈量祖国大地，用眼睛发现中国精神，用耳朵倾听人民心声，在见闻中感悟中国文化、增进文化自信。高校应加强社会实践工作、充实社会实践内涵，尽其所能为大学生接触社会、了解现实创造条件，积极开发周边文化资源支持社会实践，在富集文化资源的场所开设社会实践基地，并加以充分利用。在课余

---

① 张烁：《习近平主持召开学校思想政治理论课教师座谈会强调：用新时代中国特色社会主义思想铸魂育人 贯彻党的教育方针落实立德树人根本任务》，《人民日报》2019年 3 月 19 日第 1 版。

② 《列宁选集》(第四卷)，人民出版社，2012 年，第 292 页。

③ 《切实把革命文物保护好管理好运用好 激发广大干部群众的精神力量》，《人民日报》2021 年 3 月 31 日第 1 版。

时间,尤其是寒暑假,高校应鼓励大学生走出书斋、走进社会大课堂,参观博物馆、纪念馆、展览馆、文化馆、革命旧址、名人故居、名胜古迹等,近距离感受中华优秀传统文化的灿烂辉煌、革命精神的坚贞高洁、社会主义先进文化的生机盎然,并加强对社会实践活动的事前策划、事中监督和事后总结,确保收获良好效果;组织大学生广泛参加志愿服务,例如在博物馆、革命纪念馆做义务讲解员,并把志愿服务纳入学分,让大学生在志愿服务中收获精神成长、体察国情民情;号召大学生深入机关、农村、社区、企事业单位等,开展社会调研,加入生产劳动,亲身体验新时代中国特色社会主义的火热实践、见证神州大地日新月异的发展变化,与政府官员、专家学者、先进模范、业界人士、基层群众进行访谈,接受一线的、鲜活的教育,在深化对时代和社会认识的过程中理解中国特色社会主义的突出优势,体悟习近平新时代中国特色社会主义思想的真理伟力。

第三节　打好网络育人主动仗

当今时代是互联网时代,网络已经成为人们学习、娱乐、交往、获取信息等的主要空间,也是意识形态斗争的主阵地、主战场、最前沿。习近平总书记指出:"互联网已经成为舆论斗争的主战场。有同志讲,互联网是我们面临的'最大变量',搞不好会成为我们的'心头之患'。西方反华势力一直妄图利用互联网'扳倒中国'……在互联网这个战场上,我们能否顶得住、打得赢,直接关系我国意识形态安全和政权安全"[1]"网络是一把双刃剑,一张图、一段视频经由全媒体几个小时就能形成爆发式传播,对舆论场造成很大影响。这种影响力,用好了造福国家和人民,用不好就可能带来难以预见的危害。"[2]造成一些大学生文化不自信的负面信息,大都来自网络。这告诉我们:宣传部门、网信部门、高校等有关方面必须打好网络育人主动仗,发挥互联网在引导大学生坚定文化自信中的积极作用,坚决抑制其消极作用。

---

① 《习近平关于社会主义文化建设论述摘编》,中央文献出版社,2017 年,第28-29 页。
② 习近平:《论党的宣传思想工作》,中央文献出版社,2020 年,第356 页。

一、提升大学生的网络文化鉴别力

网络空间全球互联,网络环境纷繁复杂,网络文化良莠不齐,而大学生又是使用网络的最活跃群体之一,可以说每日都在受着网络的影响。因此,有必要从大学生自身入手,提升大学生的网络文化鉴别力,增强抵御不良网络文化影响的能力。

（一）加强大学生网络素养教育

网络素养是指个体在了解网络知识的基础上,正确使用和有效利用网络,理性地使用网络信息为自身发展服务的一种综合能力。[①] 在互联网时代,网络素养是大学生最重要的素养之一。五彩缤纷的网络在为大学生学习、生活提供巨大便利的同时,也对大学生的甄别能力提出了极高的要求。因此,高校要注重网络素养教育,为大学生的网络行为提供方向性指引,提高大学生对纷繁复杂的网络信息甄别和判断的能力,教育大学生正确看待网络文化现象、文化舆论和文化思潮,自觉抵制落后文化、腐朽文化、错误观点和思潮,自觉排斥违背社会主义核心价值观的言论,勇于对网上的歪理邪说、奇谈怪论说"不",依法上网、文明上网、理性上网,网络言行守好政治底线、法律底线、纪律底线、道德底线,共建共享风清气正、生态良好的网络文化空间;引导大学生正向利用网络,通过网络不断汲取中华优秀传统文化、革命文化、社会主义先进文化的丰厚滋养,吸收人类文明发展的优秀成果,做堪当民族复兴大任的时代新人。开设网络素养教育课程是加强大学生网络素养教育的有效形式之一,高校应通过教学改革与课程实践,配备高素质的师资队伍,编制行之有效的教学大纲和讲义,让网络素养教育真正走进校园、走进课堂。在学校网站主页建立网络素养教育专题网页亦为有效形式,要紧跟网络热点,及时更新信息,主动设置网络素养教育引导主题,创新内容展现形式,切实增强教育的吸引力和实效性。

---

① 　贝静红:《大学生网络素养实证研究》,《中国青年研究》2006 年第 2 期,第 17–21 页。

（二）引导大学生正确看待网络热点事件

所谓"网络热点事件"，是指在网络媒体上迅速传播并且网民广泛参与，在各个类型的论坛、贴吧、网站上有一定数量的点击率和评论，广泛地被人们转载，从而引起社会关注的事件。① 网络空间风云变幻，网络热点事件不断发生，突出地表现为一些网站和 APP 的热搜，部分热点还会持续发酵较长时间。俗话说："好事不出门，坏事传千里。"网络热点事件往往是"坏事"，也就是一些社会负面现象，有些网络热点事件热炒的背后还有敌对势力的影子。很多时候，大学生网民如果不是带着查询资讯、获取知识的明确目的上网，而仅仅是为了休闲娱乐，往往会出于猎奇心理、跟风心态，被网络热点事件"牵着鼻子走"，追踪查看有关某一网络热点事件的报道、跟帖、转发、评论、议论。可以说，网络热点事件对大学生的影响远远超过了一般性的网络内容。

当代大学生从网上获取信息的能力很强，但其价值观念尚未完全成熟，容易受到纷繁复杂的网络热点事件的影响，容易因此而产生错误的价值观念和思维行为方式。因此，高校应着力帮助大学生正确认识网络热点事件。高校宣传、学生工作等有关部门要及时关注网络热点事件及其在大学生群体中可能引发的舆情，建立健全网络热点事件应对机制，及时发现和识别风险点，及时加以深入研判和细致分析，运用好学校微信公众号、官方微博、抖音账号、微信视频号等网络平台，利用好网络评论员队伍，及时发出正面的声音，澄清事实真相。大学生对网络热点事件的知晓度、关注度、兴趣度较高，热点爆发时其实是很好的思想政治教育时机。这就要求思想政治理论课教师多关注网络、多关注社会、多关注问题，积极回应学生关切，以融入的方式在课堂上对引起较大影响的网络热点事件进行直接回应，批判网络热点事件背后错误的价值观，树立正确的价值观，引导大学生理性看待网络热点事件、明辨是非善恶、廓清思想迷雾，降低或消除网络热点事件对大学生可能造成的负面影响。

---

① 窦志、王晓朴：《网络热点事件对大学生价值观的影响》，《新闻战线》2016 年第 22 期，第 113-114 页。

二、牢牢把握网络文化传播主导权

要使网络对大学生坚定文化自信起到积极作用,就必须牢牢把握网络文化传播主导权,解决好"传播什么文化"和"怎样传播文化"的问题。把握网络文化传播主导权应做到"神形兼备",所谓"神"就是网络文化的内容,"形"就是网络文化的表现形式。我们既要把握好网络文化传播的"神",做到坚持先进文化的前进方向、传播弘扬中国特色社会主义文化;又要打造好网络文化传播的"形",运用大学生喜闻乐见、易于接受的形式与载体传播先进文化。

(一)把握好网络文化传播的"神"

网络已经成为文化传播的重要载体,对青年人的影响越来越大。习近平总书记强调:"我们要本着对社会负责、对人民负责的态度,依法加强网络空间治理,加强网络内容建设,做强网上正面宣传,培育积极健康、向上向善的网络文化,用社会主义核心价值观和人类优秀文明成果滋养人心、滋养社会,做到正能量充沛、主旋律高昂,为广大网民特别是青少年营造一个风清气正的网络空间。"[①]

1. 网信部门应进一步提升监管水平

目前来看,网络依然是我们面临的"最大变量",我国的网络监管力度还有加大的必要、水平还有提升的空间。网信部门应完善工作机制、加大工作力度,重点管好热门网站、热门 APP,严格管控色情、暴力、虚假、诈骗等各类不良信息,坚决消除低俗、庸俗、媚俗文化的危害,持续净化网络环境,弘扬网络正能量。针对当前青年人包括大学生使用非常频繁的抖音、B 站、快手等视频平台,应当加大整顿力度,督促平台完善不良内容举报机制并严格执行,杜绝展现低级趣味的视频内容、直播内容上线传播,防止其对文化自信的消解。加大力度管好新浪微博、知乎等青年人扎堆的互动社区,重点管好"大 V"用户、海外 IP 用户,做好舆情监督研判,对恶意造谣、蓄意造势、混淆

---

① 习近平:《论党的宣传思想工作》,中央文献出版社,2020 年,第 196 页。

黑白、颠倒是非的言论采取零容忍态度,依法依规督促互联网企业予以处置,该关停账号的立即果断关停,并将行为人和相关 IP 地址纳入黑名单,坚决抵制敌对势力在我国网络空间煽风点火、兴风作浪,让网络成为传播社会主义文化、引领网民爱党爱国爱社会主义的阵地,唱响网络主旋律。在加强监管的过程中,一是应加强网络监管技术的研发与应用,用先进的技术手段提高管理效率,"全面提升技术治网能力和水平"[1];二是应加强网络监管队伍作风和能力建设,增强工作人员责任心和使命感,实现"技防"和"人防"双管齐下。以社会主义核心价值观引领网络文化发展,推动网络思想舆论"黑色地带"改变颜色,促进"灰色地带"转化为"红色地带"。通过网信部门牢牢把握网络文化传播主导权和主动权,最大限度发挥网络的积极作用,最大限度消除网络的消极作用,营造风清气正的网络空间,提升网络文化的育人价值,使网络成为引导大学生坚定文化自信的重要空间。

2. 互联网企业应切实承担社会责任

习近平总书记在网络安全和信息化工作座谈会上指出:"一个企业既有经济责任、法律责任,也有社会责任、道德责任。企业做得越大,社会责任、道德责任就越大,公众对企业这方面的要求也就越高。"[2]不论规模大小、市值高低,我国互联网企业都应增强责任感、使命感,自觉承担起社会责任、承担起网上信息管理的主体责任,并与主管部门建立密切协作协调的关系。互联网企业应坚持经济效益和社会效益并重,不能只顾经济效益不顾社会效益、只要流量不要底线;应坚定正确的政治方向,始终坚持网络发展为国家服务、为人民服务,以社会主义核心价值观引领网络内容建设,大力传播中华优秀传统文化、革命文化、社会主义先进文化,突出宣传中国特色社会主义事业取得的新成就、党领导人民群众的新奋斗以及各行各业涌现出来的先进典型和感人事迹,用先进文化和正面声音占领网络阵地,创建正气充盈的网络文化家园,推动网络文化发挥滋润心灵、陶冶情操的作用。同

---

[1] 习近平:《加快推动媒体融合发展 构建全媒体传播格局》,《求是》2019 年第 6 期,第 4-8 页。

[2] 习近平:《论党的宣传思想工作》,中央文献出版社,2020 年,第 208 页。

时,互联网企业应做好信息"把关人",加强网络账号规范管理,第一时间发现问题、处理问题,过滤、屏蔽、清除不良信息和违法信息,构筑网络安全第一道防线,不给别有用心者、底线丧失者污染社会思想文化留下任何平台和空间。

3.高校应充分发挥自身作用

在网络内容建设方面,高校有着自身的职责,也有着特殊的资源和条件可以利用。高校应从培养社会主义事业合格建设者和可靠接班人的高度,积极建立和强化师生网络评论员队伍、利用各种网络平台传播先进文化。

(1)建立和强化师生网络评论员队伍,选拔优秀高校师生担任网络评论员,是维护良好网络生态的一项重要制度安排。高校应重视网络评论员队伍建设,注重选拔政治素质高、责任心强、有一定的写作能力和文字功底、知网懂网的师生担任网络评论员,有效开展网上舆论引导和思想疏导。

高校师生网络评论员应在各种网络平台宣传党的理论、路线、方针、政策,宣传我国取得的新成就新进步,宣传榜样人物和典型事件,积极发出正面声音;做好日常监控,经常登录新浪微博、百度贴吧等互动交流社区,关注大学生的网络言论,发现倾向性、苗头性问题,及时向上级和有关部门报告;针对热点舆情事件、突发事件和恶意炒作,应在掌握事实的基础上及时发帖跟帖,澄清事实真相,引导网上舆论,用正面声音占领网络舆论阵地,有效维护校园稳定和网络安全;主动参与各级网信办网上议题传播工作,对各级网信办开设的微博话题积极参与并发表原创博文,发挥网络意见领袖的作用;对网上发布的损害党和政府形象、宣扬错误观点和思潮的负面信息,及时予以批驳、针锋相对、主动亮剑,占领意识形态网络阵地。

高校应定期对网络评论员进行培训,不断提升网络评论员综合素质和做好网络评论工作的能力水平;应定期对在工作中表现突出的网络评论员给予表彰奖励,激发网络评论员的工作热情。对于教师网络评论员,高校应制定实施教师优秀网络文章列入职称评审条件、纳入科研成果统计、作为评奖评优依据等的办法,在制度上对教师参与网络评论、维护网络生态予以保障。对于学生网络评论员,应按其工作量和工作成效增加学生量化考核积分,激发其参与网络评论的内生动力。

(2)利用各种网络平台传播先进文化。学校网站主页是大学生浏览频次较高的网页之一,高校可以在其网站主页设置专门的文化宣传网页入口,宣传中华优秀传统文化、革命文化、社会主义先进文化、习近平关于文化自信的重要论述、新中国成立特别是改革开放以来的伟大成就、中华民族伟大复兴的光明前景等。高校宣传部门要提升网络宣传意识,注重在日常和关键时间节点,组织策划各种宣传报道,全方位、多角度呈现与传播中国特色社会主义文化,并善用"网言网语",突出内容的可读性、生动性,增强吸引力、亲和力,引导大学生关注文化新气象、发展新成果,从而产生对中国特色社会主义文化的共鸣,增强对中国特色社会主义文化的认同,树立对马克思主义的信仰。同时,高校可以利用其在微博、微信、抖音、微信视频号等各类主流网络平台的官方账号,发布富含文化内涵、彰显文化自信的网文、图片、视频、动漫等多媒体作品,使大学生在视听愉悦中受到教育和陶冶,产生隐性育人效果。微博、微信、抖音、微信视频号等网络平台具有便捷性、交互性等特点,受到大学生喜爱。高校可适时在网络平台发布一些互动活动,如征集学生所写的毛泽东诗词书法作品照片、春节期间的年俗征集活动等,吸引大学生参与。还可以利用网络平台组织开展一些以中国特色社会主义文化为主题的竞赛,如中华优秀传统文化知识竞答、微党课竞赛、微团课竞赛、微视频竞赛、博文大赛等。需要注意的是,高校应加强网络平台管理人员的资格把关和素质培养,发挥他们作为"把关人"的作用,确保坚持正确的政治方向、舆论导向和价值取向,紧跟主流媒体文化传播方向,防止传播庸俗、低俗、媚俗文化信息,从源头上守卫校园网络文化阵地的安全。

(二)打造好网络文化传播的"形"

习近平总书记强调:"我多次说过,人在哪儿,宣传思想工作的重点就在哪儿。"①要想使通过网络引导大学生坚定文化自信的努力起到良好效果,我们就必须深入思考这样一些问题:当代大学生究竟在哪儿,或者多数大学生

① 习近平:《论党的宣传思想工作》,中央文献出版社,2020年,第355页。

究竟在哪儿？针对当今大学生上网习惯、获取信息习惯的变革，我们究竟应该如何顺应这种变革？究竟怎样才能够吸引更多的大学生关注我们制作的介绍中国文化的作品，提高网络文化传播的感染力和影响力？对于笔者在2022年开展的自编问卷调查中设置的"您平时经常浏览哪些网站、使用哪些手机APP？"这样一道问答题，72.1%的受访大学生给出的回答中包括"抖音"，61.8%的受访大学生给出的回答中包括"B站"，也就是"哔哩哔哩"，回答中出现频率较高的APP还包括腾讯视频、爱奇艺等。不难发现，当今时代是视频称王的时代。尤其是2016年以来，短视频平台开始蓬勃发展。视频以图像、声音所表达出来的信息量远远超过单纯文字传达出来的信息量，并且更加生动、鲜活。大学生网民扎堆的地方是抖音、B站、腾讯视频、爱奇艺这类视频APP，或者微信、新浪微博、今日头条上的视频内容，他们最喜欢看的内容形式是视频。拿抖音来说，作为国内最大的短视频社交平台，已经成为新时代大学生记录日常生活、分享喜怒哀乐、领略大千世界、获取知识讯息的重要平台，刷抖音已经融入了不少大学生的日常生活，而有些抖音账号已经在做传播中华优秀传统文化的事情。

网络媒体、高校等网络文化创作传播主体应贴近大学生实际，积极挖掘与运用中国文化资源素材，善于将抽象的理论语言转化为生动的"网言网语"，制作更多大学生喜闻乐见、易于接受的文化视频，以生动鲜活的形式传播中华优秀传统文化、革命文化、社会主义先进文化，办好一批大学生喜爱的抖音号、微信视频号等，做到网络文化作品既有意义又有意思、既有深度又有温度，使得中国特色社会主义文化更可感、可知，更好看、好听、好懂，实现更广泛、更有效的传播。有关部门应综合运用政策、资金等手段，鼓励创作更多传播中国文化、提振文化自信的微电影、微视频等网络文化作品。

尽管制作视频、以视频形式传播中国文化必定比写作一篇网文要难，但是我们需要有"做难做的事""越是困难的事越有做的价值和意义"的理念，需要知道"只有比炼铁施加更高的压力和温度，才能炼出钢"。有一定生活经验的人都会明白：一直做容易的事不会取得什么大的进步，只有下定决心做难做的事才能取得真正的进展,这就是古人所说的"事不避难者进"①。网络文化传播也是一样,创作者应走出"舒适区",尽力突破瓶颈、攻克难关,开阔创作思维,创新表现形式,实现更好传播。

第四节 建好教育引导主力军

身体发肤,受之父母;学识智慧,受之恩师。教师是立教之本、兴教之源。习近平总书记对广大教师寄予厚望,提出了教师要努力做到"四有"和"四个相统一"、成为"四个引路人"等要求。在大学校园里,整日与学生面对面的人主要是各类课程教师和专职辅导员。课程教师和专职辅导员与大学生走得最近、接触最密、打交道最多,理应成为教育引导大学生坚定文化自信的主力军,为引导大学生坚定文化自信贡献应有之力。

一、注重课程教师示范引领

"欲人勿疑,必先自信。"②要教育引导大学生坚定文化自信,课程教师自身必须先树立起高度的文化自信,进而通过言传身教对大学生起到引领示范作用。

(一)坚持教育者先受教育

习近平总书记强调:"立德树人的人,必先立己;铸魂培根的人,必先铸己。"③无论是高校思想政治理论课教师、通识课教师、专业课教师还是研究生导师,要想为引导大学生坚定文化自信贡献力量,自己必须先树立起坚定的文化自信。

对于高校思想政治理论课教师来说,首先自己要有坚定的理想信念和

---

① 语出《后汉书·虞诩传》。

② 语出《东周列国志》。

③ 习近平:《在中国文联十一大、中国作协十大开幕式上的讲话》,《人民日报》2021年12月15日第2版。

政治立场。用习近平总书记的话说,就是"要让有信仰的人讲信仰"①。教育者是真理的播种者,要用真理教育别人,自己必先为真理所折服。一个在马克思主义立场上东倒西歪的人,不可能指望他能帮助别人站稳立场。如果思想政治理论课教师自己都不相信马克思主义和中国特色社会主义,那怎么能有激情讲好思想政治理论课呢? 思想政治理论课教师更要成为引导大学生坚定文化自信的典范。也只有具备坚定的文化自信,思想政治理论课教师才能为大学生讲清楚中国特色社会主义伟大事业的历史由来、动力源泉和深厚力量;才能讲清楚什么是马克思主义,中国共产党为什么能够长期执政,中国特色社会主义为什么能够成功,中华民族伟大复兴的中国梦为什么能够实现等诸多命题。陈先达教授说,一名思想政治理论课教师手握"三权",即"课堂的主导权、论坛的发言权、著作中学术话语的引领权"②。牢牢把握使用好这"三权",使马克思主义在思想政治理论课发光、在论坛上发声、在文章中发言,是思想政治理论课教师的职责。

要给学生一碗水,教师要有一桶水,甚至有一潭水。任课教师都应具备广博的知识储备和深厚的文化素养。否则,可能连学生提出的疑问困惑都无法很好地解答,陷入"以其昏昏,使人昭昭"的尴尬局面。因此,高校任课教师都应树立终身学习的理念,持之以恒地深入学习中国特色社会主义文化,学习习近平总书记关于文化自信的重要论述,学习党史、新中国史、改革开放史、社会主义发展史,领悟理解其中体现的思想观念、价值取向、鲜明特色。

在学习方式上,应采取自主学习与集中培训相结合的方式。高校应鼓励教师发挥主观能动作用,结合工作需要有针对性地自主学习,缺什么学什么,需什么补什么。同时,高校应持续开展面向全体教师的中国特色社会主义文化教育培训,线上培训和线下培训相结合,将文化自信教育纳入新入职教师培训、青年教师培训、教师继续教育之中,使之常态化、系统化。通过组织教师参加专门的培训,开展专家讲座和辅导,为教师搭建多样化的学习和

---

①　习近平:《论党的宣传思想工作》,中央文献出版社,2020 年,第 379 页。

②　陈先达:《一位"85 后"的马克思主义观》,中国人民大学出版社,2020 年,第 31 页。

交流平台。集中培训的内容既可以包括中国特色社会主义文化本身，还可以包括中国特色社会主义文化融入教学的基本原则和方式方法。自主学习和集中培训相结合，能够使教师更好地掌握中国特色社会主义文化，形成文化认同感和自信心，增强引导大学生坚定文化自信的责任感和使命感。尤其要加强对思想政治理论课教师的中华优秀传统文化培训，增强思想政治理论课教师将中华优秀传统文化融入教学的能力，培育一支兼通马克思主义理论与中华优秀传统文化的思想政治教育师资队伍。

（二）坚持教书和育人相统一

习近平总书记在全国高校思想政治工作会议上强调，教师不能只做传授书本知识的教书匠，而要成为塑造学生品格、品行、品味的"大先生"。[①] 高校各门课程的任课教师不仅是科学知识的传授者、实践能力的培养者，更应是大学生思想道德发展的指导者和引路人。不仅是思想政治理论课教师，高校所有教师都要努力做大学生智慧和心灵的双重引路人。高校要建设一支深刻理解文化自信重要意义、善于将各门学科教学同文化自信培养结合起来的新时代教师队伍。可以发挥思想政治理论课教师的引领辐射作用，鼓励思想政治理论课教师与专业课教师在课程思政建设等方面开展深度结对，在课程思政教学改革中起到带头作用。高校教师要重视挖掘授课内容的文化底蕴，自觉传播先进思想文化，在教学过程中有机融入中华优秀传统文化蕴含的思想观念、人文精神、道德规范，革命文化蕴含的理想信念、家国情怀、精神品格，社会主义先进文化蕴含的改革精神、创新意识、复兴愿景，引导大学生深刻感悟近代以来中国的沧桑巨变。

（三）坚持言传和身教相统一

孔子曾说："其身正，不令而行；其身不正，虽令不从。"[②]习近平总书记指出："对教师来说，想把学生培养成什么样的人，自己首先就应该成为什么样

---

① 《习近平首次点评"95 后"大学生》，《人民日报》2017 年 1 月 3 日第 2 版。
② 语出《论语·子路》。

的人。"①对学生而言,教师是其"坚定文化自信"的样板。课堂内的言传固然不可缺少,课堂外、日常生活中的身教更为重要。教师的行为举止对大学生有很强的示范作用,是非常重要的隐性教育方式。有什么样的教师,就会有什么样的学生。如果教师在行为举止上有缺陷,即使显性教育做得再好,也会失去说服力。因此,教师应以身作则、率先垂范,用自己的嘉言善行为大学生坚定文化自信树立典范,而不能在课上讲得不错却在课下乱讲,不能在现实生活中表现不错却在网上乱说②,让学生在与教师的日常接触中感受到的都是负能量、落后文化和腐朽文化。高校教师应自觉修身修为,做文化自信的践行者和示范者,自觉践行社会主义核心价值观,带头弘扬社会主义道德和中华传统美德,保持良好的工作作风和日常生活作风,维护融洽的师生关系,带着强烈的爱心和高度的责任感以身立教,用高尚人格的力量感化陶冶学生。高校教师应增强辨别是非的能力,自觉抵制落后文化和腐朽文化的侵蚀。

二、发挥专职辅导员的作用

根据 2017 年教育部出台的《普通高等学校辅导员队伍建设规定》,专职辅导员包括院(系)党委(党总支)副书记、学工组长、团委(团总支)书记等专职工作人员。③ 辅导员是对大学生进行日常教育管理的人员,也是引导大学生坚定文化自信的重要力量。自 2009 年起,教育部每年组织评选"全国高校辅导员年度人物",各个省区市每年也评选"高校辅导员年度人物"。从2019 年起,中共中央宣传部、教育部每年共同评选出 10 名"最美高校辅导员",并通过央视发布他们的优秀事迹。可见,党和国家高度重视辅导员队伍的建设和发展。

---

① 《坚持党的领导传承红色基因扎根中国大地 走出一条建设中国特色世界一流大学新路》,《人民日报》2022 年 4 月 26 日第 1 版。

② 习近平:《论党的宣传思想工作》,中央文献出版社,2020 年,第 382 页。

③ 《普通高等学校辅导员队伍建设规定》,《中华人民共和国国务院公报》2017 年第34 期,第 28-32 页。

（一）培育大学生文化自信是辅导员职责所在

在高校，班级辅导员是与大学生接触最多、互动最多、交流最多的教师，当然也是最了解大学生具体情况的教师。辅导员就像大管家，不仅要管学生的学习、生活、心理健康、实习、就业等，在疫情期间还要负责学生的疫情防控、信息上报，工作确实辛苦。然而，不应被繁忙的事务性工作掩盖的是，辅导员的首要职责是对"思维进入最活跃状态"①的大学生进行思想引领。《普通高等学校辅导员队伍建设规定》指出："辅导员是开展大学生思想政治教育的骨干力量，是高等学校学生日常思想政治教育和管理工作的组织者、实施者、指导者。"该规定还列出了辅导员9个方面的工作职责，其中第一条就是："思想理论教育和价值引领。引导学生深入学习习近平总书记系列重要讲话精神和治国理政新理念新思想新战略，深入开展中国特色社会主义、中国梦宣传教育和社会主义核心价值观教育，帮助学生不断坚定中国特色社会主义道路自信、理论自信、制度自信、文化自信，牢固树立正确的世界观、人生观、价值观。"②因此，引导大学生坚定文化自信是辅导员的职责所在。

（二）将文化自信培育显性融入学生管理工作

辅导员应在学生管理工作中显性融入文化自信培育、中国特色社会主义文化宣传教育，不能让各种事务性工作淹没了对学生的思想政治教育，不能忘记辅导员的首要职责。例如，主持班会时，不光要讲学校通知、班级活动，还要向学生宣讲中华优秀传统文化、革命文化、社会主义先进文化；与学生谈心谈话时，不光要了解学生的学习、生活情况，还要了解学生的思想情况，对学生进行思想上的教育、文化上的熏陶，引导其信仰马克思主义，引导其爱党、爱国、爱社会主义。当今是网络时代，青年人大部分信息从网络获取。辅导员应重视与学生的网上互动交流，运用个人微信公众号等网络新媒体，以学生易于接受和理解的语言对其进行思想引领、文化滋养。

---

① 习近平：《论党的宣传思想工作》，中央文献出版社，2020年，第372—373页。
② 《普通高等学校辅导员队伍建设规定》，《中华人民共和国国务院公报》2017年第34期，第28—32页。

榜样的力量是无穷的。被中共中央宣传部授予"时代楷模"称号的大连海事大学曲建武教授为全国辅导员作出了示范,他的事迹值得学习。2013年,出于多年来对学生工作的热爱,原任辽宁省教育厅正厅级巡视员的曲建武主动辞去职务,到大学做了一名辅导员,带139个学生。曲建武非常重视对学生的思想引领,在一些重要时间节点,他都会向学生发送微信,引导学生正确对待。平安夜的时候,他给学生发送微信,告诉学生科学地分析当今的文化现象,正确理解宗教;12月26日,是毛泽东诞辰,他给学生发微信,讴歌毛泽东的伟大历史功绩,引导学生正确地评价毛泽东。①

（三）解决思想问题与解决实际问题紧密结合

习近平总书记在全国高校思想政治工作会议上指出:"思想政治工作从根本上说是做人的工作,必须围绕学生、关照学生、服务学生。"②人的情感与人的需要密切相关,当需要得到满足时,就能激发积极的情感体验。把解决思想问题同解决实际问题结合起来,既是我们党的优良传统,又是思想政治工作的一个重要特点,一条基本规律。③解决教育对象实际问题的过程,就是开展隐性思想教育的过程。在苏区革命时期,毛泽东就曾在《关心群众生活,注意工作方法》中说:"真心实意地为群众谋利益,解决群众的生产和生活的问题,盐的问题,米的问题,房子的问题,衣的问题,生小孩子的问题,解决群众的一切问题。我们是这样做了么,广大群众就必定拥护我们,把革命当作他们的生命,把革命当作他们无上光荣的旗帜。"④

在学期间,大学生或多或少都会面临这样或那样的实际问题,比如经济困难、学业困难、就业困难等。而且,大学生一般是离开家乡到外地上学,远离了家庭的温馨环境,一些人可能会产生人际关系上的困扰。如果大学生

① 《把事业融入血液——记大连海事大学马克思主义学院曲建武教授》,《思想理论教育导刊》2014年第5期,第16-18页。
② 张烁:《习近平在全国高校思想政治工作会议上强调:把思想政治工作贯穿教育教学全过程 开创我国高等教育事业发展新局面》,《人民日报》2016年12月9日第1版。
③ 光明日报评论员:《把解决思想问题同解决实际问题结合起来》,《光明日报》2000年4月13日Z01版。
④ 《毛泽东选集》(第一卷),人民出版社,1991年,第138-139页。

交学费都比较困难、日常开支捉襟见肘、学习成绩落后、在同学中没有存在感、毕业即失业,他怎样能够自信得起来?

亲其师,才能信其道。[1] 辅导员在工作中,如果只是转发转发学校的通知、组织学生开开会、给学生灌输几句说教,是难以让学生"亲其师"的。师者仁心,爱生如子,带着感情做辅导员这份工作,深入学生生活,了解学生所需,对学生的烦恼忧愁感同身受,尽力帮学生解决实际问题,帮他迈过一道道坎、战胜一次次考验,成为学生有困难时首先想到的人、可以依靠的人,学生才能真正亲近敬爱辅导员,相信辅导员所做的思想政治教育、文化自信引导。譬如,在评定助学金时,通过深入细致的工作,把助学金发放给家庭经济确有困难的学生;在评定奖学金时,坚持公平公正,把品学兼优的学生评出来;在学生遇到经济困难时,积极为其申请困难补助、勤工助学的岗位,甚至自己伸出援手;在学生出现课程不及格或成绩较差情况时,与其进行深入的谈话,查找问题的原因,督促其走上正轨;在学生毕业前,耐心细致为其提供科学的就业创业指导、丰富对口的招聘信息,等等,这些都是辅导员可以做到的。马克思指出:"一步实际运动比一打纲领更重要。"[2]解决了学生的实际问题,也就离解决他们的思想问题近了一大步。大学生从自己的经历中,能够切实感受到中国共产党领导得好、中国特色社会主义具有无比的优越性,他们的文化自信就会油然而生。因此,解决大学生学习生活中的一系列问题和就业问题,从表面上看与文化自信教育好像没有关系,实际上密切相关。

在大连海事大学曲建武教授担任辅导员期间的工作理念中有这样一条:每逢佳节倍思困[3](贫困学生)。他建立爱心基金,全部用于帮助家庭困难学生。在学生或其家庭遇到比较大的困难的时候,他总是慷慨解囊。端午节,他给每个学生送粽子;中秋节,又给学生们送月饼;冬季,给贫困生每

① 习近平:《论党的宣传思想工作》,中央文献出版社,2020 年,第 382 页。

② 《马克思恩格斯选集》(第三卷),人民出版社,2012 年,第 355 页。

③ 《把事业融入血液——记大连海事大学马克思主义学院曲建武教授》,《思想理论教育导刊》2014 年第 5 期,第 16—18 页。

人一箱苹果。① 曲建武在给学生发的微信里动情地说:"既然我做了你们的辅导员,那我就是你们的代理家长,我们共同努力,把这个大家庭建设得其乐融融。有什么需要我做的事就跟我说,千万不要客气,就是为了你们,我才选择了做辅导员。"②2021 年"最美高校辅导员"、南华大学核科学技术学院党委副书记马军在一次查宿舍时,听到有学生提到班上有名同学暑假里变得又瘦又黑。马军留了心,了解该同学家庭情况后,帮助他申请了国家助学金和国家助学贷款,还每月借给他 500 元生活费。后来,这名学生获得了国家奖学金,并顺利考上研究生。③ 先进人物是我们的指路明灯,辅导员要以先进人物为榜样,学习他们想学生之所想、急学生之所急、帮学生之所需的高尚品行。

三、守牢师德师风底线红线

绝大多数高校教师是表现优秀的,是能够为大学生向上向善、坚定文化自信起到促进和示范作用的。长期以来,广大高校教师贯彻党的教育方针,落实立德树人根本任务,鞠躬尽瘁,无私奉献,为培养堪当民族复兴重任的时代新人、德智体美劳全面发展的社会主义建设者和接班人作出了重大贡献。然而,对于极个别师德不合格的教师,我们也不能忽视其消极影响。为了规范高校教师的职业行为,教育部于 2018 年印发了《新时代高校教师职业行为十项准则》。此外,自 2019 年 4 月至 2022 年 8 月,教育部陆续公布了十批违反教师职业行为十项准则的典型案例。目前来看,一些高校对《新时代高校教师职业行为十项准则》的学习宣传还不够到位,一些教师甚至不知道有这样一个"十项准则"存在,一些教师则对"十项准则"的内容不甚了了。同时,一些高校对教育部公开曝光的典型案例传达也不够到位。2022年 6 月 21 日,笔者与河南省某高校一位教师交谈时,问她:"您知道教育部出

① 吴琳:《曲建武:最幸福的事就是和学生们在一起》,《光明日报》2019 年 10 月 10日第 4 版。

② 王金海:《曲建武 一团熊熊燃烧的火》,《人民日报》2017 年 12 月 31 日第 4 版。

③ 吴月:《致敬,成长的引路人》,《人民日报》2021 年 12 月 7 日第 12 版。

台了《新时代高校教师职业行为十项准则》吗？您知道这一准则的基本内容吗？"得到的回答是："知道有这个准则,但是具体内容不太清楚啊,说不上来。"同日,笔者与河南省某高校另一位教师交谈时,问他："您在学院里参加全体教师会时,领导有通报过教育部公布的违反教师职业行为十项准则典型案例吗？通报过后有提要求吗？"得到的回答是："好像通报过一次吧,但是可能因为内容有点长,我记得领导没有念完,通报过后也没有提出什么要求。"

教师队伍建设应遵循"立破并举"的原则。更好地实现大学生文化自信教育引导主力军的建设目标,需要高校校领导、部门负责人切实负起责任,加大对《中华人民共和国教师法》《新时代高校教师职业行为十项准则》等的宣传力度,常态化开展警示教育,及时全面通报师德违规问题及其处理结果,将正面引导和反面警示结合起来,引导教师以案为鉴、以案为戒,深思身份、深思责任,牢固树立底线意识红线意识,坚守为党育人、为国育才的初心,不断涵养高尚师德,以德施教、以德育德,做党和人民满意的"四有"好老师、"四个引路人",做到"四个相统一"。高校应结合本地区、本学校实际对"十项准则"进行细化,制定具体化的教师职业行为负面清单及失范行为处理办法,提高针对性、可操作性。高校应完善制度安排,在教师招聘、人才引进、资格准入、职称评审、职级晋升、岗位聘用、年度考核、评奖评优、人才计划、项目申报等各个方面各个环节,严把师德关,将师德作为评价一名人民教师的首要标准。高校应严格实行师德失范"一票否决制",对于有"损害党中央权威、违背党的路线方针政策""通过课堂、论坛、讲座、信息网络及其他渠道发表、转发错误观点,或编造散布虚假信息、不良信息"①这些行为或者其他违反《新时代高校教师职业行为十项准则》情况的教师,一经查实及时严肃处理,将情节严重者清除出教师队伍,不姑息不护短,努力营造中国特色社会主义大学的良好教育生态。

---

① 《教育部关于印发〈新时代高校教师职业行为十项准则〉〈新时代中小学教师职业行为十项准则〉〈新时代幼儿园教师职业行为十项准则〉的通知》,《中华人民共和国教育部公报》2018年第11期,第28—31页。

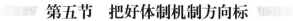

第五节　把好体制机制方向标

文化的核心是价值观,文化自信的本质是价值观自信,这种价值观自信是离不开体制机制支持的。正如习近平总书记所指出的:"培育和弘扬社会主义核心价值观,不仅要靠思想教育、实践养成,而且要用体制机制来保障。"①发挥体制机制的保障作用,才能使引导大学生坚定文化自信有关工作有力有效、行稳致远。

一、发挥法律指引作用

党的十八大以来,党中央将"全面依法治国"列入"四个全面"战略布局,我国的法治建设稳步推进、法治化水平不断提升。关于法律在培育社会主义核心价值观中的重要作用,习近平总书记指出:"要把社会主义核心价值观的要求转化为具有刚性约束力的法律规定,用法律来推动核心价值观建设。"②他还强调:"发挥好法律的规范作用,必须以法治体现道德理念、强化法律对道德建设的促进作用。"③"法律法规要树立鲜明道德导向,弘扬美德义行,立法、执法、司法都要体现社会主义道德要求,都要把社会主义核心价值观贯穿其中,使社会主义法治成为良法善治。"④2013年,中共中央办公厅印发的《关于培育和践行社会主义核心价值观的意见》指出:"法律法规是推广社会主流价值的重要保证。要把社会主义核心价值观贯彻到依法治国、依法执政、依法行政实践中,落实到立法、执法、司法、普法和依法治理各

---

①　中共中央文献研究室:《习近平关于社会主义文化建设论述摘编》,中央文献出版社,2017年,第111页。

②　中共中央文献研究室:《习近平关于社会主义文化建设论述摘编》,中央文献出版社,2017年,第111页。

③　习近平:《习近平谈治国理政》(第二卷),外文出版社,2017年,第117页。

④　习近平:《习近平谈治国理政》(第二卷),外文出版社,2017年,第134页。

个方面,用法律的权威来增强人们培育和践行社会主义核心价值观的自觉性。"①2016 年,中共中央办公厅、国务院办公厅联合印发的《关于进一步把社会主义核心价值观融入法治建设的指导意见》要求:"以法治体现道德理念、强化法律对道德建设的促进作用,推动社会主义核心价值观更加深入人心。"②2018 年,中共中央印发的《社会主义核心价值观融入法治建设立法修法规划》强调,坚持社会主义核心价值体系,着力把社会主义核心价值观融入法律法规的立改废释全过程。③

法律具有国家意志性、强制性、利导性、规范性。培育社会主义核心价值观,应将社会主义核心价值观转化为一定的法律形态,蕴含在社会主义法治体系中,以社会主义核心价值观为依据规定必须做什么、可以做什么、不能做什么,充分发挥法律的指引、强制、教育、评价作用,强化人们践行社会主义核心价值观的行动自觉。有关部门应认真贯彻落实习近平总书记系列重要讲话和中央三个文件精神,用社会主义核心价值观统领和指导法治建设,推动形成有利于培育和践行社会主义核心价值观的法治环境;应继承我国传统法律文化中礼法合治、德主刑辅等丰富的思想资源和实践经验,并吸收借鉴西方国家将核心价值观融入法治建设的有益经验。对于那些违背核心价值观的行为,制定某些禁止性、惩罚性、限制性的法律规定。譬如,完善互联网信息领域立法,整治网络短视频、网络直播、网络游戏、网络文学作品存在的乱象,确保以社会主义核心价值观引领网络文化建设;针对各行各业"洋风"劲吹的现象,例如一些地名、楼盘名、店名、产品名的崇洋媚外、以洋为美、低俗恶搞现象,健全相关法律法规加以约束规范,鲜明正确价值导向。

① 《中共中央办公厅印发〈关于培育和践行社会主义核心价值观的意见〉》,《人民日报》2013 年 12 月 24 日第 1 版。
② 《中办国办印发〈关于进一步把社会主义核心价值观融入法治建设的指导意见〉》,《人民日报》2016 年 12 月 26 日第 1 版。
③ 《中共中央印发〈社会主义核心价值观融入法治建设立法修法规划〉》,《人民日报》2018 年 5 月 8 日第 1 版。

二、发挥政策导向作用

法律是有边界的,并非无所不包。社会主义核心价值观中一部分内容和要求可以法制化,还有一部分内容和要求不能法制化,这样的一些内容和要求在很大程度上需要通过政策来体现。政府出台的政策措施直接影响人们对社会主义核心价值观的自信。习近平总书记指出:"要发挥政策导向作用,使经济、政治、文化、社会等方方面面政策都有利于社会主义核心价值观的培育。"①毛泽东指出:"政策和策略是党的生命,各级领导同志务必充分注意,万万不可粗心大意。"②因此,培育社会主义核心价值观,需要充分发挥政策的导向作用。首先,各级政府和政府部门在制定新政策时,在确立经济发展目标和发展规划、出台经济社会政策和改革措施时,应以社会主义核心价值观作为价值准则,使出台的新政策符合社会主义核心价值观的要求、有利于培育和践行社会主义核心价值观,注重政策目标和价值导向有机统一,实现市场经济和道德建设良性互动,不能只顾经济效益不顾社会效益、只顾物质文明建设不顾精神文明建设。必须防止出现政策违背社会主义核心价值观的情况,因为一旦出现这种情况,将不可避免地带来基层社会治理的价值导向偏差,进而损害党和政府的形象信誉。其次,各级政府和政府部门应建立健全政策评估和纠偏机制,梳理检查过去已经出台的政策,修订或废除与社会主义核心价值观要求相冲突、不利于培育和践行社会主义核心价值观的政策。在政策正式出台以后,应注意通过对政策执行偏差及政策运行各环节的分析,重点找出产生政策执行偏差的实质性问题,进而采取有针对性的矫正措施,优化社会主义核心价值观融入新时代基层社会治理的运作方式,确保政策能够体现鲜明的价值导向。最后,在政策的实施过程中应贯彻社会主义核心价值观的要求。习近平总书记指出:"制定出一个好文件,只

---

① 中共中央文献研究室:《习近平关于社会主义文化建设论述摘编》,中央文献出版社,2017年,第111页。

② 《毛泽东选集》(第四卷),人民出版社,1991年,第1298页。

是万里长征走完了第一步,关键还在于落实文件。"①应使社会主义核心价值观通过政策有效地进入社会生活,使政策的实施过程成为社会主义核心价值观的彰显过程,让包括大学生在内的全体人民在政策的实施中体认和强化社会主义核心价值观、树立并坚定文化自信。

概言之,社会主义核心价值观是由我国的经济基础和政治制度决定的,必然也必须体现在经济社会发展各领域,体现在人们生产生活和日常交往之中,体现在政策制度、法律法规各方面。② 如果出台的法律法规、制定的具体政策,与社会主义核心价值观相背离,就会造成"两张皮"、变成"对台戏"。应把社会主义核心价值观的要求体现到各方面法律、政策之中,形成有利于培育和践行社会主义核心价值观的法律保障和政策支持。

第六节　育好文化自信践行者

我们应清醒地认识到,文化自信的最终归宿是践行,文化外化是引导大学生坚定文化自信的重要目标之一。思想或口头上的自信固然重要,但如果没有相应的实际行动,不能算是真正树立起了文化自信。因此,必须引导当代大学生把文化自信的内化于心和外化于行紧密结合起来。高校、家庭、社会等有关方面尤其要注重引导大学生在五个方面践行文化自信,即为实现中华民族伟大复兴而勤奋学习、践行社会主义核心价值观和中华传统美德、在文化交流借鉴中坚守中华文化立场、在中西文化比较中认识中国文化优势、为中国特色社会主义文化的发展贡献力量。

一、引导大学生为实现中华民族伟大复兴而勤奋学习

大学生这一名称中即包含一个"学"字,学习是大学生的天职,大学生的首要任务是学习。习近平总书记在与北京大学师生座谈时曾深刻发问:"大

①　习近平:《习近平谈治国理政》,外文出版社,2014 年,第 106 页。
②　刘奇葆:《在全社会大力培育和践行社会主义核心价值观》,《党建》2014 年第 4 期,第 10-13 页。

学阶段,'恰同学少年,风华正茂',有老师指点,有同学切磋,有浩瀚的书籍引路,可以心无旁骛求知问学。此时不努力,更待何时?"①当前,中华民族正阔步走在实现伟大复兴的征程上,当代大学生生逢其时、重任在肩。百年前的中国人曾立下"为中华之崛起而读书"的宏伟志向,当代中国大学生则应立下"为实现中华民族伟大复兴而读书"的志向。中华民族精神的核心是爱国主义,大学生只有怀着"功成必定有我"的坚定信念,勤奋学习、求知上进,学到足够的知识、掌握过硬的本领,才能为中华民族伟大复兴贡献智慧和力量,才能在祖国和人民最需要的地方施展才干,才能生逢盛世而不负盛世,才能谈得上爱国。因此,高校、家庭、社会都应引导大学生把为实现中华民族伟大复兴而勤奋学习放在首要位置。而且,大学生要学习的不仅是专业知识,还必须学习思想政治理论,不断提升思想政治素质。毛泽东就曾指出:"不论是知识分子,还是青年学生,都应该努力学习。除了学习专业之外,在思想上要有所进步,政治上也要有所进步,这就需要学习马克思主义,学习时事政治。没有正确的政治观点,就等于没有灵魂。"②当代大学生在最好的年龄遇上了最好的时代,将以自己的奋斗见证中华民族伟大复兴,任何"佛系""躺平"都是与时代的要求相悖的。大学生只有具有"强国有我"的心态,奋发学习,掌握本领,才能担当民族复兴的大任。

二、引导大学生践行社会主义核心价值观和中华传统美德

当代大学生应以中华优秀传统文化、革命文化、社会主义先进文化蕴含的思想观念、精神品质、道德规范等指导自己的行为实践,尤其应践行社会主义核心价值观和中华传统美德,以遵奉社会主义核心价值观和中华传统美德为荣,以违背社会主义核心价值观和中华传统美德为耻。作为文化之核心的价值观不是一组只供人们记诵的口头词语,而是一套社会实践准则。③ 习近平总书记指出:"道不可坐论,德不能空谈。于实处用力,从知行

---

① 习近平:《论党的宣传思想工作》,中央文献出版社,2020年,第77页。
② 《毛泽东文集》(第七卷),人民出版社,1999年,第226页。
③ 沈壮海等:《文化何以自信》,中国人民大学出版社,2020年,第61页。

合一上下功夫,核心价值观才能内化为人们的精神追求,外化为人们的自觉行动。"①社会主义核心价值观是对中华传统美德的继承和发展,引导大学生践行文化自信必然要求大学生践行社会主义核心价值观和中华传统美德。譬如,高校等各方应引导大学生在家庭生活中尊重父母、孝敬父母,多参加家务劳动,学会分担父母的辛劳;积极参加学雷锋志愿服务活动,利用节假日等时间开展义务劳动,展现热爱劳动、乐于奉献的精神面貌;积极向弱势群体伸出援手,赴养老院慰问孤寡老人,赴社会福利院看望孤残儿童,弘扬扶弱济困、尊老爱幼的道德风尚;还可以发挥专业特长,利用假期送文化、科技、卫生下乡,为加快实现乡村振兴、共同富裕贡献自己的力量。

三、引导大学生在文化交流借鉴中坚守中华文化立场

正所谓"海纳百川,有容乃大。"一种文化要想永葆生命力与先进性,就必须具备开放包容的态度。文化自信不是唯我独尊、孤芳自赏,而是既不失自身根本的文化立场,又有学习借鉴外来文化优秀成果的格局与气度。大学生是文化创新创造的生力军,应积极参与跨文化沟通交流,与世界各国的青年人交朋友谈想法,主动学习吸收人类优秀文化成果,推动中华文化不断发展进步。如《中共中央关于党的百年奋斗重大成就和历史经验的决议》所指出的,"独立自主是中华民族精神之魂"②。同样非常重要的是,我们也不能只会鹦鹉学舌、人云亦云。高校等各方应引导大学生坚守中华文化根本立场,坚持以马克思主义为核心的社会主义意识形态,坚定社会主义核心价值观自信,保护中华文化独立性,尊重中华文化独特性,在意识形态、价值观念交锋的时候保持定力,自觉反对历史虚无主义、文化虚无主义,对西方文化渗透、反华势力蛊惑保持足够警惕,对别有用心的信息保持头脑清醒,不崇洋媚外,不过洋节,做中国特色社会主义文化的坚定信奉者、积极传播者。

---

① 习近平:《论党的宣传思想工作》,中央文献出版社,2020年,第79页。
② 《中共中央关于党的百年奋斗重大成就和历史经验的决议》,《人民日报》2021年11月17日第1版。

四、引导大学生在中西文化比较中认识中国文化优势

没有比较，就没有鉴别。大学生应放眼世界、关注时事，正确认识中国特色和国际比较，善于从文化的角度分析思考问题，善于在中西文化比较中发现中国文化的独特优势，善于从博大精深的中国文化中寻找解决问题的智慧和方法，从而增强与彰显文化自信。

2020 年，一场突如其来的新冠疫情袭来。党中央鲜明提出"人民至上、生命至上"，有力领导抗击疫情工作，全国人民同心同德、团结一致，汇聚起攻坚克难的磅礴力量，展开了气壮山河的斗争，铸就了伟大的抗疫精神。全国 19 个省区市对口支援湖北，共克时艰。29 个省区市和新疆生产建设兵团、军队等调派 300 多支医疗队 4 万多名医务人员火速集结、驰援湖北，与当地医务人员并肩奋战。武汉人民顾全大局，自觉居家隔离。全国广大医务工作者、人民解放军指战员、社区工作者、公安干警、基层公务员、志愿者、科研人员、外卖小哥、新闻工作者、环卫工作者、建筑工人等坚守各自岗位，相互配合，筑成抗击疫情的钢铁长城，凝聚起无坚不摧的中国力量，表现出高度的爱国主义、集体主义、社会主义、利他主义精神，使得我国取得抗击疫情斗争重大战略成果。在全国抗击新冠疫情表彰大会上，习近平总书记指出："抗疫斗争伟大实践再次证明，社会主义核心价值观、中华优秀传统文化所具有的强大精神动力，是凝聚人心、汇聚民力的强大力量。"他还专门赞扬了参与抗疫的青年人："在这次抗疫斗争中，青年一代的突出表现令人欣慰、令人感动。参加抗疫的医务人员中有近一半是'90 后'、'00 后'……青年一代不怕苦、不畏难、不惧牺牲，用臂膀扛起如山的责任，展现出青春激昂的风采，展现出中华民族的希望！让我们一起为他们点赞！"①反观某些标榜"自由民主"的西方国家，在疫情开始时不以为然，认为和一场流感无异，没有及时采取果断有力的措施。一些政客出于选举和经济的考量，先是反对"封城"等隔离措施，后又在疫情尚未得到控制时急于"解封"，造成疫情愈加严

---

① 习近平:《在全国抗击新冠肺炎疫情表彰大会上的讲话》,《人民日报》2020 年 9 月 9 日第 2 版。

重。一些西方国家面对传染性极强的病毒变异株,选择"躺平"、与病毒共存。西方国家民众普遍信奉个人权利高于集体利益,将"自由"置于生命安全之上,不戴口罩,随意聚集,任意旅行,使得感染人数和死亡人数居高不下,令人痛惜。应对疫情的中国之治与西方之乱、中西两种文化两种制度在疫情防控中的不同表现,形成了鲜明对比,证明了中国文化的优势、中国制度的优势,为大学生坚定中国特色社会主义文化自信提供了极具说服力的现实教材,高校等各方应引导大学生善于通过现实教材认识中国文化的优势。

五、引导大学生为中国特色社会主义文化的发展贡献力量

时间永不停滞,文化与时俱进。文化具有创新创造的特性。只有不断向前发展,一种文化才能永葆旺盛的生命力。中华优秀传统文化的创造性转化、创新性发展,党领导人民进行伟大斗争、克服风险挑战,马克思主义基本原理同中国具体实际相结合、同中华优秀传统文化相结合,对中国特色社会主义伟大实践的提炼升华等,都推动着中国特色社会主义文化的发展。而归根到底,发展中国特色社会主义文化需要中国人民特别是中国青年有所作为。因此,当代大学生既要肩负起继承中华优秀传统文化、革命文化的历史责任,不断从中华优秀传统文化中汲取智慧,不断从革命文化中接受教益,也要承担起发展中国特色社会主义文化的神圣使命。高校等方方面面都应教育引导大学生,不仅要有创造物质财富的热情,而且要有创造精神财富的志向,循着中国特色社会主义文化发展道路,在学习吸收人类有益文化成果的同时,牢记信仰、坚定信心、独立思考、锐意创新、勤于实践、勇于创造,为推动中国特色社会主义文化繁荣兴盛、建设社会主义文化强国、筑就巍然耸立的中华民族精神大厦做出新时代中国青年应有的贡献。

结　语

　　一个民族的文化是这个民族区别于其他民族的根本特质,也是一个民族最根本、最持久、最可靠的力量来源。回望过去,伟大的中华民族在几千年的发展历程中,不断发挥自己强大的文化创造力和吸收力,形成了中华优秀传统文化、革命文化、社会主义先进文化,值得我们永远珍视。越了解中华民族的历史,越能够体会到,中华民族是具有强大文化创造力的伟大民族、是不缺少民族脊梁的伟大民族、是民族精神一脉相传的伟大民族;观望当下,世界各国在文化、经济、政治、军事、科技等领域的竞争和斗争一刻也没有停止,我们始终面临着诸多挑战叠加、各种风险交织的局面。文化虽不属于硬实力范畴,却能起到润物无声、以柔克刚、四两拨千斤的作用,因此被归为软实力,受到各个有远见的国家高度重视;展望未来,2035 年我国要基本实现社会主义现代化、建成社会主义文化强国,本世纪中叶我国要建成社会主义现代化强国,中华民族伟大复兴的光辉前景感召着我们一往无前。中华民族伟大复兴离不开中华文化的复兴,中国作为一个不依附于任何外部势力、独立自主的大国,必然也必须在民族精神上保持高度的独立性。基于此,我们就能够理解习近平总书记为何反复强调文化自信。可以说,只要十四亿多中国人民坚定文化自信,心往一处想,劲往一处使,我们就"不相信有完成不了的任务,不相信有克服不了的困难,不相信有战胜不了的敌人"①。

　　大学生是我国未来之栋梁,肩负实现中华民族伟大复兴中国梦的历史使命,其文化自信的状况,直接关系国家和民族的前途命运。在这样一个文化纷纭激荡的时代,如果我们不加强大学生文化自信的培育,必将给文化安全、国家安全留下重大隐患。我们要时刻提醒大学生,如果失却了文化自信,被外来文化所惑、被腐朽文化所迷,便是抛弃了我们的文化传统、放弃了我们的思想阵地、丢弃了我们的精神家园。这样,我们就会成为无源之水、

---

① 翟佳琪:《杨根思:勇士辉煌化金星》,《党建》2020 第 11 期,第 57-58 页。

无本之木、无根浮萍,最终落入离析分崩、仰人鼻息、亡国灭种的悲惨境地。

我们强调文化自信,是当今实现中华民族伟大复兴事业的需要,但我们绝不是否认世界文明的多样性。文化自信不是自满,也不是自卑;不是孤芳自赏,也不是盲目排外;而是不卑不亢、自成一格。我们反对文化霸权主义和文化殖民主义,反对"西方中心论",也反对我们中一些人至今仍然存在的文化自卑情结。这就是我们对待文化自信的正确态度。

本研究坚持以马克思主义为指导,以习近平总书记关于文化自信的系列重要论述为指引,以普遍联系和永恒发展的眼光看待有关问题,深入论述了文化自信的生成逻辑、大学生坚定文化自信的对象性基础、引导大学生坚定文化自信的目标、引导大学生坚定文化自信的原则;基于自编问卷调查提供的信息和数据,客观呈现大学生文化自信的积极表现和消极表现,从多个维度对大学生文化自信存在的问题及其背后的影响因素进行分析,进而提出高校、家庭、社会和政府协同解决有关问题、引导大学生坚定文化自信的现实路径,全面涵盖了大学生坚定文化自信的应然、实然与使然,力求为培育大学生文化自信提供有益借鉴。本研究认为,大学生应充分认知中国特色社会主义文化,理解其内涵与实质;应建立对中国特色社会主义文化的认同,对其生命力与发展前景抱有十足信心;应树立坚定的马克思主义信仰,以马克思主义标定自己的文化立场;应对中国特色社会主义文化的发展前景抱有十足的信心,坚信中华文化一定能够创造新的辉煌;应将中国特色社会主义文化纳入自己的观念体系,实现文化的入脑入心;应以中国特色社会主义文化蕴含的思想观点、价值观念、道德准则、精神品格、理想追求等指导自己的实际行动,达成文化自信的知行统一;还应认识到,人类优秀文化成果值得我们学习借鉴,保持开放包容、辩证取舍的文化观是正确选择。

由于作者眼界所限,本研究仍存在一些有待进一步突破的方面。同时,随着时间的推移、社会的发展,一些新现象、新问题也可能会随之产生。因此,引导大学生坚定文化自信是一个需要长期研究、反复研究的课题,未来任重而道远。引导大学生坚定文化自信也是全社会共同的责任,需要全社会的共同努力。我们要按照习近平总书记提出的"因事而化、因时而进、因势而新"①要求，与时俱进，持续探索，勇于实践，开拓创新，努力培养坚定文化自信、堪当民族复兴大任的时代新人。

① 张烁:《习近平在全国高校思想政治工作会议上强调:把思想政治工作贯穿教育教学全过程 开创我国高等教育事业发展新局面》,《人民日报》2016 年 12 月 9 日第 1 版。

附录一 2021年大学生文化自信状况自编调查问卷

亲爱的同学：

您好！这是一份关于大学生文化自信现状的调查问卷，恳请您拨冗帮忙填写。答案不涉及对您个人的是非评判，如实填写即可。本问卷不记名，我会对您的个人信息和答案予以严格保密，并承诺您提供的答案仅用于学术研究，请放心填写。

对您的参与和支持表示衷心感谢！

1. 您的性别〔单选题〕

A. 女　B. 男

2. 您的学历层次〔单选题〕

A. 本科　B. 专科　C. 研究生

3. 您就读的年级〔单选题〕

A. 一年级　B. 二年级　C. 三年级　D. 四年级　E. 五年级

4. 您所学专业〔简答题〕

5. 您觉得自己有"文化自信"吗？〔单选题〕

A. 有，且非常强烈　B. 有，但不够强烈　C. 没有

6. 您知道我们文化自信的对象吗？它包括几个组成部分？〔简答题〕

7. 您能否说出社会主义核心价值观的内容？〔单选题〕

A. 能完整地说出　B. 能说出一部分　C. 完全说不出

8. 您觉得当代大学生是否还需要阅读中国文化经典？〔单选题〕

A. 需要，阅读中国文化经典大有裨益　B. 不需要　C. 无所谓，可读可不读

9. 您读过《论语》吗？〔单选题〕

A. 完整读过　B. 读过一部分　C. 没有

10. 您愿意学习中国传统绘画、书法、武术、乐器演奏吗？〔单选题〕

A. 愿意　B. 不愿意

11. 您是否了解中华文化的发展演进历程？〔单选题〕

A. 非常了解　B. 比较了解　C. 不太了解　D. 不了解

12. 您对我国新民主主义革命历史了解如何？〔单选题〕

A. 非常了解　B. 比较了解　C. 不太了解　D. 不了解

13. 您认为国家提出社会主义核心价值观是否有必要？〔单选题〕

A. 有　B. 没有

14. 您是否认同社会主义核心价值观？〔单选题〕

A. 认同　B. 基本认同　C. 不认同

15. 您是否愿意参加学校组织的大学生下基层开展的社会主义核心价值观教育宣讲活动？〔单选题〕

A. 非常愿意　B. 比较愿意　C. 一般　D. 不太愿意　E. 很不愿意

16. 您认为自己所在高校是否重视引导大学生坚定文化自信？〔单选题〕

A. 非常重视　B. 重视程度一般　C. 不重视

17. 您对所在高校开设的中国文化有关课程是否感兴趣？〔单选题〕

A. 非常感兴趣　B. 兴趣一般　C. 不感兴趣

18. 您所在高校的中国文化有关课程存在哪些问题？〔多选题〕

A. 内容枯燥乏味，脱离生活实际　B. 学校不重视，教学流于形式

C. 教师水平有限　D. 课时太少　E. 不存在什么问题

19. 您参加过哪些西方节日的庆祝活动？〔多选题〕

A. 圣诞节　B. 情人节　C. 感恩节　D. 万圣节　E. 其他节日　F. 都没有

20. 您喜欢下列哪些文化产品？〔多选题〕

A. 美国的音乐和影视剧　B. 韩国的音乐和影视剧　C. 日本的动漫和音乐　D. 英国的音乐　E. 都不喜欢

21. 您觉得我们应该如何看待西方文化？〔单选题〕

A. 西方文化先进优秀，我们应该完全接受

B. 中国文化博大精深，我们不需要学习西方文化

C. 我们应该有鉴别、有选择地学习西方文化

22. 您认为西方文化对中国文化的冲击程度如何？[单选题]

A. 非常严重　B. 比较严重　C. 不太严重　D. 没感觉到

23. 您如何看待中国文化与世界其他文化的关系？[单选题]

A. 中国文化是世界上最优秀的文化

B. 中国文化与世界其他文化各有所长，应该互相学习借鉴

C. 中国文化比较落后

24. 您是否认同"人为财死，鸟为食亡""有钱能使鬼推磨"这些俗语？
[单选题]

　A. 认同　B. 不认同

25. 您是否认同"人生苦短，应及时行乐"？[单选题]

　A. 认同　B. 不认同

26. 您是否认同"人不为己，天诛地灭"？[单选题]

　A. 认同　B. 不认同

27. 您是否认同"有钱有势有地位的人生才会幸福"？[单选题]

　A. 认同　B. 不认同

28. 您是否认同"生死有命，富贵在天"？[单选题]

　A. 认同　B. 不认同

29. 您是否认同"人生应一切顺其自然，万事不求、不争"？[单选题]

　A. 认同　B. 不认同

30. 您对各有关方面引导大学生坚定文化自信可以采取的措施有何意
见建议？[简答题]

附录二 2022年大学生文化自信状况自编调查问卷

亲爱的同学：

您好！这是一份关于大学生文化自信现状的调查问卷，恳请您拨冗帮忙填写。答案不涉及对您个人的是非评判，如实填写即可。本问卷不记名，我会对您的个人信息和答案予以严格保密，并承诺您提供的答案仅用于学术研究，请放心填写。

对您的参与和支持表示衷心感谢！

第一部分 个人基本信息

1.您的性别

A.女　B.男

2.您的学历层次

A.本科　B.专科　C.研究生

3.您就读的年级

A.一年级　B.二年级　C.三年级　D.四年级　E.五年级

4.您所学专业类别

A.人文科学类　B.社会科学类　C.理工农医类

第二部分　请根据实际情况作答

一、单选题

(一)大学生自身的文化自信状况

1.您觉得自己有"文化自信"吗？

A.有,且非常强烈　B.有,但不够强烈　C.没有　D.不确定

2.您是否赞同"我为中华文化感到自豪"？

A.非常赞同　B.比较赞同　C.不太赞同　D.不赞同

3.您是否赞同"中华优秀传统文化具有超越时空的永恒魅力"？

A.非常赞同　B.比较赞同　C.不太赞同　D.不赞同

4. 您是否赞同"中华文化有着光明的发展前景"？

A. 非常赞同　B. 比较赞同　C. 不太赞同　D. 不赞同

5. 您觉得当代大学生是否还需要阅读中国文化经典？

A. 需要，阅读中国文化经典大有裨益

B. 不需要，那些都是已经过时的老古董

C. 无所谓，可读可不读

6. 您对所在高校开设的中国文化有关课程是否感兴趣？

A. 非常感兴趣　B. 比较感兴趣　C. 兴趣一般　D. 不太感兴趣　E. 不感兴趣

7. 您是否对我国的经史子集、诗词歌赋、琴棋书画、舞蹈武术等传统文化感兴趣？

A. 非常感兴趣　B. 比较感兴趣　C. 兴趣一般　D. 不太感兴趣　E. 不感兴趣

8. 您是否愿意参加学校组织开展的阅读中国古代经典、学习民族乐器、练习中国功夫等中华传统文化传承活动？

A. 非常愿意　B. 比较愿意　C. 一般　D. 不太愿意　E. 不愿意

9. 您认为国家提出社会主义核心价值观是否有必要？

A. 有　B. 没有

10. 您对社会主义核心价值观的内容熟记情况如何？

A. 已经熟记　B. 尚未熟记

11. 您是否认同社会主义核心价值观？

A. 完全认同　B. 基本认同　C. 不认同

12. 您是否理解社会主义核心价值观的内涵？

A. 完全理解　B. 较为理解　C. 不大理解　D. 不理解

13. 您是否赞同"培育和践行社会主义核心价值观，每个人都有责任"？

A. 非常赞同　B. 比较赞同　C. 不太赞同　D. 不赞同

14. 您是否赞同"我们应当以开放包容的态度吸收其他文化的优点和长处"？

A. 非常赞同　B. 比较赞同　C. 不太赞同　D. 不赞同

15. 您觉得我们应该如何看待西方文化?

A. 西方文化先进优秀,我们应该完全接受

B. 中国文化博大精深,我们不需要学习西方文化

C. 我们应该有鉴别、有选择地学习西方文化

16. 您是否信仰马克思主义?

A. 是　B. 否　C. 不确定

17. 您是否了解中华文化的发展演进历程?

A. 非常了解　B. 比较了解　C. 不太了解　D. 不了解

18. 您了解中华优秀传统文化的内涵吗?

A. 非常了解　B. 比较了解　C. 不太了解　D. 不了解

19. 您了解社会主义先进文化的内涵吗?

A. 非常了解　B. 比较了解　C. 不太了解　D. 不了解

20. 您对我国新民主主义革命历史了解如何?

A. 非常了解　B. 比较了解　C. 不太了解　D. 不了解

21. 您认为革命文化是在什么时期创造的?

A. 新民主主义革命时期　B. 革命、建设、改革时期　C. 不知道

22. 您了解革命文化的基本内涵吗?

A. 非常了解　B. 比较了解　C. 不太了解　D. 不了解

23. 您了解中国共产党人的精神谱系吗?

A. 非常了解　B. 比较了解　C. 不太了解　D. 不了解

24. 您是否阅读过《共产党宣言》?

A. 完整阅读过　B. 读过一部分　C. 没有阅读过

25. 您是否阅读过《毛泽东选集》?

A. 完整阅读过　B. 读过一部分　C. 没有阅读过

26. 您是否阅读过《邓小平文选》?

A. 完整阅读过　B. 读过一部分　C. 没有阅读过

27. 您是否阅读过《习近平的七年知青岁月》?

A. 完整阅读过　B. 读过一部分　C. 没有阅读过

28. 您是否阅读过《论语》?

A. 完整阅读过　　B. 读过一部分　　C. 没有阅读过

29. 您是否阅读过《孟子》?

A. 完整阅读过　　B. 读过一部分　　C. 没有阅读过

30. 您是否阅读过《大学》?

A. 完整阅读过　　B. 读过一部分　　C. 没有阅读过

31. 您是否阅读过《中庸》?

A. 完整阅读过　　B. 读过一部分　　C. 没有阅读过

32. 您是否阅读过《道德经》?

A. 完整阅读过　　B. 读过一部分　　C. 没有阅读过

33. 您认为西方文化对中国文化的冲击程度如何?

A. 非常严重　　B. 比较严重　　C. 不太严重　　D. 没感觉到

34. 您最喜欢或最希望在下列哪个西方节日到来时参加有关的节庆活动?

A. 圣诞节　　B. 情人节　　C. 感恩节

D. 万圣节　　E. 其他西方节日　　F. 都不

35. 如果您喜欢过某个或某些西方节日,原因是什么?

A. 借此消遣娱乐、放松心情　　B. 出于对其蕴含意义的认可

C. 西方节日具有新鲜感　　　　D. 一些媒体和商家的炒作和宣传

E. 看别人过,我也跟着过

36. 您最喜欢下列哪种文化产品?

A. 美国的音乐和影视剧　　B. 韩国的音乐和影视剧

C. 日本的动漫和音乐　　D. 英国的音乐　　E. 都不喜欢

37. 您是否赞同"西方影视作品比国产的更好看"?

A. 非常赞同　　B. 比较赞同　　C. 不太赞同　　D. 不赞同

38. 您是否赞同"我们应该警惕西方文化的价值渗透"?

A. 非常赞同　　B. 比较赞同　　C 不太赞同　　D. 不赞同　　E. 无所谓

39. 您是否愿意参加学校组织的大学生下基层宣讲社会主义核心价值观活动?

A. 非常愿意　　B. 比较愿意　　C. 一般　　D. 不太愿意　　E. 不愿意

40. 在过去的一年中,您参加过几次志愿服务活动或公益活动?

A.1-2次　B.3-4次　C.5次及以上　D.没参加过

41. 放假在家时,您是否会主动帮父母做家务?

A.经常　B.偶尔　C.很少　D.没有

42. 您是否认同"人为财死,鸟为食亡""有钱能使鬼推磨"?

A.认同　B.不认同

43. 您是否认同"人生苦短,应及时行乐"?

A.认同　B.不认同

44. 您是否认同"人不为己,天诛地灭"?

A.认同　B.不认同

45. 您是否认同"生死有命,富贵在天""人生应顺其自然"?

A.认同　B.不认同

46. 您是否认同"一朝成锦鲤,奋斗少十年"?

A.认同　B.不认同

47. 您平均每日上网时长为?

A.少于2小时　B.2-4小时　C.5-6小时　D.7-8小时　E.8小时以上

48. 您认为目前高校、家庭、社会引导大学生坚定文化自信的合力是否已经形成?

A.已经形成　B.尚未形成　C.说不清

49. 您所在高校的中国文化有关课程存在的最突出问题是什么?

A.内容枯燥乏味,脱离生活实际　B.学校不重视,教学流于形式

C.教师水平有限　D.课时太少　E.不存在什么问题

(二)大学生文化自信引导状况

1. 您认为自己所在高校是否重视引导大学生坚定文化自信?

A.非常重视　B.重视程度一般　C.不重视

2. 您所在的学校开展传承中华优秀传统文化的活动情况如何?

A.经常开展　B.偶尔开展　C.很少开展　D.几乎没有

3. 在思想政治理论课教学过程中,教师是否有融入中华优秀传统文化

内容?

　　A.经常有　B.偶尔有　C.很少有　D.从来没有

　　4.您学过的思想政治理论课,教师在教学中是否专门对错误思潮和观点进行过批判?

　　A.经常　B.偶尔　C.几乎没有　D.没有　E.记不清楚

　　5.在学习专业课时,教师是否有以融入的方式对学生进行中华优秀传统文化、革命文化、社会主义先进文化的教育以及文化自信的引导?

　　A.经常有　B.偶尔有　C.很少有　D.从来没有

　　6.您对所在学校开展的校园文化活动的数量、形式、效果等是否满意?

　　A.非常满意　B.比较满意　C.一般　D.不太满意　E.不满意

　　7.您认为当前网络媒体在弘扬中华优秀传统文化、革命文化、社会主义先进文化中发挥的作用如何?

　　A.作用很大　B.作用比较大　C.作用一般　D.作用不太大

　　8.您的父母对您进行过文化自信方面的正向引导吗?

　　A.进行过　B.没有

　　9.您的父母重视您文化品格的形成吗?

　　A.非常重视　B.重视程度一般　C.不重视

　　10.您觉得父母为您坚定文化自信起到了榜样作用吗?

　　A.起到了　B.没有起到

　　11.上大学后,在共同生活或交流思想时,父母有纠正过您的错误观点吗?

　　A.经常有　B.偶尔有　C.很少有　D.几乎没有

　　12.您觉得自己的家庭文化氛围如何?

　　A.非常好　B.比较好　C.一般　D.不太好　E.不好

　　13.您觉得当前的网络文化环境如何?

　　A.天朗气清　B.乌烟瘴气

　　C.天朗气清相对多一些,乌烟瘴气相对少一些

　　D.乌烟瘴气相对多一些,天朗气清相对少一些

　　14.您觉得互联网对大学生坚定文化自信起到的积极作用更大还是消

极作用更大?

A. 积极作用更大　B. 消极作用更大　C. 说不清

二、问答题(请尽可能详细作答,谢谢!)

1. 您知道文化自信中"文化"指的是什么文化吗? 您能说出它的名称吗?

2. 您如何看待马克思主义信仰,您觉得当代大学生有必要树立马克思主义信仰吗?

3. 您是如何看待"普世价值"的?

4. 您平时经常浏览哪些网站、使用哪些手机 APP?

5. 您最近在追什么剧或者看什么节目? 您追它的原因是什么? 有没有什么感想?

6. 您对各有关方面引导大学生坚定文化自信可以采取的措施有何意见建议?

参考文献

[1]中共中央马克思恩格斯列宁斯大林著作编译局.马克思恩格斯选集:第一至四卷[M].北京:人民出版社,2012.

[2]中共中央马克思恩格斯列宁斯大林著作编译局.马克思恩格斯文集:第一至十卷[M].北京:人民出版社,2009.

[3]中共中央马克思恩格斯列宁斯大林著作编译局.马克思恩格斯全集:第二十一卷[M].北京:人民出版社,1965.

[4]中共中央马克思恩格斯列宁斯大林著作编译局.列宁选集:第一至四卷[M].北京:人民出版社,2012.

[5]中共中央马克思恩格斯列宁斯大林著作编译局.列宁全集:第一卷[M].北京:人民出版社,1984.

[6]中共中央马克思恩格斯列宁斯大林著作编译局.列宁全集:第十四卷[M].北京:人民出版社,1988.

[7]中共中央马克思恩格斯列宁斯大林著作编译局.列宁全集:第二十卷[M].北京:人民出版社,1989.

[8]中共中央马克思恩格斯列宁斯大林著作编译局.列宁全集:第二十四卷[M].北京:人民出版社,1990.

[9]中共中央马克思恩格斯列宁斯大林著作编译局.列宁全集:第三十四卷[M].北京:人民出版社,1985.

[10]中共中央马克思恩格斯列宁斯大林著作编译局.列宁全集:第三十六卷[M].北京:人民出版社,1959.

[11]中共中央马克思恩格斯列宁斯大林著作编译局.列宁全集:第三十七卷[M].北京:人民出版社,1986.

[12]中共中央马克思恩格斯列宁斯大林著作编译局.列宁全集:第三十九卷[M].北京:人民出版社,1986.

[13]中共中央马克思恩格斯列宁斯大林著作编译局.列宁专题文集:论无产阶级政党[M].北京:人民出版社,2009.

［14］毛泽东.毛泽东选集：第一至四卷［M］.北京：人民出版社,1991.

［15］毛泽东.毛泽东文集：第七至八卷［M］.北京：人民出版社,1999.

［16］邓小平.邓小平文选：第一至二卷［M］.2版.北京：人民出版社,1994.

［17］邓小平.邓小平文选：第三卷［M］.北京：人民出版社,1993.

［18］江泽民.江泽民文选：第一至三卷［M］.北京：人民出版社,2006.

［19］胡锦涛.胡锦涛文选：第一至三卷［M］.北京：人民出版社,2016.

［20］习近平.习近平谈治国理政［M］.北京：外文出版社,2014.

［21］习近平.习近平谈治国理政：第二卷［M］.北京：外文出版社,2017.

［22］习近平.习近平谈治国理政：第三卷［M］.北京：外文出版社,2020.

［23］习近平.习近平谈治国理政：第四卷［M］.北京：外文出版社,2022.

［24］习近平.论党的宣传思想工作［M］.北京：中央文献出版社,2020.

［25］中共中央宣传部.习近平新时代中国特色社会主义思想学习纲要［M］.北京：学习出版社、人民出版社,2019.

［26］中共中央文献研究室.习近平关于社会主义文化建设论述摘编［M］.北京：中央文献出版社,2017.

［27］中共中央文献研究室.习近平关于青少年和共青团工作论述摘编［M］.北京：中央文献出版社,2017.

［28］中共中央党史和文献研究院.习近平关于网络强国论述摘编［M］.北京：中央文献出版社,2021.

［29］中共中央党史和文献研究院.习近平关于注重家庭家教家风建设论述摘编［M］.北京：中央文献出版社,2021.

［30］中共中央党史和文献研究院.习近平关于总体国家安全观论述摘编［M］.北京：中央文献出版社,2018.

［31］人民日报评论部.习近平用典［M］.北京：人民日报出版社,2015.

［32］人民日报评论部.习近平用典：第二辑［M］.北京：人民日报出版社,2018.

［33］人民日报评论部.习近平用典第三辑：马克思主义经典篇［M］.北京：人民日报出版社,2020.

［34］中共中央宣传部,中央广播电视总台.平"语"近人：习近平总书记用典

[M].北京：人民出版社，2019.

[35]人民日报评论部.习近平讲故事[M].北京：人民出版社，2017.

[36]本书编写组.习近平讲党史故事[M].北京：人民出版社，2021.

[37]中共中央党史研究室.历史是最好的教科书：学习习近平同志关于党的历史的重要论述[M].北京：中共党史出版社，2014.

[38]中共中央文献研究室.十六大以来重要文献选编：中[M].北京：中央文献出版社，2006.

[39]本书编写组.思想道德与法治[M].北京：高等教育出版社，2021.

[40]本书编写组.中国近现代史纲要[M].北京：高等教育出版社，2021.

[41]本书编写组.马克思主义基本原理[M].北京：高等教育出版社，2021.

[42]本书编写组.毛泽东思想和中国特色社会主义理论体系概论[M].北京：高等教育出版社，2021.

[43]本书编写组.思想政治教育学原理[M].2版.北京：高等教育出版社，2018.

[44]王蒙.王蒙谈文化自信[M].北京：人民出版社，2017.

[45]陈先达.文化自信与中华民族伟大复兴[M].北京：人民出版社，2017.

[46]陈先达.文化自信中的传统与当代[M].北京：北京师范大学出版社，2017.

[47]陈先达.文化自信：做理想信念坚定的中国人[M].长春：吉林人民出版社，2017.

[48]陈先达.一位"85后"的马克思主义观[M].北京：中国人民大学出版社，2020.

[49]沈壮海.论文化自信[M].武汉：湖北人民出版社，2019.

[50]沈壮海.文化何以自信[M].北京：中国人民大学出版社，2020.

[51]孟东方.中国共产党代表、赢得、依靠青年研究[M].北京：人民出版社，2016.

[52]孙正聿.理想信念的理论支撑[M].长春：吉林人民出版社，2014.

[53]楼宇烈.中国文化的根本精神[M].北京：中华书局，2016.

[54]陈一收.文化自信：中国力量的精神支撑[M].北京：社会科学文献出版

社,2020.

[55]李东,孙海涛.在大学生中培育和践行社会主义核心价值观研究[M].北京:中国书籍出版社,2015.

[56]赵爱玲.当代大学生价值观自信教育研究[M].武汉:武汉大学出版社,2017.

[57]刘顺厚.青年学生社会主义核心价值观的培育和践行:基于多元文化的视角[M].上海:复旦大学出版社,2015.

[58]本书编委会.十九大党章学习讲座[M].北京:党建读物出版社,2017.

[59]李建华,夏建文.立德树人之道:大学生社会主义核心价值观的培育与践行研究[M].北京:人民出版社,2015.

[60]李梁,王金伟.文化自信与价值观自信[M].上海:上海大学出版社,2017.

[61]耿超.中国特色社会主义文化自信论[M].桂林:广西师范大学出版社,2016.

[62]丁晓强.文化自信:中国特色社会主义文化研究[M].北京:高等教育出版社,2019.

[63]刘波,肖茜尹,尹申,等.中华优秀传统文化与新时代高校青年学生文化自信[M].成都:四川大学出版社,2019.

[64]张岱年,方克立.中国文化概论[M].北京:北京师范大学出版社,2004.

[65]梁漱溟.中国文化要义[M].上海:上海人民出版社,2018.

[66]陈万柏,张耀灿.思想政治教育学原理[M].3版.北京:高等教育出版社,2015.

[67]全国干部培训教材编审指导委员会.推动社会主义文化繁荣兴盛[M].北京:人民出版社,2019.

[68]徐光春.马克思主义大辞典[M].武汉:崇文书局,2017.

[69]冯契.哲学大辞典[M].上海:上海辞书出版社,1992.

[70]鲁迅.鲁迅全集:第一卷[M].北京:人民文学出版社,2005.

[71]沈壮海,刘晓亮,司文超.中国大学生思想政治教育发展报告:2018-2019[M].北京:北京师范大学出版社,2020.

[72] 沈壮海,刘晓亮,司文超.中国大学生思想政治教育发展报告:2020 [M].北京:北京师范大学出版社,2022.

[73] 陈跃.中国共产党青年观研究[M].北京:人民出版社,2016.

[74] 张景荣.社会主义核心价值观研究综述[M].北京:社会科学文献出版社,2017.

[75] 胡惠林.中国国家文化安全论[M].上海:上海人民出版社,2005.

[76] 朱自清.经典常谈[M].北京:中华书局,2009.

[77] 方志敏.方志敏文集[M].南昌:江西人民出版社,1999.

[78] 胡适.胡适文集:第五卷[M].北京:北京大学出版社,1998.

[79] 乐黛云,钱林森,金丝燕.迎接新的文化转型时期:《跨文化对话》丛刊 (1-16辑)选编:上[M].上海:上海文化出版社,2006.

[80] 许知远.青年变革者:梁启超(1873—1898)[M].上海:上海人民出版社,2019.

[81] 罗荣渠.从"西化"到现代化:五四以来有关中国的文化趋向和发展道路论争文选[M].北京:北京大学出版社,1990.

[82] 林文光.钱玄同文选[M].成都:四川文艺出版社,2010.

[83] 许倬云.许倬云说历史:中西文明的对照[M].杭州:浙江人民出版社,2013.

[84] 费宗惠,张荣华.费孝通论文化自觉[M].呼和浩特:内蒙古人民出版社,2009.

[85] 王伟光."三个代表"思想研究[M].北京:人民出版社,2002.

[86] 本书编写组.文学理论[M].北京:高等教育出版社,2009.

[87] 赵曜.中国社会主义精神文明建设宝典[M].北京:团结出版社,1999.

[88] 邓显超.迈向文化强国的文化发展战略[M].北京:中国政法大学出版社,2014.

[89] 社会主义核心价值观学习读本编写组.社会主义核心价值观培训教材[M].北京:新华出版社,2014.

[90] 张江.建设新时代社会主义文化强国[M].北京:中国社会科学出版社,2019.

[91]周新城.对世纪性悲剧的思考:苏联演变的性质、原因和教训[M].北京:中国人民大学出版社,2000.

[92]冯友兰.三松堂自序[M].北京:人民出版社,2008.

[93]俞可平.全球化时代的"马克思主义":九十年代国外马克思主义新论选编[M].北京:中央编译出版社,1998.

[94]邱柏生,董雅华.思想政治教育学新论[M].上海:复旦大学出版社,2012.

[95]曹长盛,张捷,樊建新,等.苏联演变进程中的意识形态研究[M].北京:人民出版社,2004.

[96]约瑟夫·奈.软实力[M].马娟娟,译.北京:中信出版社,2013.

[97]塞缪尔·亨廷顿,劳伦斯·哈里森.文化的重要作用:价值观如何影响人类进步[M].程克雄,译.北京:新华出版社,2018.

[98]塞缪尔·亨廷顿.文明的冲突与世界秩序的重建[M].周琪,刘绯,张立平,等译.北京:新华出版社,2010.

[99]马丁·雅克.大国雄心:一个永不褪色的大国梦[M].孙豫宁,张莉,刘曲,等译.北京:中信出版集团,2016.

[100]夏尔·佩潘.自信的力量[M].陈阳,译.南昌:江西人民出版社,2019.

[101]泰勒.原始文化[M].蔡江浓,译.杭州:浙江人民出版社,1988.

[102]B. A.苏霍姆林斯基.帕夫雷什中学[M].赵玮,等译.北京:教育科学出版社,1983.

[103]M.兰德曼.哲学人类学[M].阎嘉,译.贵阳:贵州人民出版社,2006.

[104]亚历山大·温特.国际政治的社会理论[M].秦亚青,译.上海:上海人民出版社,2000.

[105]雅科夫列夫.一杯苦酒:俄罗斯的布尔什维主义和改革运动[M].徐葵,张达楠,王器,等译.北京:新华出版社,1999.

[106]雷日科夫.大国悲剧:苏联解体的前因后果[M].徐昌翰,等译.北京:新华出版社,2008.

[107]戈尔巴乔夫,池田大作.20世纪的精神教训[M].孙立川,译.北京:社会科学文献出版社,2005.

[108]伯特兰·罗素.中国问题[M].田瑞雪,译.北京:中国画报出版社,2019.

[109]保罗·肯尼迪.大国的兴衰:上[M].王保存,王章辉,余昌楷,等译.北京:中信出版社,2013.

[110]罗伯特·K·G.坦普尔.中国:发明与发现的国度:中国科学技术史精华[M].陈养正,陈小慧,李耕耕,等译.南昌:21世纪出版社,1995.

[111]罗伯特·麦基.故事:材质、结构、风格和银幕剧作的原理[M].周铁东,译.北京:中国电影出版社,2001.